Arras

Arras

2022

Gilberto Azevedo de Moraes Costa

ALMEDINA

ARRAS
© Almedina, 2022

Autor: Gilberto Azevedo de Moraes Costa

Diretor Almedina Brasil: Rodrigo Mentz

Editora Jurídica: Manuella Santos de Castro
Editor de Desenvolvimento: Aurélio Cesar Nogueira
Assistentes Editoriais: Isabela Leite e Larissa Nogueira

Diagramação: Almedina
Design de Capa: Roberta Bassanetto

ISBN: 9786556274522
Fevereiro, 2022

Dados Internacionais de Catalogação na Publicação (CIP)
(Câmara Brasileira do Livro, SP, Brasil)

Costa, Gilberto Azevedo de Moraes
Arras / Gilberto Azevedo de Moraes Costa.
São Paulo : Almedina, 2022.

Bibliografia.
ISBN 978-65-5627-452-2

1. Arras (Direito romano) 2. Arras – Brasil
3. Boa-fé (Direito) 4. Contratos (Direito civil)
5. Direito grego antigo 6. Obrigações (Direito) I. Título.

21-92092 CDU-347.4

Índices para catálogo sistemático:

1. Direito das obrigações : Direito civil 347.4

Cibele Maria Dias – Bibliotecária – CRB-8/9427

Coleção IDiP
Coordenador Científico: Francisco Paulo De Crescenzo Marino

Este livro segue as regras do novo Acordo Ortográfico da Língua Portuguesa (1990).

Editora: Almedina Brasil
Rua José Maria Lisboa, 860, Conj. 131 e 132, Jardim Paulista | 01423-001 São Paulo | Brasil
editora@almedina.com.br
www.almedina.com.br

Às meninas da casa (Marcela, Bibiana, Nanona e Naninha) e sua adjacência (Ana Paula). Devo a vocês a alegria do dia a dia.

Ao Seu Gilberto e à Dona Telma, fontes de inspiração; minha razão de estudar.

SUMÁRIO

INTRODUÇÃO

Quando se fala de arras, se fala de História. Porém, de uma História que parece ter sido esquecida, mas que precisa ser retomada, estudada, lembrada. É difícil tentar descobrir por qual razão, durante séculos, os estudiosos do Direito preferiram dedicar atenção a outros institutos jurídicos, alguns muito próximos das arras.

Com efeito, há farto material – diga-se de passagem, bem produzido – sobre cláusula penal, para ficar num único exemplo. Mas, quando o assunto é sinal, poucas obras são encontradas no Brasil. Não se trata de uma ausência de preferência nacional; os estrangeiros, igualmente, não nutrem muito interesse pelo tema.

Há, porém, espaço para criação, desenvolvimento e discussão sobre a matéria, que envolve não apenas contratos, senão também atos jurídicos unilaterais. A origem das arras é controversa, e somente com base nisso já é possível discutir qual foi sua primeira natureza jurídica e para que inicialmente serviu.

A pesquisa que instruiu este trabalho aponta que o sinal teve origem na Grécia, servindo inicialmente para reforçar o vínculo jurídico entre as partes, pois a promessa feita por um contratante a outro não os vinculava, tornando assim instável a relação obrigacional.

Não há dúvidas, portanto, de que, quando de sua criação, pensou-se em aplicá-lo aos contratos. É nesta espécie de negócio jurídico que as arras encontram, até os dias atuais, o seu maior campo de incidência, apesar de não se limitar a ele. Nada impede, por exemplo, que alguém delas se valha em uma promessa de recompensa.

Com o desenvolvimento do Direito, surgiram novas ferramentas jurídicas. O pensamento já era mais abstrato, e por conta disso despontou a ideia de que o mero consenso bastava para que as partes se vinculassem, ficando, assim, obrigadas a cumprir a palavra dada. Consequentemente, não mais havia a necessidade da prática de atos materiais.

As arras, portanto, que cumpriam o referido papel e que eram simbolizadas pela entrega de dinheiro ou outro objeto (funcionando também como prova da existência do vínculo) perderam, de certo modo, parte de sua importância. Os contratantes dispunham de outros mecanismos, talvez não tão eficazes, mas que serviam para obrigar a outra parte a honrar a sua promessa.

Chegou-se, porém, a um ponto em que o rigor com o compromisso foi tamanho que, não mais sendo possível a parte se desvincular do negócio jurídico, evidenciou-se a necessidade de mudança de tratamento. E as arras surgiram, novamente, como instrumento decisivo para tornar a aplicação do Direito mais próxima daquilo que se buscava.

Alterada de forma significativa a sua natureza jurídica, o sinal passou, então, a permitir que a parte se desvinculasse do compromisso outrora assumido. Perdendo aquilo que havia dado, ou tendo que restituir de forma dobrada o que recebeu, o contratante estava autorizado a exercer o direito de arrependimento.

Se não parece haver dúvida de que o sinal é furto do Direito grego, igualmente não se vislumbra controvérsia quanto ao fato de Roma ter importado o instituto. Tal como no local de sua origem, neste império, as arras tinham por finalidade, em um primeiro período, provar e reforçar o liame existente entre as partes.

Somente depois de séculos, por conta da influência das relações mantidas com os povos orientais, foi que, também para os latinos, as arras passaram a ser penitenciais. Justiniano, conhecido por sua influência no Direito, foi quem, segundo parte da doutrina, editou normas prevendo a possibilidade de arrependimento lícito.

Os textos legais, entretanto, não eram muito claros. Em virtude dessa ambiguidade, cada nação moderna seguiu um ou outro caminho. Códigos foram editados, e se alguns previam a natureza confirmatória, outros seguiram rumo diametralmente oposto, estabelecendo a natureza penitencial.

As Ordenações optaram por esta segunda trilha. Caminho semelhante seguiu o Código francês. No Brasil, portanto, por mais de trezentos anos, salvo estipulação em sentido contrário, as arras eram penitenciais. Contudo, com a edição do Diploma de 1916, houve uma mudança radical: o sinal, caso as partes não dispusessem de forma diversa, era confirmatório.

Com a posterior alteração da legislação, a mesma sistemática, em termos gerais, foi adotada. O Código de 2002, destarte, tal como seu antecessor, previu que as arras serviriam para reforçar o vínculo, funcionando como princípio de pagamento. Valeriam, ainda, como indenização mínima em favor da parte inocente.

Para melhor situar o leitor, será inicialmente apresentada a parte histórica, onde se abordará o tema desde o seu nascimento até os dias atuais. A apresentação em ordem cronológica permitirá que se verifique o desenvolvimento da matéria no decorrer dos séculos, sua evolução e, também, a análise mais detalhada das características do instituto.

A partir do momento em que o assunto passar a se restringir ao direito moderno, haverá a oportunidade de comparar a legislação nacional com o regramento vigente em outros países, sobretudo daqueles que de alguma forma guardam proximidade com o sistema brasileiro.

Diversos pontos, os quais geram dúvidas, e consequentemente falta de entendimento entre os que se dedicaram ao tema, precisarão ser analisados. Não se pretenderá, com isso, colocar um ponto final. Pelo contrário, a intenção é incentivar o debate, e algumas vezes tentar apresentar uma nova visão.

Aliás, em decorrência da mudança de regramento em relação a muitos assuntos envolvendo as arras, o que se deu em virtude da edição do Código Civil de 2002, faz-se imprescindível a apresentação de soluções, as quais são criadas principalmente com base nos ensinamentos doutrinários de autores que escrevem não só em português como também em outras línguas.

Até porque, é importante anotar, muitas das alterações foram introduzidas no sistema pátrio em decorrência da adoção de legislações estrangeiras como fonte de inspiração. O trabalho, portanto, terá por foco não apenas a doutrina nacional, senão também os ensinamentos de autores de países europeus. Não se deixará de lado, ainda, a nação argentina.

Além disso, quando da abordagem dos negócios jurídicos, principalmente os contratos, a análise desenvolvida adotará como premissa a ideia de que as partes atuam em pé de igualdade, ou seja, serão consideradas relações paritárias, deixando-se, portanto, de lado situações em que um contratante é hipossuficiente e acaba, por conta disso, se submetendo a disposições preestabelecidas.

Enfim, a pesquisa foi feita no intuito de demonstrar a relevância das arras e a sua atualidade, apesar de se tratar de instituto deveras antigo. Para tanto, se buscou apresentar uma visão que, sem esquecer as suas raízes, compatibiliza-se com as exigências do mundo moderno, em que a falta de pessoalidade nos negócios jurídicos faz com que mecanismos precisem ser empregados tanto para, em alguns casos, reforçar o vínculo como para, em outras hipóteses, e em razão do dinamismo hoje presente, possibilitar a desistência, o que se dá com o pagamento de certo montante para torná-lo viável.

1.
DIREITO ANTIGO

1.1. A origem das arras

Não é possível indicar com precisão quando as arras surgiram. Inexiste dúvida, porém, de que se trata de um instituto que há muitos séculos é utilizado pelos povos, sobretudo a partir do momento em que o comércio foi se desenvolvendo.

Há quem defenda a ideia de que dois mil anos antes de Cristo já havia intenso comércio entre as cidades gregas e fenícias, e as arras costumavam ser empregadas pelos negociantes, em especial nos contratos de compra e venda[1].

Em tal época, o referido instituto já era utilizado com frequência, não datando daí, porém, seu surgimento. Pelo contrário, na doutrina encontra-se quem sustente que o primeiro texto a fazer alusão às arras data do século IV antes de Cristo e que Aristóteles, em sua obra *Politica*, as incluiu em uma anedota que remonta ao século VII antes de Cristo[2].

[1] RODRIGUÉZ, María Elvira Afonso (*Las arras en la contratación*. Barcelona: Bosch, 1995, p. 20), ao abordar o tema, escreve que "lo que sí parece poder sostenerse, siendo esta una segunda afirmación en el camino de delimitación histórica de las arras en el Derecho antiguo, es que éste es un instituto jurídico presente en las intensas relaciones comerciales que se desarrollan entre las ciudades fenicias y griegas a finales del II milenio antes de Cristo".

[2] TALAMANCA, Mario. *L'arra della compravendita in diritto greco e in diritto romano*. Milano: Giuffrè, 1953, p. 3.

É comum encontrar também nos livros jurídicos referências à ligação entre as arras e o contrato de compra e venda[3], e talvez isso se dê em virtude da mencionada espécie de negócio jurídico ser o de maior utilização pelos negociantes e onde o sinal passou a ser largamente utilizado. Todavia, conforme se verá mais adiante, não é pacífico o entendimento de que o instituto em comento tenha sido aplicado pela primeira vez no citado contrato.

Nos primórdios da civilização, seguramente o pagamento era feito de maneira imediata, ou seja, à vista. Tal prática dificultava, em certa medida, a circulação de bens, dado que a parte, muitas vezes, não dispunha de todo o numerário (ou outro objeto) para adquirir aquilo que queria.

Lembra Gabriel Tarde[4] que, em um primeiro momento, os povos desconfiavam do comportamento daqueles que pertenciam a outras nações. Para que fosse possível a celebração de contratos com pagamentos futuros envolvendo estrangeiros, passou a ser corriqueira a utilização do sinal, que era representado inicialmente pela entrega de parcela significativa do preço, para depois limitar-se a uma pequena fração.

Percebe-se, diante do que já ficou anotado, que, embora não seja precisa a época em que nasceu o instituto, parece existir pouca controvérsia sobre o fato de se tratar de uma criação grega. Realmente, aqueles que entendem que se está diante de uma figura relacionada ao direito das obrigações afirmam ter sido, a Grécia, o seu berço[5].

Há, no entanto, conforme se verá posteriormente, certa corrente de pensamento que sustenta terem as arras origem não nos contratos mercantis, senão no direito de família, mais especificamente nos esponsais. Para esta doutrina, somente depois de um tempo sua utilização se espraiou para outros ramos do direito, passando, então, a ser comum o seu emprego nos contratos.

A seguir são apresentadas as principais características do referido instituto, traçando-se um panorama histórico, com abordagem tanto do direito grego como do direito romano. É certo, porém, que, diante da importância

[3] ZULUETA, F. de. *The roman law of sale*. Oxford: Oxford University Press, 1945, p. 22.

[4] TARDE, Gabriel. *Las transformaciones del derecho*. Tradução Adolfo Posada. Buenos Aires: Atalaya, 1947, p. 115.

[5] PEZZANA, Aldo. Caparra. Diritto romano. In: *Enciclopedia del diritto*. Milano: Giuffrè, 1960, v. 6, p. 183.

da legislação do mencionado império, que influenciou praticamente o ordenamento de todas as nações que adotam a *civil law*, maior atenção será dada ao seu estudo.

1.1.1. O surgimento das arras no direito das obrigações

Sem questionar o fato de as arras terem surgido na Grécia[6], Ludovic Beauchet sustentou que o filósofo Thales de Mileto foi quem inicialmente as utilizou com a finalidade de garantir a execução de um contrato[7]. Sua natureza jurídica, portanto, inicialmente era confirmatória.

Conta a história que referido pensador, em decorrência dos seus conhecimentos astronômicos, conseguiu prever em determinado momento que a colheita das oliveiras seria muito abundante no ano seguinte. Pretendendo então fazer fortuna, locou, por preço módico, todas as prensas existentes na comunidade onde vivia. Contudo, como havia muitas máquinas, não dispunha de dinheiro suficiente para efetuar o pagamento imediatamente.

Para solucionar tal situação, propôs ao dono do maquinário efetuar o pagamento posteriormente, ou seja, de maneira diferida, e para demonstrar que honraria a sua promessa ofertou um depósito como forma de garantia. Tendo sido aceita a sua proposta, recebeu desde logo as prensas, e, passado um tempo, quando estava se aproximando o período de colheita, por um preço elevado sublocou-as, recebendo à vista o que lhe era devido. Com isso, conseguiu quitar a dívida que contraiu com o locador e obteve elevado lucro com a sublocação[8].

Vale anotar desde logo, que, embora tenha sido com a utilização do contrato de compra e venda que as arras se desenvolveram e passaram a

[6] CORDEIRO, António Menezes (*Tratado de direito civil português:* direito das obrigações: contratos; negócios unilaterais. Coimbra: Almedina, 2010, v. 2, t. 2, p. 374) afirma que as arras nasceram no direito grego.

[7] BEAUCHT, Ludovic (*Histoire du droit privé de la république athénienne: le droit des obligations.* Paris, Marescq Ainé, 1897, v. 4, p. 421) observa, porém, que "cette assertion provient d'une méprise sur le sens d'une anecdote que racontent Aristote et Cicéron relativement à Thalès".

[8] A citada passagem é encontrada na obra de BEAUCHT, Ludovic (*Histoire du droit privé de la république athénienne: le droit des obligations.* Paris, Marescq Ainé, 1897, v. 4, p. 421). Na obra de CHARDON, Henri-Georges (*Des arrhes dans la vente romaine en droit romain.* Paris: Moquet, 1885, p. 7) consta a transcrição da anedota.

ser utilizadas em larga escala, foi numa locação que elas foram utilizadas pela primeira vez, ao menos de acordo com parcela dos doutrinadores[9].

Tal teoria, entretanto, é importante deixar consignado, não foi aceita por todos. Henri-Georges Chardon, sem negar que foi o ordenamento grego o que em primeiro lugar traçou as disposições legais a respeito do instituto em comento, defende a tese de que a menção mais remota sobre o assunto é encontrada no livro Gênese[10]. O referido autor deixa, porém, de especificar se em tal passagem as arras guardavam alguma relação com contratos de natureza mercantil.

1.1.2. O surgimento das arras no direito de família

Em virtude de sua origem muito antiga, foram apresentadas pelos mais variados autores diversas opiniões a respeito de quando e de que modo, efetivamente, as arras aí surgiram. É possível, a propósito, encontrar doutrinadores que advogam a tese de que, ainda antes do emprego das arras nos contratos, principalmente envolvendo práticas comerciais, elas eram utilizadas no direito de família, mais especificamente nos esponsais[11].

De acordo com os partidários desta corrente de pensamento, o homem, pretendendo casar com determinada mulher, reservava, no momento da celebração do matrimônio, alguns bens ou determinada soma em dinheiro para garantir o futuro da esposa caso ele viesse a morrer antes dela[12].

Há também quem diga que as arras esponsalícias eram trocadas pelos nubentes, e caso o noivo, por culpa sua, não celebrasse o casamento, ficava obrigado a restituir o montante recebido em valor quadruplicado. Ou seja, em período mais remoto, a consequência que decorria do não

[9] LOPES, Miguel Maria de Serpa (*Curso de direito civil:* fontes das obrigações: contratos. 4. ed. Rio de Janeiro: Freitas Bastos, 1963, v. 3, p. 207) defende essa ideia, fazendo expressa alusão ao contrato de locação.

[10] CHARDON, Henri-Georges (*Des arrhes dans la vente romaine en droit romain.* Paris: Moquet, 1885, p. 6) sustenta que "C'est dans la Genèse que nous trouvons la première mention de l'*arrhabo*".

[11] PEREIRA, Caio Mário da Silva. *Instituições de direito civil*: v. 3: fonte das obrigações. 9. ed. Rio de Janeiro: Forense, 1992, p. 66.

[12] PEREIRA, Lafayette Rodrigues (*Direitos de família.* Anotações e adaptações ao Código Civil por José Bonifácio de Andrade e Silva. 5. ed. Rio de Janeiro: Freitas Bastos, 1954, p. 242) manifesta-se nesse sentido e acrescenta que "é errônea a opinião daqueles que acreditam que as arras representam o preço do corpo da mulher".

cumprimento da promessa era deveras gravosa. Com o passar do tempo, houve considerável mudança, na medida em que passou a ser estabelecida a necessidade de devolução apenas em dobro[13].

Os autores que seguem a teoria aqui exposta entendem que, a partir do momento em que ocorreu a extinção do regime meramente familiar, baseado na troca de bens entre os seus integrantes, notou-se a insuficiência desta espécie de negócio jurídico, ou seja, do escambo, e, com o desenvolvimento das práticas comerciais, ocorreu o emprego das arras, que foram importadas do direito de família.

Tal teoria, sem negar ou contrariar aquela outra mencionada inicialmente, apenas aponta surgimento mais remoto das arras, reforçando a ideia de que foi pela insuficiência das espécies mais básicas de contrato, a exemplo da troca e da compra e venda à vista, que surgiu a necessidade de transplantar o instituto para o direito das obrigações.

Enfim, é possível notar que, apesar de ainda hoje não ter sido descoberta a efetiva origem do instituto em comento, são elas empregadas desde o início da civilização, muito antes do surgimento do império romano.

1.2. A primeira natureza jurídica

Em virtude da inexistência de registros confiáveis a respeito de quando ocorreu pela primeira vez o emprego das arras, e não se podendo dizer se efetivamente elas surgiram como figura relacionada ao direito de família ou ao direito das obrigações, resta inviabilizada a possibilidade de assegurar que vieram à luz com tal ou qual natureza jurídica[14].

Convém assinalar que, nos primórdios, não havia legislação nos moldes como hoje é apresentada. De ordinário, em praticamente todas as civilizações, as primeiras normas que ditavam os comportamentos dos integrantes da sociedade eram os usos e costumes, e, em decorrência da ausência de sistematização, marca própria desta forma de

[13] GASTALDI, José María e CENTANARO, Esteban. *La seña*. Buenos Aires: Abeledo-Perrot, 1997, p. 33.

[14] RODRIGUÉZ, María Elvira Afonso (*Las arras en la contratación*. Barcelona: Bosch, 1995, p. 19) afirma que "en esta línea de fijación de la naturaleza jurídica han sido varios los intentos de construcción del régimen de las arras en sus orígenes, pero todos han tropezado con un obstáculo insalvable: la falta de una fuente firme que pudiese avalarlo".

regulamentação jurídica, cada comunidade possuía suas próprias características e, consequentemente, seus próprios usos e costumes, hábitos e rituais.

Ademais, é importante lembrar que não foram encontrados, até os dias atuais, registros completos das legislações que vigoraram nas civilizações extintas. O mesmo se diga em relação aos textos doutrinários produzidos durante a existência destas nações. Veja-se, a propósito que existem apenas fragmentos da Lei das XII Tábuas[15].

De todo modo, pelo estudo que se faz a respeito do assunto, quer se adote como ponto de partida o direito de família, quer se cogite de surgimento das arras no direito das obrigações, tudo leva a crer que, em primeiro lugar, elas tinham natureza confirmatória.

Realmente, para aqueles que entendem que as arras surgiram no direito de família, a sua natureza jurídica era a de afiançar a realização do casamento[16]. A entrega do objeto ou do dinheiro servia como forma de demonstrar ao outro nubente a pretensão de cumprir a promessa feita. Aparentemente, não se cogitava dar às arras a natureza penitencial, ou seja, não ficava assegurado ao pretendente ao matrimônio desistir, perdendo em favor do outro aquilo que havia empenhado a título de arras.

Caso se entenda, na esteira dos pensadores que sustentam que as arras surgiram desde logo no direito das obrigações, notadamente por obra do filósofo Thales, conclui-se que possuíam elas também a natureza confirmatória, vale dizer, serviam para garantir a execução do negócio jurídico. No mesmo sentido se manifesta a corrente de pensamento que defende a tese de que as arras constam do livro Gênese[17].

[15] ALVES, José Carlos Moreira (*Direito romano*. 6. ed. Rio de Janeiro: Forense, 1987, v. 1, p. 29) observa que "não chegou até nossos dias o texto completo da Lei das XII Tábuas. Dela conhecemos apenas alguns fragmentos que nos foram transmitidos por autores literários e por jurisconsultos".

[16] PEREIRA, Caio Mário da Silva. *Instituições de direito civil*: v. 3: fonte das obrigações. 9. ed. Rio de Janeiro: Forense, 1992, p. 66.

[17] CHARDON, Henri-Georges (*Des arrhes dans la vente romaine en droit romain*. Paris: Moquet, 1885, p. 6) cita a seguinte passagem: "Thamar était sur le point de conclure avec Juda un marché d'une nature toute particulière. Juda promettant un chevreau pour le lendemain, Thamar dit prudemment: <Mais en attendant que tu m'envoies ce chevreau, ne pourrais-tu me donner *arrhabonem*? L'usage que Thamar voulait faire l'*arrhabo* la nature du marché et son dénouement, peu importe ici; ce qu'il faut remarquer, c'est le caractère nettement accusé

É importante, nesta parte final do tópico, deixar assentado que, no início da civilização, não havia divisão muito clara entre os diversos ramos do direito, e no que aqui interessa, entre o direito de família e o das obrigações. Tanto assim que, na doutrina, é possível encontrar autor que afirme que, nos primórdios, era comum a venda da mulher feita pelo pai em favor do noivo[18], a quem competia a entrega das arras.

1.3. Direito grego

Foi mencionada anteriormente a anedota envolvendo o pensador Thales, deixando-se de lado, porém, a eventual existência de textos legais gregos editados sobre o assunto. E, neste particular, é importante desde logo anotar que é escassa a regulamentação estatal a respeito das arras. O estudo sobre o assunto torna-se um tanto mais difícil em virtude do fato de cada povoado adotar, em relação ao contrato de compra e venda (e também em relação a outros negócios jurídicos), uma característica diferente, alguns tendo-o como consensual e outros, como um negócio jurídico real.

De todo modo, é indiscutível a importância das leis editadas por Teofrasto a respeito do assunto[19]. A mencionada legislação, repleta de lacunas e incorreções, fez com que os estudiosos do tema divergissem sobre pontos importantes, tais como o momento em que se considerava concluído o contrato de compra e venda e se as arras eram obrigatórias ou facultativas[20].

Além das leis de Teofrasto, eram aplicadas outras regras, baseadas nos usos e costumes de cada comunidade, o que dificulta a sistematização, com a criação de uma espécie de padrão de contrato de compra e venda. Não

de l'arrhe dans l'espèce: ne pouvant payer comptant Juda trouve naturel que la séduisante inconnue lui demande un *arrhabo* destiné à prouver au besoin l'engagement et à garantir l'exécution, et il donne un anneau, nm baguette et un petit collier".

[18] MAYR, Robert von (*Historia del derecho romano.* Tradução de Wenceslao Roces. 2. ed. Barcelona: Labor, 1930, v. 1, p. 150) conta que "la compra de la mujer (*coemptio*) en las formas usuales de la compra, *per et libram*, arraiga probablemente desde muy temprano. Originariamente era, sin duda, una venta real de la novia hecha al novio por el padre o el tutor".

[19] BEAUCHT, Ludovic (*Histoire du droit privé de la république athénienne: le droit des obligations.* Paris, Marescq Ainé, 1897, v. 4, p. 422) anota que "le texte le plus important, à cet égard, est le fragment du *Traité des lois* de Théophraste".

[20] A respeito do assunto, vide RODRIGUÉZ, María Elvira Afonso (*Las arras en la contratación.* Barcelona: Bosch, 1995, p. 22).

por outro motivo, é possível sustentar que, a depender do local onde fosse celebrado o contrato, poderia ser aplicado um regime jurídico específico.

Levando-se em conta que Atenas era um importante centro de relações jurídicas, vale dizer, um local onde o comércio já estava desenvolvido, parece relevante dar atenção às regras que ali eram aplicadas. Assim, em decorrência da ausência de material sobre o assunto, e principalmente em razão da extensão deste trabalho, será deixada de lado a análise da legislação específica aplicável a cada uma das outras cidades gregas.

1.3.1. Arras confirmatórias

Para parte dos estudiosos do assunto, e isso reforça o que ficou consignado anteriormente, as arras eram utilizadas pelos gregos, ao menos inicialmente, como uma prova da existência do contrato[21], podendo também servir como espécie de garantia. Não tinham, portanto, como função permitir que um dos contratantes desistisse do negócio jurídico.

O contrato de compra e venda, de acordo com o pensamento da doutrina que pode ser qualificada como minoritária, era consensual, isto é, não exigia, para a sua formação, a prática de ato material, bastando que as partes chegassem ao acordo a respeito da coisa e do preço. As arras, por conseguinte, eram entregues posteriormente, quando o negócio jurídico já havia se formado[22].

[21] BEAUCHT, Ludovic (*Histoire du droit privé de la république athénienne: le droit des obligations.* Paris, Marescq Ainé, 1897, v. 4, p. 105), ao tratar do contrato de compra e venda, diz que "Le contrat de vente peut être défini celui par lequel il est convenu entre deux personnes que l'une, nommée le vendeur, procurera à l'autre, nommée l'acheteur, une certaine chose, sous la condition que l'acheteur donnera en retour au vendeur une somme déterminée. Ce contrat, à Rome, est rangé au nombre de ceux qui se forment *solo consensu*, c'est-à-dire que la vente est parfaite dès l'instant même où les parties s'accordent sur la chose et sur le prix, avec l'intention arrêtée de s'obliger réciproquement, et indépendamment de l'accomplissement de toute autre formalité. Nous estimons également que tel a été le caractère de la vente dans le droit attique. On l'a cependant contesté et l'on a enseigné que la vente n'était parfaite que lorsqu'il y avait eu dation d'arrhes. Mais nous démontrerons ultérieurement l'inexactitude de cette théorie. La dation d'arrhes, ainsi que nous le verrons, n'était qu'un signe de la conclusion de la vente, et peut-être aussi servait-elle à Athènes à assurer aux parties la faculté de débit pendant un certain temps".

[22] BEAUCHT, Ludovic (*Histoire du droit privé de la république athénienne: le droit des obligations.* Paris, Marescq Ainé, 1897, v. 4, p. 426) afirma a respeito das arras, que "leur dation est donc postérieure au contrat et elles ne peuvent le précéder que lorsque que celui-ci est lui-même précédé d'une convention antérieure à laquelle les arrhes peuvent se rattacher".

Vale dizer que, celebrado o negócio jurídico, o que se dava no momento em que havia consenso a respeito das condições da compra e venda, uma das partes, via de regra o comprador, entregava ao outro contratante certa soma como demonstração de que honraria aquilo que havia prometido.

O contratante que entregava as arras não tinha a faculdade de se arrepender, e, consequentemente, não lhe era aberta a possibilidade de perdê-las para assim se livrar da obrigação. Do mesmo modo, não estava ao alcance da parte que recebeu o sinal a possibilidade de restitui-las em dobro para assim se desvincular.

À palavra do contratante era dada grande importância, e, desse modo, ainda que o valor repassado a título de arras fosse pouco expressivo, servia para evidenciar o compromisso assumido. A parte, feita a entrega, tinha o dever de adimplir a prestação.

A corrente majoritária, por outro lado, sustenta que na Grécia a compra e venda era uma espécie de contrato real[23], desprovido de efeitos obrigacionais. Assim, ainda que as partes tivessem acordado a respeito da coisa e do preço, não estavam obrigadas a cumprir a promessa feita, o que tornava fraco o liame entre os envolvidos.

Somente no instante em que o adquirente efetuava o pagamento do preço é que passava a figurar como dono da coisa[24]. Portanto, como forma de compelir o outro a celebrar o negócio jurídico, já que antes havia apenas um pré-contrato não vinculativo, o comprador entregava antecipadamente parte do preço, o que fazia a título de sinal.

Perceba-se que, independentemente da teoria adotada a respeito da natureza do contrato de compra e venda, as arras não eram utilizadas, a princípio, para permitir o arrependimento. A divergência entre as correntes mencionadas está em que: para os que entendem que o contrato era consensual, as arras eram principalmente probatórias; para os seguidores do outro pensamento, as arras, além de demonstrar a existência do negócio jurídico, serviam como meio de coerção.

[23] TALAMANCA, Mario. *L'arra della compravendita in diritto greco e in diritto romano*. Milano: Giuffrè, 1953, p. 7. Em igual sentido, PEZZANA, Aldo. Caparra. Diritto romano. In: *Enciclopedia del diritto*. Milano: Giuffrè, 1960, v. 6, p. 184.

[24] MONTEIRO, António Pinto. *Cláusula penal e indemnização*. Coimbra: Almedina, 1990, p. 164.

1.3.2. Arras penitenciais

Não há, contudo, unanimidade na doutrina quanto ao fato de, no direito grego, as arras serem sempre confirmatórias. É possível encontrar quem sustente que os contratantes estavam autorizados a conferir destinação diversa àquilo que havia sido dado a título de sinal. Ou seja, era possível, segundo alguns estudiosos, que as arras fossem penitenciais.

Para que tal regra se tornasse aplicável, o vendedor e o comprador estariam autorizados a estabelecer a faculdade de arrependimento, de sorte que as arras serviriam justamente para permitir o direito ao recesso, valendo como indenização preestabelecida[25]. Em tal caso, ficava impossibilitada a execução forçada do contrato.

Perceba-se, neste particular, que havia a necessidade de estipulação por parte dos contratantes para que as arras fossem penitenciais. Vale dizer, portanto, que, em princípio, ou seja, salvo convenção em sentido contrário, as arras eram confirmatórias.

É importante também anotar que, conforme mencionado anteriormente, para parcela dos estudiosos do tema, a compra e venda, no direito grego, era espécie de contrato real. As arras, consequentemente, não tinham a função de apenas provar a existência do negócio jurídico, servindo, além disso, como espécie de coação para estimular a parte a celebrar o contrato principal[26].

Assim, para estes doutrinadores, na hipótese de não conclusão do contrato de compra e venda, inviabilizada a possibilidade de forçar o cumprimento, as arras eram perdidas em favor de quem as recebeu; e, no

[25] Ainda segundo BEAUCHT, Ludovic (*Histoire du droit privé de la république athénienne: le droit des obligations.* Paris, Marescq Ainé, 1897, v. 4, p. 426), "les arrhes produisent un autre effet, mais qui varie alors suivant les législations, c'est-à-dire qu'elles servent à donner aux parties la faculté de débit. Presque toujours, par suite soit d'une convention des parties, soit même d'une disposition de la loi locale, les arrhes sont la peine d'un dédit réservé aux parties".

[26] Ao abordar referido ponto de vista defendido por alguns estudiosos do assunto, RODRIGUÉZ, María Elvira Afonso (*Las arras en la contratación.* Barcelona: Bosch, 1995, p. 23) anota que "el contrato arral servía en este sistema contractual como instrumento preparatorio de la compraventa futura, al predisponer una coacción indirecta mediante la entrega que el futuro comprador hacía de unas arras, consistentes en un objeto o suma de dinero, y que en caso de falta de pago del resto del precio pactado, en el plazo fijado, perdería, mientras que a su devolución duplicada estaba obligado quien había prometido vender y no se mantenía fiel a su palabra, sin que a ninguna de las partes correspondiese acción alguna para alcanzar la ejecución de las respectivas prestaciones asumidas en el pacto arral preparatorio".

caso do arrependimento partir do recebedor do sinal, surgia a obrigação, via de regra, de restituição dobrada.

Nota-se, portanto, que apesar de a natureza jurídica ser, a princípio, confirmatória, em razão de uma carência no sistema jurídico, notadamente no campo processual, as arras acabavam por se tornar penitenciais.

No entanto, e diante da ausência de prévia estipulação a respeito, era possível que outra sanção, mais gravosa, incidisse contra o vendedor que se recusava a honrar a sua promessa. De fato, era vista como mais grave a conduta daquele que, se predispondo a alienar coisa sua sem ressalvar o direito ao arrependimento, deixasse de a entregar ao comprador. Em virtude de aplicação dos costumes locais, era viável fazer incidir uma pena severa, havendo autorização também neste sentido nas leis de Teofrasto[27].

Isso se dava porque, mesmo possuindo as arras a referida característica, não existia — sem prévio pacto a respeito — a faculdade de arrependimento. Vale dizer, embora não se vislumbrasse a viabilidade da execução forçada do contrato, não ficava estabelecida de antemão a possibilidade de desistência da compra e venda.

1.3.3. Arras em dinheiro ou objeto pessoal

Existe debate doutrinário sobre se as arras, no direito grego, eram representas desde sempre pela dação de certa soma em dinheiro ou se, no início, estavam consubstanciadas na entrega de objeto pessoal, mais especificamente um anel.

Mario Talamanca apresenta as duas correntes[28]. Diz que Pringsheim é um dos partidários da última corrente, e por tal motivo ele sustentava que, nos primórdios do direito grego, as arras consistiam em um objeto que era dado como forma de garantia. A sua característica, de bem pessoal, fazia com que o contratante se vinculasse de maneira mais forte, havendo, inclusive, um poder mágico que recaía sobre o negócio jurídico.

[27] RODRIGUÉZ, María Elvira Afonso (*Las arras en la contratación*. Barcelona: Bosch, 1995, p. 24) anota que "si el incumplimiento era imputable al vendedor, el montante de la pera era dejado a la libre determinación de las partes. A falta de pacto se aplicaban los usos locales, los cuales tenían en común la falta de uniformidad, esto es, la desigualdad en las penas que se imponían a las partes, según se recoge en un pasaje de las leyes de Teofrasto".

[28] TALAMANCA, Mario. *L'arra della compravendita in diritto greco e in diritto romano*. Milano: Giuffrè, 1953, p. 5.

Consequência disso é que, por exemplo, o anel, dado a título de arras, não se limitava a ser apenas um objeto de metal. Tinha, além do seu valor de mercado, outro poder, e isso tornava mais eficaz a garantia, fazendo com que aquele que entregou o objeto se sentisse compelido a honrar sua obrigação.

Mario Talamanca, na sequência de seu trabalho, discorda de tal pensamento e sustenta que, no momento em as arras foram criadas, o comércio já estava desenvolvido, não havendo qualquer fator mágico ligado a ele. Além disso, de acordo com o referido doutrinador, já era plenamente difundido o uso do dinheiro, não havendo espaço para a entrega de algo que não tivesse valor apenas de mercado[29].

Curiosamente, conforme será possível observar, no direito romano não há discussão entre os doutrinadores a respeito da possibilidade de entrega de outra coisa, diversa do dinheiro, a título de arras. Aliás, no período pré-clássico, parece ter sido corriqueira a dação de um objeto como demonstração da existência do negócio jurídico.

Talvez a divergência se verifique porquanto, no direito grego, as arras surgiram quando o direito já havia se desvinculado de forma bastante significativa da religião, o que não havia ocorrido ainda no direito romano. Deveras, as notícias a respeito do emprego das arras em Roma são remotas, isto é, datam de uma época em que o direito não estava muito evoluído.

1.4. Direito romano

O direito não foi uniforme durante todo o período em que o império romano existiu. Ao longo do tempo, por conta inclusive das mudanças no seio da sociedade, e principalmente em decorrência das alterações sofridas na forma de governo, foram operadas modificações significativas na legislação.

Como consequência, não se pode deixar de levar em conta, no estudo do direito romano, as diversas fases pelas quais passou o referido império. Logo, para que se tenha melhor noção a respeito das mudanças ocorridas na legislação sobre as arras, é importante que previamente seja apresentada uma noção, ainda que elementar, de como o direito evoluiu em Roma.

[29] TALAMANCA, Mario. *L'arra della compravendita in diritto greco e in diritto romano*. Milano: Giuffrè, 1953, p. 5.

A doutrina costuma indicar, como data de nascimento de Roma, o ano de 754 a.C. Aponta, por outro lado, como termo final, o ano de 565 d.C., justamente porque, em tal data, ocorreu a morte do imperador Justiniano[30].

Os estudiosos do assunto dividem a história do direito romano em externa (abrangendo, sob esta denominação, as instituições políticas, as fontes de direito e a jurisprudência) e interna (a qual alcança somente as instituições de direito privado)[31]. É certo que, neste trabalho, a atenção é voltada apenas à história interna, dado o foco às arras, que integram o direito privado.

A doutrina, via de regra, classifica o direito romano em três períodos, a saber: o primeiro, denominado pré-clássico, abrange o início de Roma e vai até a edição da Lei *Aebutia*, sobrevinda mais ou menos entre 149 e 126 a.C.; o segundo é denominado clássico, e seu final ocorre em 305 d.C., isto é, quando se verifica o término do reinado de Diocleciano; o terceiro, conhecido como pós-clássico, estende-se até o óbito de Justiniano[32].

É importante também anotar que há uma subdivisão do derradeiro período, ao qual se dá o nome de direito Justiniano, tamanha foi a importância que o referido imperador teve no desenvolvimento da ciência jurídica em sua gestão. Este período teve início em 527 e perdurou até 565.

Frise-se que a primeira legislação escrita de Roma foi a conhecida Lei das XII Tábuas. Editada entre 450 e 449 a.C., surgiu em decorrência da reivindicação dos plebeus e em virtude dos abusos praticados pelos magistrados patrícios[33]. Até então as leis não eram escritas, e isso trazia insegurança ao povo. O surgimento do referido Diploma legal se deu quando em Roma vigorava a República, isto é, depois da queda da realeza.

1.4.1. Arras como importação do direito grego

Antes de analisar de forma pormenorizada como as arras evoluíram sob a vigência do direito romano, é necessário verificar qual a sua origem.

30 ALVES, José Carlos Moreira. *Direito romano*. 6. ed. Rio de Janeiro: Forense, 1987, v. 1, p. 1.

31 ALVES, José Carlos Moreira. *Direito romano*. 6. ed. Rio de Janeiro: Forense, 1987, v. 1, p. 1.

32 ALVES, José Carlos Moreira. *Direito romano*. 6. ed. Rio de Janeiro: Forense, 1987, v. 1, p. 2.

33 ALVES, José Carlos Moreira. *Direito romano*. 6. ed. Rio de Janeiro: Forense, 1987, v. 1, p. 15-16.

Avulta, portanto, saber se em Roma foram aplicadas as mesmas regras que vigoravam no sistema grego ou se, diferentemente, foi criado um sistema diverso, original, com características próprias.

Mario Talamanca[34] sustenta que as arras apareceram em Roma quando foram iniciadas as relações comerciais entre romanos e peregrinos. De acordo com o autor, celebrado um contrato com um grego, era provável que este contratante oferecesse ou exigisse uma antecipação do preço. No entanto, surgindo conflito entre as partes, e levado o caso ao magistrado romano, o julgador não considerava a compra e venda como obrigatória, e, por conseguinte, não entendia que a dação de arras significava início de execução.

Percebe-se, diante disso, que, de acordo com o doutrinador citado, as arras não tinham o condão de tornar a execução do contrato uma providência a ser imposta coercitivamente, exigível caso a parte espontaneamente não se animasse a cumprir aquilo a que inicialmente se propôs.

No período pré-clássico dava-se grande importância ao cumprimento de diversas formalidades, e não figurando a dação de arras no rol das exigências a serem observadas, seu emprego não era considerado como parcial cumprimento do negócio jurídico.

Portanto, embora prevaleça na doutrina a opinião de que houve importação do instituto[35], em um primeiro momento as arras funcionavam apenas como prova, isto é, demonstravam a existência de contrato celebrado entre as partes[36].

[34] TALAMANCA, Mario (*L'arra della compravendita in diritto greco e in diritto romano.* Milano: Giuffrè, 1953, p. 58) afirma que "se una simile fattispecie fosse stata successivamente portata dinanzi al magistrato romano, questi non la poteva interpretare che come una compravendita obbligatoria di cui il compratore aveva iniziato l'esecuzione, la qual cosa provava ancor più la conclusione del contratto".

[35] MONTEIRO, António Pinto. *Cláusula penal e indemnização.* Coimbra: Almedina, 1990, p. 166 e PEZZANA, Aldo. Caparra. Diritto romano. In: *Enciclopedia del diritto.* Milano: Giuffrè, 1960, v. 6, p.183.

[36] DELSOL, J. J. *Explication élémentaire du Code Civil.* 3. ed. Paris: F. Pichon, 1885, v. 3, p. 212. No mesmo sentido, GIORGI, Jorge (*Teoría de las obligaciones en el derecho moderno.* Tradução de Eduardo Dato Iradier. 2. ed. Madrid: Reus, 1930, v. 4, p. 497), afirma que "en el derecho antejustinianeo las arras no eran considerada nunca como medio de resolver el contrato, sino como prueba del contrato ya ultimado".

Lembrando que Roma surgiu por volta do ano 754 a.C., observe-se que as arras passaram a ser aplicadas e regulamentas somente no século II a.C[37]. Isso equivale a dizer que, no início da citada civilização, em decorrência dos usos surgidos por força dos contratos celebrados entre romanos e outros povos, em especial os gregos, embora já despontasse o emprego do sinal, ele não contava ainda com previsão legal de servir como garantia.

Somente depois do decurso de razoável lapso temporal foi que, em virtude de alteração dos costumes e consequente modificação da legislação, que as arras passaram em Roma a ter outras funções[38].

Uma delas, e a mais importante, foi a de funcionar como garantia da execução. Isso ocorreu já no final do período pré-clássico, quando, impulsionados pelo desenvolvimento do comércio, os romanos passaram a abandonar o rigor da forma, dando maior importância à palavra, ao conteúdo do negócio jurídico e, sobretudo, à boa-fé dos contratantes.

Com efeito, as arras, em especial quando apresentadas em dinheiro, como início de execução, guardam estreita ligação com o princípio da boa-fé, na medida em que o seu emprego evidencia que o contratante almeja, ao menos de início, honrar aquilo a que se propõe. Não sabendo a outra parte, em virtude de ausência de estipulação, da possibilidade de arrependimento, fica caracterizada a sua natureza confirmatória.

1.4.2. As arras no período pré-clássico

Inicialmente em Roma, assim como em praticamente todas as demais civilizações nos seus primórdios, a compra e venda era feita de maneira imediata, vale dizer, o vendedor entregava a coisa e, no mesmo instante, recebia o valor pedido, ou seja, o preço. E nesta sistemática não há que se

[37] LOPES, Miguel Maria de Serpa (*Curso de direito civil:* fontes das obrigações: contratos. 4. ed. Rio de Janeiro: Freitas Bastos, 1963, v. 3, p. 208).

[38] Saliente-se, desde já, que o posicionamento aqui apresentado decorre da ideia de que as arras tiveram origem no direito obrigações. Com efeito, caso se imagine que o instituto nasceu no direito de família e que era aplicado nos esponsais, a sua natureza jurídica é um tanto diversa, guardando relação com o dote. Outrossim, é de se ter presente que os autores que defendem esta tese geralmente sustentam a sua aplicação em Roma, não fazendo menção ao seu emprego em épocas mais remotas.

falar em arras[39], que pressupõem diferimento na prática dos atos por parte dos envolvidos na negociação e elementar noção de direito[40].

Por primeiro, na verdade, foi criada a figura da troca, pela qual um contratante entregava o objeto e, em contrapartida, recebia outro. A compra e venda surgiu posteriormente, como evolução do escambo, e necessitou do desenvolvimento da moeda para que fosse amplamente empregada pelos povos. Outrossim, somente depois de algum tempo é que se cogitou da necessidade de diferir a prática dos atos no tempo, notadamente o pagamento.

Assim, a compra e venda deixou de ser apenas à vista, facultando-se o pagamento parcelado ou diferido. Isto é, o comprador recebia a coisa e, somente depois do transcuro de determinado lapso temporal, cumpria a prestação assumida.

No período pré-clássico, máxime em seu início, a compra e venda não era contrato consensual. Não parece haver divergência neste ponto entre os romanistas que escreveram há mais tempo; e aqui pode ser feita alusão a um autor que trata do assunto, qual seja, Paul Frédéric Girard[41], que sustenta que o acordo de vontades não era suficiente para a formação do vínculo jurídico entre as partes.

Segundo a opinião do referido doutrinador, não havia qualquer exceção, de sorte que, em todos os casos, a compra e venda precisava preencher alguma formalidade, decorrência das características do direito daquela época.

39 KASER, Max (*Direito privado romano*. Tradução de Samuel Rodrigues e Ferdinand Hämmerle. 2. ed. Lisboa: Fundação Calouste Gulbenkian, 2011, p. 239) observa que "nas suas origens, a compra e venda é em Roma, como em toda a parte, uma **compra a contado** (compra e venda manual), em que a celebração e a execução das prestações mútuas coincidem".

40 Pontue-se que "durante los primeros siglos de Roma, el derecho está íntimamente unido y, por decirlo así, subordinado a la religión" (PETIT, Eugene. *Tratado elemental de derecho romano*. Tradução de Jose Ferrandez Gonzalez. Buenos Aires: Albatros, 1954, p. 26).

41 GIRARD, Paul Frédéric (*Manuel Élémentaire de droit romain*. 5. ed. Paris: Arthur Rousseau, 1911, p. 432), após anotar que, nos tempos atuais, os contratos, via de regra, formam-se com o acordo de vontades, anota que "en droit romain, comme dans la plupart des législations un peu archaïques, c'est le contrarie : la convention (*conventio, pactum, placitum*) n'est pas, en principe, génératrice d'obligations. Il y a quelques exceptions dans le droit nouveau. Il n'y en a pas dans le droit plus ancien".

De fato, em um primeiro momento, até mesmo por conta da inexistência de lei escrita, era dada grande importância ao preenchimento e cumprimento de diversas formalidades. Não por outro motivo, a intenção dos contratantes era deixada de lado, dando-se preferência ao ato que retratava a existência da relação jurídica.

É bom lembrar que os usos e costumes surgem em decorrência da reiteração de condutas num mesmo sentido, e não fosse isso o bastante, é certo que, durante o período inicial romano, direito e religião se confundiam ou, ao menos, não havia divisão nítida entre as duas figuras. Como decorrência de tal fenômeno, na celebração de contratos eram seguidos alguns rituais próximos às práticas monásticas.

Formado o contrato e obedecidas todas as formalidades, surgia a necessidade de se saber como seria assegurado o cumprimento da prestação, pois, também neste ponto, não parece existir divergência doutrinária quanto ao fato de que o acordo de vontades, ainda que acompanhado do preenchimento das formalidades, não era suficiente[42].

José Carlos Moreira Alves observa, neste ponto, que existem três correntes de pensamento. Segundo ele, alguns autores defendem a ideia de que o acordo estava protegido pelo princípio da lealdade, que era rigidamente obedecido. Outros, por seu turno, sustentam que a compra e venda que não fosse à vista era um contrato real, perfazendo-se com a entrega da coisa, quando, então, se tornava consensual, competindo ao adquirente efetuar o pagamento. Uma terceira corrente entende que os romanos se valiam de dois negócios jurídicos: por um, o comprador se tornava credor da coisa; por outro, o devedor passava a ser credor do preço[43].

Neste ponto, ganham relevância as arras, as quais tinham por finalidade, já no final do período pré-clássico, isto é, após a importação do instituto do direito grego, demonstrar a existência do negócio jurídico[44].

[42] TEPEDINO, Gustavo e SCHREIBER, Anderson (In: AZEVEDO, Álvaro Villaça de. *Código Civil comentado:* direito das obrigações: artigos 233 a 420. São Paulo: Atlas, 2008, v. 4, p. 406) dizem que as arras "funcionavam como símbolo de comprometimento em uma época em que o consenso não se afigurava como suficiente para o surgimento do vínculo obrigacional, tendo especial utilidade em contratos de elevada solenidade como os pactos esponsalícios".

[43] ALVES, José Carlos Moreira. *Direito romano*. 4. ed. Rio de Janeiro: Forense, 1986, v. 2. p. 186.

[44] GASCA, C. L. (*La compraventa civil y comercial*. Tradução de J. Santacruz Teijeiro e J. Vicente Gella. Madrid: Victoriano Suárez: 1931, t. 1, p. 808) sustenta que "en el antiguo derecho romano el *arrha* era un signo, un símbolo del contrato de venta perfecto". No mesmo sentido

Depois de um tempo, ganhando maior relevância e aplicação prática, o sinal passou a funcionar principalmente como espécie de garantia do cumprimento da prestação devida[45]. Aliás, Pedro Bonfante[46] deixa clara esta função ao afirmar que, efetuada a dação das arras, o possuidor da coisa ou dinheiro tinha como se opor a todo tipo de ação em que o devedor visasse a retomada sem antes executar a obrigação.

Partindo-se, então, da premissa de que o contrato, por si só, não era suficiente para obrigar a parte a honrar aquilo que prometeu, surgiu a necessidade de criação de mecanismo que assegurasse a execução. Assim, a par da outra função mencionada, qual seja, probatória, teriam as arras também função assecuratória.

Quando um dos contratantes entregava ao outro um objeto ou certa soma em dinheiro, criava-se um vínculo mais forte, pois, na hipótese de a promessa não ser cumprida, este contratante guardava para si aquilo que havia lhe sido dado como forma de garantia[47].

Veja-se, a propósito, que era costume dar, a título de arras, em tal período, um anel, ou seja, algo pessoal, com valor não apenas patrimonial, senão também sentimental. Por conta de tal prática, visando reaver aquilo que lhe era querido, o contratante se via compelido a cumprir a obrigação.

No período pré-clássico, a regra que imperava era a de que, executado o contrato, isto é, efetuado o pagamento, o vendedor restituía ao adquirente o bem dado a título de arras. Com o tempo, passou-se a utilizar, também, o dinheiro como forma de garantir o cumprimento da obrigação, e, por

se manifesta PETIT, Eugene (*Tratado elemental de derecho romano.* Tradução de Jose Ferrandez Gonlalez. Buenos Aires: Albatros, 1954, p. 481), que afirma que "Las *arras* no tienen ninguna influencia sobre la validez del contrato; no tienen más que el valor de una prueba".

[45] Neste sentido é possível fazer menção à lição de RODRIGUES, Silvio (*Das arras.* São Paulo: [s.n.], 1954, p. 15), que diz que "nos primeiros séculos da vida romana, quando o consenso, por si só e desacompanhado de outras formalidades não bastava para vincular o contratante, devem as arras ter surgido com o fito de garantir a execução do contrato".

[46] BONFANTE, Pedro. *Instituciones de derecho romano.* Tradução de Luis Bacci e Andres Larrosa. 4. ed. Madrid: Reus, 1965, p. 445-446.

[47] NÓBREGA, Vandick Londres da (*História e sistema do direito privado romano.* 2. ed. Rio de Janeiro: Freitas Bastos, 1959, p. 396-396) sustenta que as arras foram usadas para afastar dúvidas a respeito do momento em que se considerava concluído e obrigatório o contrato. Segundo o doutrinador, "uma vez entregues ao vendedor, indicavam a conclusão da venda".

ser esta a forma de pagamento, acabava servindo também como princípio de adimplemento.

1.4.2.1. A existência do contrato de compra e venda consensual

A doutrina mais moderna sustenta que se num primeiro momento em Roma o contrato de compra e venda não era consensual, passou depois a sê-lo, e isso ainda no período pré-clássico. Tal corrente defende que é possível encontrar na Lei das XII Tábuas previsão que ampare a teoria[48].

Percebe-se que aqueles que seguem esta linha entendem que, com a evolução do pensamento jurídico, o que pode ser percebido a partir do momento em que deixou de ser feita por exemplo apenas a venda imediata, isto é, aquela pela qual no mesmo instante em que uma parte entrega a coisa e recebe do outro contratante o preço, tornou-se o mencionado negócio jurídico um exemplo de contrato consensual[49].

Tenha-se presente que o citado Diploma legal surgiu entre 450 e 449 a.C., vale dizer, aproximadamente trezentos anos depois do nascimento de Roma. Assim, se no início é de se imaginar que as vendas eram apenas manuais e imediatas, com o transcurso do longo período mencionado, e tendo o comércio se expandido, foi natural a transformação mencionada.

Existe uma notável relação entre as arras e a natureza jurídica do contrato. Com efeito, caso se entenda que o mero acordo de vontades não é suficiente para a formação do negócio jurídico, exigindo-se, portanto, o preenchimento de formalidades, a desobediência causa a nulidade, e, consequentemente, resta inviabilizada a execução, notadamente em virtude da ausência de garantias.

Por outro lado, se o contrato é tido como concluído e perfeito no instante em que as partes acordam sobre o preço e a coisa, o cumprimento

[48] É possível, por exemplo, citar a opinião de OURLIAC, Paul e MALAFOSSE, J. De (*Droit romain et ancien droit:* les obligations. Paris : Universitaires de France: 1957, p. 22), que afirmam, depois de fazerem alusão à corrente que se formou posteriormente, que "aujourd'hui, pourtant, ces auteurs deviennent plus nombreux et ce n'est pas là une simple question de mode. Deux textes, en effet, dont l'un, au moins, paraît indiscutable, attestent la reconnaissance de la vente à crédit par la loi des XII Tables".

[49] OURLIAC, Paul e MALAFOSSE, J. De (*Droit romain et ancien droit:* les obligations. Paris : Universitaires de France: 1957, p. 22) afirmam que "Il est logique d'admettre que la vente consensuelle a été précédée par une vente-transfert, que la vente-contrat s'est substituée à la vente au comptant"

pode ser exigido com maior facilidade, pois são mais raras as hipóteses de alegação de ocorrência de nulidade. Há, é certo, um liame entre formalidade e nulidade. Quanto mais se exige o cumprimento de formalidades, mais fácil se torna a caracterização de nulidade.

De todo modo, ainda que os contratantes, num contrato que exige, para sua perfeição, obediência a diversas formalidades, não tenham observado todos os rituais, aquele que entregou as arras sente-se compelido a honrar a sua promessa.

Isso ocorre em especial em um cenário onde a legislação processual é lacunosa e não conta com mecanismos para forçar a restituição das arras dadas. Assim, diante da referida carência, é natural que quem as deu acabe perdendo-as em favor da outra parte na hipótese de não cumprimento da promessa feita.

Percebe-se, portanto, que, mesmo em relação ao período pré-clássico, existe debate sobre a natureza jurídica das arras. Alguns autores afirmam que se trata de figura meramente probatória, ao passo que outros entendem que, além de tal característica, servem elas também como uma garantia em prol do credor. De todo modo, é bom deixar claro que neste período não se cogitava da possibilidade de se atribuir às arras a natureza penitencial.

Prosseguindo, pontue-se que, caso se imagine o contrato (principalmente o de compra e venda) como sendo meramente consensual e desprovido de formalidades, as arras funcionam primordialmente para comprovar que o negócio jurídico foi celebrado, na medida em que o contratante dispõe de outros meios para buscar o cumprimento da obrigação.

Na hipótese diversa, isto é, para os que entendem que a compra e venda não era um contrato consensual, as arras exercem a função de reforço do vínculo jurídico, ou, em outras palavras, uma forma de coação exercida sobre a parte, para que não deixe de honrar a obrigação assumida. Não por outro motivo, Girard, defensor da ideia de que no período pré-clássico não havia o mero consensualismo, afirma que a dação de arras indicava que o contrato estava perfeito[50].

[50] GIRARD, Paul Frédéric. *Manuel Élémentaire de droit romain.* 5. ed. Paris: Arthur Rousseau, 1911, p 544.

1.4.3. As arras no período clássico

Se antes, no período pré-clássico, era possível apontar como características do sistema jurídico romano o formalismo, o materialismo e a atuação dos jurisconsultos, depois, ou seja, durante o período clássico, houve uma mudança de visão a respeito do direito[51].

Era natural que, num primeiro momento, fosse dada tanta importância ao cumprimento das solenidades. A Lei das XII Tábuas surgiu como uma reinvindicação dos plebeus, os quais pretendiam fosse garantida a segurança jurídica, o que se fazia com a obediência rigorosa dos ditames legais[52].

O *ius civile*, baseado em costumes e raros preceitos legais[53], consistia no direito vigente no período anterior, isto é, no período pré-clássico, e era aplicado apenas em favor dos cidadãos romanos, fazendo com que os demais membros da sociedade, em especial os plebeus, ficassem à margem do mundo jurídico, sujeitos às arbitrariedades das autoridades.

Percebe-se, porém, que com o passar dos anos o comércio foi ganhando força, e os que exerciam tal atividade eram justamente os plebeus. Houve, consequentemente, necessidade de regulamentar referida atividade, e isso começou a ser feito ainda durante o período pré-clássico, mas já em seu final.

Surgida a figura do pretor peregrino, ele tinha como incumbência pacificar os conflitos comerciais envolvendo estrangeiros, bem como aquelas contendas entre romanos e membros de outra nacionalidade. É verdade que o pretor, tal como outros magistrados, não tinha como função criar o direito.

Consequentemente, diante de um litígio, competia ao julgador conceder ou não a ação àquele que buscava a tutela jurisdicional. Ainda assim, notou-se uma mudança de entendimento. O pretor passou, com as decisões que proferia, a criar o direito.

Portanto, nasceu como decorrência desta prática aquilo que ficou conhecido como sendo o *ius gentium*, que, diferentemente do *ius civile*,

[51] ALVES, José Carlos Moreira (*Direito romano*. 6. ed. Rio de Janeiro: Forense, 1987, v. 1, p. 82) diz que a mudança se deu "em virtude da atuação dos magistrados com funções judiciárias, entre os quais se destacam os pretores urbano e peregrino".

[52] CRETELLA JÚNIOR, José. *Curso de direito romano*. Rio de Janeiro: Forense, 1968, p. 31.

[53] ALVES, José Carlos Moreira. *Direito romano*. 6. ed. Rio de Janeiro: Forense, 1987, v. 1, p. 81.

era aplicável a todos, indistintamente. Romanos e estrangeiros estavam protegidos pelo referido regramento, que tinha como fonte os costumes surgidos com as práticas comerciais.

Uma das características do sistema que passou a vigorar era a relevância que se atribuía à boa-fé. Celebrado um contrato, caso surgisse conflito e houvesse necessidade de levá-lo ao conhecimento do pretor, este não mais, como outrora, julgava em favor daquele que havia obedecido as formalidades contratuais. Pelo contrário, o que mais importava era a intenção das partes.

Essa prática, com o transcurso dos anos, foi sendo difundida, passando a ser adotada também pelo pretor urbano. Assim, com o emprego da *interpretatio*, nascia o *ius honorarium*, e à medida que o julgador negava a alguém uma ação baseada no *ius civile*, retirava pouco a pouco a sua importância.

Já nessa época, como decorrência lógica, não se negava a existência de contratos meramente consensuais[54]. Bastava, portanto, para que se considerasse concluído o negócio jurídico, que as partes acordassem a respeito de suas cláusulas principais. Na compra e venda, por exemplo, competia aos envolvidos estabelecer qual seria o preço da coisa a ser alienada.

As arras, consequentemente, à medida que se consolidava a ideia de que o contrato, para a sua formação, independia da prática de qualquer ato e que poderia ter o seu cumprimento exigido, perderam, de certo modo, a sua função de garantia, ficando mais acentuada a natureza probatória[55].

[54] PETIT, Eugene (*Tratado elemental de derecho romano*. Tradução de Jose Ferrandez Gonlalez. Buenos Aires: Albatros, 1954 p. 481) diz que "la venta, contrato consensual, es perfecta desde que el vendedor y el comprador están de acuerdo sobre la *cosa vendida* y sobre el *precio*. Ningún escrito se exige para la formación del contrato. Si las partes hacen redactar uno, no es útil más que para la prueba. Es también el carácter de las *arras*; se llama así una cantidad de dinero o un objeto precioso, como un anillo, que una de las partes, lo más a menudo el comprador, entrega al otro como testimonio de su acuerdo. Las *arras* no tienen ninguna influencia sobre la validez del contrato; no tienen más que el valor de una prueba".

[55] CASTRO FILHO; ANDRADE, Marcos Vinicius; MESQUITA, Eduardo M. e SCAVONE JUNIOR, Luiz Antonio. (In: ARRUDA ALVIM e ALVIM, Thereza. *Comentários ao Código Civil brasileiro*: do direito das obrigações. Rio de Janeiro: Forense, 2006, v. 4. p. 582) chegam a afirmar que "na exata medida em que os contratos passaram a se aperfeiçoar pelo consentimento, as arras perderam a função original para se tornar elemento de prova da contratação".

Em outras palavras, as partes não tinham mais as suas obrigações limitadas àquilo que havia sido dado a título de arras[56]. Na hipótese de descumprimento da promessa, poderia o prejudicado, perante o pretor, exigir que fosse honrado o negócio jurídico.

Nota-se, diante disso, que se, em um primeiro momento, o sinal era útil, pois figurava como espécie de coerção ao cumprimento, posteriormente, em decorrência do surgimento de outros institutos, com os quais os contratantes viam-se amparados em suas pretensões, perdeu parte de sua função.

Restava, é claro, a natureza probatória. Mas, depois do desenvolvimento da escrita e a possibilidade de, por outros meios, ser demonstrada a existência do negócio jurídico e seu conteúdo, ficaram as arras com sua utilidade ainda mais comprometida.

1.4.4. As arras no período pós-clássico

Da passagem do período clássico para o seguinte não são percebidas mudanças substanciais em relação as arras. A sua função primordial continua a ser a de atestar a existência do negócio jurídico, via de regra, uma compra e venda. Ou seja, exerce papel meramente probatório.

A doutrina costuma dizer que Gaio foi o primeiro jurista romano a tratar das arras[57]. As suas institutas, que surgiram ainda no período clássico, eram aplicadas também no período pós-clássico, e em referido texto consta que as arras tinham por função demonstrar a existência do negócio jurídico[58].

Ocorre que, tão logo os contratos passam a ser considerados como obrigatórios com o mero consenso das partes, as formalidades outrora empregadas perdem relevância. A escrita substitui, por uma decorrência lógica, as arras.

Além disso, é evidente que, no exercício da função probatória, a escrita prefere a dação de arras. Com efeito, a entrega de determinada quantia em dinheiro ou de um bem específico serve somente para demonstrar a

[56] RODRIGUÉZ, María Elvira Afonso. *Las arras en la contratación*. Barcelona: Bosch, 1995, p. 28.

[57] RODRIGUÉZ, María Elvira Afonso. *Las arras en la contratación*. Barcelona: Bosch, 1995, p. 29.

[58] RODRIGUES, Silvio. *Das arras*. São Paulo: [s.n.], 1954, p. 17-18.

existência do vínculo entre as partes. Independentemente daquilo que é dado, não há como saber o conteúdo das cláusulas.

Portanto, difundida cada vez mais a escrita, as arras se tornaram supérfluas[59], a não ser que as partes alterassem a sua natureza jurídica, prevendo a possibilidade de arrependimento. Agindo de tal maneira, surgia o caráter penitencial, de modo que, caso algum dos contratantes entendesse por bem desistir do negócio, perdia aquilo que havia antecipado ou restituía em dobro o que tinha recebido.

Embora as arras, como visto, estivessem previstas como confirmatórias, não existia óbice para que os interessados modificassem a natureza original. De acordo com certa doutrina, numa constituição de Antonio havia expressa autorização para as partes estipularem a alteração para penitenciais[60].

Nas provinciais orientais foi que passou a ocorrer o emprego mais corriqueiro das arras penitenciais[61]; e isso se deu por influência do direito grego, tendo o seu emprego se difundido, posteriormente, por todo o império.

1.4.4.1. As arras no período de Justiniano

O imperador Justiniano teve papel relevante na história do direito romano. Por conta das obras editadas durante o seu governo, diversas modificações legislativas ocorreram, e isso pode ser sentido na questão das arras.

Aliás, é justamente em relação a este período que se encontram as maiores divergências a respeito do mencionado instituto. Deveras, se a doutrina é praticamente unânime no sentido de que as arras, durante os períodos anteriores, tinham função confirmatória, a partir da edição de uma constituição editada no ano 528 d.C., que foi confirmada nas Institutas[62], passam a surgir as divergências.

[59] KASER, Max. *Direito privado romano*. Tradução de Samuel Rodrigues e Ferdinand Hämmerle. 2. ed. Lisboa: Fundação Calouste Gulbenkian, 2011, p. 241.

[60] RODRIGUES, Silvio. *Das arras*. São Paulo: [s.n.], 1954, p. 19.

[61] GIL, Félix Hernández. *Las arras en el derecho de la contratación* (en torno al artículo 1454 del Código Civil). Salamanca: Universidad de Salamanca, 1958, p. 16.

[62] RODRIGUES, Silvio (*Das arras*. São Paulo: [s.n.], 1954, p. 139-140) apresenta uma tradução das institutas 3, 23, PR, que vale a pena a transcrição, para melhor situar o leitor: "a compra e venda se contrai no momento em que se convencionou o preço, mesmo que este ainda não tenha sido pago e nem as arras hajam sido dadas; porque o que é dado a título de arras é

A questão principal diz respeito ao alcance da inovação legislativa que passou a prever as arras penitenciais. Os doutrinadores debatem se a referida função das arras era aplicável somente ao contrato preliminar ou se incidia também em relação ao contrato definitivo, permitindo que o contratante, mesmo após ter acordado sobre todos os pormenores do negócio jurídico, desistisse[63].

Em análise ao texto das Institutas, é possível observar que o contrato não escrito se aperfeiçoava no instante em que as partes acordavam a respeito do preço. Segundo esta hipótese, caso fossem dadas arras, elas serviriam para comprovar a existência do negócio jurídico. Tanto assim que havia expressa alusão ao fato de que, neste ponto, não houve inovação.

Por outro lado, caso as partes estipulassem que o negócio jurídico seria escrito, somente depois da lavratura do instrumento e sua assinatura é que se poderia considerá-lo concluído. Até então, o que existiria seria um pré-contrato, e, por conta disso, estava aberta a possibilidade de qualquer interessado exercer o direito de arrependimento, o que se faria sem a cominação de sanção.

Entretanto, se as partes tivessem estipulado a dação de arras, caso a desistência partisse do comprador, o valor empenhado era perdido em favor do vendedor; se, porém, a iniciativa fosse deste último, que recebeu as arras, a sua obrigação consistia em restitui-las em dobro.

Perceba-se que a interpretação aqui apresentada nada inova. Isso porque, conforme ficou consignado anteriormente, ainda antes das mudanças

prova do contrato da compra e venda. Mas isto, entretanto, deve-se entender para as vendas feitas sem escrito; porque nada por nós foi inovado nessas vendas. Porém nas que se fazem por escrito, nossa constituição determinou, não fique a venda e compra perfeita senão depois que o instrumento de compra esteja lavrado, quer pela própria mão dos contraentes, quer por terceiro redigido, porém subscrito pelos contraentes, e, se o for por tabelião, só depois de receberem seus complementos e de ficarem acabados em suas partes. Com efeito, enquanto faltar uma destas condições, há lugar para arrependimento e pode o vendedor ou o comprador desistir da venda, sem penalidade. Porém, mesmo assim, concedemos que se arrependa impunemente, se não se houver dado alguma coisa a título de sinal. Porque se isso ocorrer, quer a venda se tenha celebrado por escrito, quer sem escrito, aquele que recusa a cumprir o contrato, se for o comprador perde o que deu, se for o vendedor é obrigado a restituir o dobro; ainda que nada se tenha expresso sobre as arras".

[63] RODRIGUÉZ, María Elvira Afonso. *Las arras en la contratación.* Barcelona: Bosch, 1995, p. 38.

legislativas operadas por Justiniano, não existia qualquer óbice para que as partes estipulassem a dação de arras, atribuindo-lhe a função penitencial.

Portanto, apesar da razoabilidade da mencionada leitura, já que não afronta a literalidade do texto legal, esta parece não atender ao caráter inovador. E é por tal razão que parcela considerável da doutrina não a acolhe[64].

1.4.4.1.1. A doutrina conservadora

A corrente apresentada, que sustenta não ter havido mudança radical, pode ser chamada de conservadora. Um dos seus seguidores é Charles Maynz[65], que afirma que Justiniano apenas tratou da possibilidade de qualquer das partes, no caso de um contrato imperfeito, desistir do acordo.

Nesta hipótese, caso não fosse estipulada a dação de arras, aquele que desistiu não sofreria qualquer penalidade, sendo, portanto, lícita a sua conduta. Se, entretanto, tivesse dado algum valor ou um objeto a tal título, ensejaria sua perda ou a devolução dobrada.

Do que se depreende da visão do mencionado autor, caso o contrato fosse concluído, ou seja, estivesse perfeito, não haveria a possibilidade de arrependimento lícito. O princípio da irrevogabilidade do consentimento continuava a ter validade, de modo que, ainda que as partes estipulassem a dação de arras, podia o outro contratante exigir o cumprimento da prestação.

Resulta do exposto que não estaria ao alcance dos contratantes violar, ainda que pelo mútuo consentimento, um princípio. Justiniano teria, então, autorizado somente a possibilidade de revogação da anterior manifestação da vontade ao momento prévio da assinatura da escritura.

Diante disso, o que se pode observar é que, no contrato preliminar, não haveria ainda o consentimento definitivo das partes, motivo pelo qual estaria aberta a faculdade de arrependimento.

Em outras palavras, o consenso somente passaria a existir no instante em que houvesse a celebração do negócio definitivo, o que se verificaria com a aposição das assinaturas das partes no instrumento.

[64] MOLITOR, J. P. *Les obligations en droit romain*. Paris: Auguste Durand, 1851, p. 219-220.

[65] MAYNZ, Charles. *Cours de droit romain*. 5. ed. Bruxelles: Bruylant-Christophe; Paris: A. Durand & Pedone-Lauriel, 1891, v. 2, p. 425.

Seguindo a mesma linha de pensamento, Pothier diz que seria absurdo imaginar que um contrato, amparado pela entrega de arras, pudesse ser desfeito licitamente por vontade de uma das partes, certo que o emprego do sinal serviria justamente para reforçar o vínculo[66].

Paul Frédéric Girard, ao abordar o tema, dizia que a redação empregada no texto em debate torna impossível saber qual foi a intenção de Justiniano, pois, apesar de ter mencionado que não houve inovação, abriu a possibilidade de, por meio da interpretação, entender que as vendas com escritura fossem consideradas um contrato ainda imperfeito[67].

Sem assumir expressamente uma posição específica, o citado doutrinador passa a ideia de que, caso fosse possível a desistência após a elaboração do instrumento do negócio jurídico, ocorreria algo inusitado, que é justamente a possibilidade de desistência de um contrato perfeito e acabado. O mesmo ocorreria se fosse admitido o direito de recesso nas hipóteses em que o negócio se formava com o mero acordo sobre o preço da coisa, independentemente da utilização da escrita.

Nessa linha, seguem diversos autores de origem francesa, dentre os quais é possível destacar J.J. Delsol[68], Eugene Petit[69] e Gaston May[70]. Na Itália, adota esta corrente Biondo Biondi[71].

Prosseguindo, é importante anotar que um pensamento ainda mais conservador é encontrado nas lições de Savigny[72]. Tal doutrinador defende que, por ter Justiniano feito expressa menção ao fato de que não ocorreu inovação, não estaria aberta a possibilidade do emprego das arras penitenciais nem mesmo nos contratos não definitivos. Ou seja, de acordo

66 POTHIER, R. J. *Tratado de los contratos*: tratado del contrato de venta. Tradução de M. C. de las Cuevas. Buenos Aires: Atalaya, 1948, v. 1, p. 248.

67 GIRARD, Paul Frédéric. *Manuel Élémentaire de droit romain*. 5. ed. Paris: Arthur Rousseau, 1911, p 455-545. No mesmo sentido se manifesta MONTEIRO, António Pinto (*Cláusula penal e indemnização*. Coimbra: Almedina, 1990, p. 167), que acrescenta haver uma tendência em se aceitar que as arras penitencias surgiram com o direito justiniano.

68 DELSOL, J. J. *Explication élémentaire du Code Civil*. 3. ed. Paris: F. Pichon, 1885, v. 3, p. 212.

69 PETIT, Eugene. *Tratado elemental de derecho romano*. Tradução de Jose Ferrandez Gonlalez. Buenos Aires: Albatros, 1954, p. 481-482.

70 MAY, Gaston. *Éléments de droit romain*. 10. ed. Paris: L. Larose et L. Tenin, 1909, p. 454.

71 BIONDI, Biondo. *Istituzioni di diritto romano*. 2. ed. Milano: Giuffrè, 1952, p. 425.

72 SAVIGNY, M. de. *Le droit des obligations*. Tradução de C. Gérardin e Paul Jozon. 2. ed. Paris: Ernest Thorin, 1873, v. 2, p. 437-438.

com o pensamento do mencionado autor, ainda que tivessem as partes estabelecido que o contrato seria escrito, não poderia, no caso de dação de arras, uma delas desistir, perdendo o valor ou restituindo-o em dobro.

Luiz da Cunha Gonçalves[73], ao comentar o Código Civil português revogado, afirma que o texto de Justiniano é ambíguo, e somente por conta disso é que se tornou possível sustentar a possibilidade de existir arras penitenciais até mesmo nos contratos concluídos.

Segundo o doutrinador, de tal interpretação surgiu a regra constante no art. 1.590 do Diploma francês, que, na sua visão, foi infelizmente copiado pelo legislador português, o qual deixou de seguir a tradição lusitana, estampada em norma prevista nas Ordenações Filipinas.

1.4.4.1.2. A doutrina inovadora

Alguns doutrinadores defendem a tese de que, a partir da reforma operada por Justiniano, as arras se tornaram penitenciais, facultando-se, portanto, às partes a possibilidade de desistência do negócio jurídico desde que arcassem com uma penalidade. Assim, se a desistência fosse de quem entregou as arras, estas seriam perdidas em favor do outro contratante; porém, se aquele que as recebeu quisesse exercer a faculdade, estava obrigado a restituí-las de forma dobrada.

Troplong[74] defende essa ideia, e afirma que a corrente contrária, encabeçada por Pothier e seguida por outros doutrinadores, pretende, de forma arbitrária, corrigir o texto das Institutas, o qual não era ambíguo, abrangendo as vendas perfeitas e as que ainda não alcançaram este momento, ou seja, aquelas que poderiam ser qualificadas como um pré-contrato.

Acrescenta o doutrinador que, não tivesse ocorrido a mudança com Justiniano, vale dizer, caso tudo permanecesse de fato como era no período

[73] GONÇALVES, Luiz da Cunha. *Tratado de direito civil*: em comentário ao Código Civil português. Anotado por José Geraldo Rodrigues de Alckmin. São Paulo: Max Limonad, 1955, v. 8, t. 2, p. 528.

[74] Lê-se na obra do mencionado doutrinador (TROPLONG, M. *Le droit civil expliqué*: de la vente. 5. ed. Paris: Charles Hingray. 1856, v. 1, p. 170) que "Cujas, Vinnius, Pothier, etc. ne peuvent, en effet, soutenir leur distinction qu'en corrigeant arbitrairement le texte des Institutes, ou du moins en détournant le sens naturel des mots. Mais, pris en lui-même et sans arrière-pensée, ce texte est clair ; il ne présente aucune ambigüité. Il embase expressément les ventes parfaites et les ventes imparfaites, et il attribue le même effet aux arrhes ajoutées aux unes et aux autres".

clássico, não teria de onde a legislação francesa tirar a natureza penitencial das arras[75]. No mesmo sentido se manifesta Charles Demangeat[76].

A respeito do tema, para melhor situá-lo, cabe lembrar que, após a morte do imperador Teodósio Magno, ocorrida em 395 d.C., ocorreu uma cisão em Roma. O império do Ocidente e o império do Oriente seguiram caminhos diversos. O primeiro entrou em decadência, sofrendo um declínio social e econômico. O outro, diferentemente, manteve, de certo modo, a prosperidade, com o consequente desenvolvimento do direito[77].

Pretendeu-se no Oriente impedir a vulgarização da ciência jurídica, e isso se deu com a utilização das lições de direito surgidas no período clássico, observadas, porém, as influências recebidas de outras nações. Nas escolas, inclusive naquela da capital Constantinopla, eram desenvolvidas teorias novas, e o trabalho dos estudiosos redundou na obra de Justiniano, com forte influência oriental.

O direito grego, vale observar, já havia se espraiado pelo império romano do Oriente, de sorte que, mesmo após a unificação, foi natural a mudança ocorrida em relação às arras. Com efeito, apesar da existência de materiais jurídicos ainda vigentes, como é o caso das Institutas de Gaio, grande lapso temporal havia transcorrido — mais de três séculos —, de modo que não eram efetivamente aplicados. Justiniano, portanto, ao lançar sua obra legislativa, nada mais fez do que oficializar o direito que, na prática, já vigorava[78].

A teoria aqui abordada foi ganhando força e é aceita por doutrinadores mais modernos, a exemplo de Max Kaser[79], Carvalho Santos[80] e Menezes

[75] TROPLONG, M. *Le droit civil expliqué*: de la vente. 5. ed. Paris: Charles Hingray. 1856, v. 1, p. 173.

[76] DEMANGEAT, Charles. *Cours élémentaire de droit romain*. 2. ed. Paris: Marescq Ainé, 1866, v. 2, p. 299-315.

[77] KASER, Max. *Direito privado romano*. Tradução de Samuel Rodrigues e Ferdinand Hämmerle. 2. ed. Lisboa: Fundação Calouste Gulbenkian, 2011, p. 23.

[78] TALAMANCA, Mario. *L'arra della compravendita in diritto greco e in diritto romano*. Milano: Giuffrè, 1953, p. 88.

[79] KASER, Max. *Direito privado romano*. Tradução de Samuel Rodrigues e Ferdinand Hämmerle. 2. ed. Lisboa: Fundação Calouste Gulbenkian, 2011, p. 241.

[80] SANTOS, J. M. de Carvalho. *Código Civil brasileiro interpretado, principalmente do ponto de vista prático*. 6. ed. Rio de Janeiro: Freitas Bastos, 1954, v. 15, p. 267.

Cordeiro[81]. Outrossim, de acordo com María Elvira Afonso Rodríguez[82] e José Carlos Moreira Alves[83], é majoritariamente aceita nos dias atuais.

1.4.4.1.3. A doutrina de Carusi

Evaristo Carusi, em seu estudo, apresenta um quadro evolutivo a respeito do consenso nos negócios jurídicos e sua força vinculativa.

De acordo com o doutrinador, em um primeiro momento estava aberta a possibilidade de o contratante, a qualquer momento, se desdizer, para, assim, deixar de cumprir a obrigação outrora assumida. Tal regime, como se pode perceber, acarretava instabilidade e insegurança.

Em um segundo estágio, passava-se a cogitar de vinculação, e diante da ausência de previsão legal neste sentido, o compromisso se verificava com o emprego das arras, as quais serviriam, então, como reforço do liame contratual.

Na sequência, o consenso passa a ser vinculativo, e por conseguinte as arras, que tinham por função assegurar o cumprimento do contrato, tornam-se supérfluas. Nota-se, porém, que o rigor do sistema é prejudicial, e, para driblar a obrigatoriedade da vinculação, são imaginadas figuras que permitem que qualquer das partes se retrate, como é o caso do *jus poenitendi*[84].

No último e quarto estágio, o consenso passa a ter valor absoluto, não se admitindo que a parte se arrependa do compromisso assumido. Consequentemente, as arras, bem como o *jus poenitendi*, deixam de ser aplicados. O emprego daquelas não é necessário para que se garanta a execução do contrato e, por outro lado, não pode o contratante valer-se do *jus poenitendi* para assim se desvincular.

Justiniano, ao editar a nova legislação, teria escolhido uma via intermediária, abrandando com isso o rigor do consenso. O imperador, embora tenha feito menção ao fato de não ter havido inovação, permitiu que, em as partes estipulando que o contrato seria escrito, poderia qualquer delas,

[81] CORDEIRO, António Menezes. *Tratado de direito civil português:* direito das obrigações: contratos; negócios unilaterais. Coimbra: Almedina, 2010, v. 2, t. 2, p. 374.

[82] RODRIGUÉZ, María Elvira Afonso. *Las arras en la contratación.* Barcelona: Bosch, 1995, p. 45.

[83] ALVES, José Carlos Moreira. *Direito romano.* 4. ed. Rio de Janeiro: Forense, 1986, v. 2, p. 64.

[84] RODRIGUES, Silvio. *Das arras.* São Paulo: [s.n.], 1954, p. 30.

até o momento da instrumentalização e lançamento da assinatura, se retratar, com o que exerceria o *jus poenitendi*. Nesta hipótese, caso tenham sido empregadas as arras, aquele que as deu e desistiu perdê-las-ia, ao passo que, se a desistência fosse de quem as recebeu, ficava obrigado à restituição dobrada.

Com a inovação legislativa, Justiniano, de certo modo, manteve a tradição antes vigente, qual seja, a de fixar o rigor do consenso. Isso porque, de acordo com o texto legal, não havendo contrato escrito, o acordo de vontades tornava obrigatório o contrato, sem possibilidade de posterior arrependimento. As arras, então, tal como previstas por Gaio, serviam como prova[85].

No entanto, as vendas por escrito, por força da influência oriental, já estavam àquela época bastante difundidas, e passaram, então, a ser aplicadas em muitos casos, tornando-se um costume. E a partir daí a sociedade começou a aceitar com naturalidade a retratação, quer se estivesse diante de um contrato escrito, quer diante de um não instrumentalizado, formado pelo mero consenso.

O termo arras penitenciais, é importante anotar, não era empregado pelos juristas da época. Somente depois de um tempo foi que a doutrina, por intermédio dos glosadores e pós-glosadores, passou a utilizá-lo[86].

1.5. As arras nas Ordenações Filipinas

Os textos de Justiniano exerceram enorme influência nos ordenamentos jurídicos dos países de tradição romana. A partir das intepretações dadas à legislação do mencionado imperador, cada Estado seguiu uma direção, o que pode ser percebido com a análise e comparação dos Diplomas legais revogados e em vigor.

As arras, a propósito, servem de bom parâmetro para que se constatem as divergências, tamanha foi a discussão gerada após a edição dos textos a que se fez alusão. De fato, enquanto algumas legislações continuaram a seguir a tradição do direito romano clássico, prevendo nos códigos a natureza confirmatória das arras, outros, diferentemente, estipularam

[85] RODRIGUÉZ, María Elvira Afonso. *Las arras en la contratación*. Barcelona: Bosch, 1995, p. 41.

[86] RODRIGUÉZ, María Elvira Afonso. *Las arras en la contratación*. Barcelona: Bosch, 1995, p. 37.

que elas, independentemente de expressa menção das partes, possuem natureza penitencial.

Antes da entrada em vigor do Código Civil de 1916, as Ordenações Filipinas eram aplicadas no Brasil. Referida legislação foi publicada em 1603, e, mesmo após a independência, ocorrida em 1822[87], continuou a ter vigência, perdurando, portanto, por mais de trezentos anos.

Percebe-se que as Ordenações tiveram vida mais longa no Brasil do que em Portugal, certo que lá, em 1867, foi editado o Código Civil. Referido texto legal, segundo a opinião de alguns doutrinadores, copiou dispositivos de outras legislações europeias, principalmente o Código Napoleônico, fazendo com que se perdesse a identidade da antiga legislação portuguesa.

A demora na edição de um código brasileiro, embora tenha sido um tanto prejudicial por um aspecto, trouxe de certo modo algumas vantagens, na medida em que, diferentemente de outros textos legais editados na América Latina, e também se distanciando do Diploma lusitano, o nosso seguiu a tradição jurídica já existente, não deixando de lado o próprio temperamento do povo[88].

Muito disso se deve ao trabalho de Teixeira de Freitas, que elaborou a Consolidação das Leis Civis e apresentou o seu Esboço; na verdade, um projeto inacabado de Código, que, embora não tenha se tornado a base da legislação civil, contribuiu de forma significativa para a elaboração de vários dispositivos que apareceram no Diploma de 1916.

Nas Ordenações Filipinas, mais especificamente no Livro 4, Título 2, Parágrafo 1, as arras eram previstas para os contratos de compra e venda perfeitos, nada dispondo sobre as promessas[89]. O Código português de

[87] GOMES, Orlando (*Raízes históricas e sociológicas do Código Civil brasileiro.* São Paulo: Martins Fontes, 2003, p. 7) lembra que "A lei de 20 de outubro de 1823 determinou, com efeito, que, no Império nasceste, vigorassem as Ordenações, Leis e Decretos promulgados pelos reis de Portugal até 25 de abril de 1821, enquanto não se organizasse um novo Código, ou não fossem especialmente alterados".

[88] GOMES, Orlando. *Raízes históricas e sociológicas do Código Civil brasileiro.* São Paulo: Martins Fontes, 2003, p. 14.

[89] Contrariando a doutrina de Cunha Gonçalves, RODRIGUES, Silvio (*Das arras.* São Paulo: [s.n.], 1954, p. 48) sustenta que a previsão constante das Ordenações era aplicável também às promessas.

1867, contrariando a tradição, disciplinou as arras justamente para a hipótese de promessa[90].

De acordo com a antiga legislação em vigor no Brasil, ou seja, as Ordenações, as arras tinham natureza penitencial, pois estabeleciam a faculdade de arrependimento tanto por parte do comprador como por parte do vendedor[91]. Aquele que desistisse do negócio jurídico perdia o valor dado a título de arras ou o restituía em dobro.

A doutrina elaborada à luz do Código Filipino era pacífica no sentido de que as arras, tal como previstas, serviriam justamente para permitir que a parte se arrependesse do contrato. Não havia óbice, no entanto, que, por mútuo acordo, os contratantes alterassem a natureza jurídica do sinal, prevendo-o com a função confirmatória[92].

A propósito, é importante pontuar que, fosse dada certa quantia em dinheiro como início de pagamento, ficava obstada a faculdade de arrependimento; as Ordenações, no Livro 4, Título 2, Parágrafo 3, tratavam expressamente da questão[93].

[90] GONÇALVES, Luiz da Cunha. *Tratado de direito civil*: em comentário ao Código Civil português. Anotado por José Geraldo Rodrigues de Alckmin. São Paulo: Max Limonad, 1955, v. 8, t. 2, p. 528-529. O citado autor anota ainda que o art. 1.590 do Código Civil francês trata das arras apenas em relação ao contrato preliminar, contrariando, neste ponto, a opinião de autores franceses, a exemplo de PLANIOL, Marcel e RIPERT, George. *Tratado elemental de derecho civil*: teoria general de los contratos: contratos especiales. Tradução de Jose M. Cajica Jr. México: Cardenas, 1983, v. 5, p. 191.

[91] No Livro IV, Título II das Ordenações Filipinas consta que "e no caso, onde o comprador e vendedor tivessem acordada e firmada sua compra e venda de certa cousa por certo preço, e o comprador desse logo ao vendedor certo dinheiro em sinal por segurança da compra, se o comprador se arrepender, e se quiser afastar do contrato, podê-lo-á fazer, mas perderá o dinheiro, que assim deu em sinal. E bem assim se o vendedor, que o sinal recebeu do comprador, se quiser arrepender ou afastar da venda, podê-lo-á fazer, mas tornará ao comprador todo o dinheiro, que dele recebeu em sinal, com outro tanto. E esta pena é dada ao comprador e vendedor, porque não quiseram confiar da perfeição do contrato, e quiseram usar de outra nova provisão, convém a saber, de dar e receber o sinal".

[92] Neste sentido podem ser lembradas as lições de ROCHA, M. A. Coelho da. *Instituições de direito civil português*. 8. ed. Lisboa: A. M. Teixeira, 1917, t. 1, p. 511 e BEVILAQUA, Clóvis. *Direito das obrigações*. 2. ed. Salvador: Livraria Guimarães, 1910, p. 95.

[93] "E se depois da compra e venda acabada por consentimento e firmeza das partes, o comprador der ao vendedor certo dinheiro em parte de paga, ou em sinal de paga, como alguns costumam fazer, não se poderá jamais alguma das partes arrepender e sair do contrato sem o consentimento da outra parte, ainda que queria perder o dinheiro, que deu em parte de paga,

Ao abordar este ponto específico, Silvio Rodrigues cogitou da possibilidade de a referida norma ter sido criada em decorrência da ideia de que, a partir do momento em que a prestação, no caso o pagamento do preço, fosse dividida, não mais se tornava possível o arrependimento[94], competindo às partes o fiel cumprimento da obrigação assumida.

O primeiro Código Civil português, ao disciplinar a matéria, não se distanciou, ao menos neste ponto, da antiga legislação, prevendo no art. 1.548 que o sinal valeria como compensação das perdas e danos. Com isso, estatuiu que, nada sendo acordado em sentido diverso, as arras possuiriam natureza penitencial.

Não era diferente o que ocorria no Brasil, na medida em que, de acordo com os axiomas e brocardos de direito extraídos da legislação aqui vigentes, as arras eram perdidas ou devolvidas em dobro, a depender de quem fosse a iniciativa no caso de desistência[95], comportando este tido como lícito.

Assim, fosse apresentado um caso a julgamento, a princípio o magistrado era levado a concluir que as arras foram dadas com a possibilidade de o contratante se retratar. No entanto, era possível que, ao interpretar o negócio jurídico, e tentando descobrir qual teria sido a intenção dos litigantes, chegasse o julgador à conclusão de que, no caso específico, o dinheiro dado serviu como antecipação de pagamento, e, consequentemente, como reforço do vínculo[96].

Como não podia ser diferente, a Consolidação das Leis Civis (art. 515), que condensou os textos legais em vigor, notadamente as Ordenações Filipinas, tratou de prever as arras em sua função penitencial.

Curiosamente, porém, o Código Civil de 1916, que, como anotado anteriormente, não deixou de respeitar, em geral, a tradição jurídica existente no Brasil, deu às arras conotação diversa, prevendo-as, a princípio,

ou em sinal e paga, ou outro tanto, como o que recebeu; porque pelo dinheiro, que foi dado em sinal e em paga, ou em parte de paga, ficam esses contratos de compra e venda mais perfeitos, que onde somente foi dado em sinal, e não em parte de paga".

94 RODRIGUES, Silvio. *Das arras.* São Paulo: [s.n.], 1954, p. 50.

95 O verbete 94 dispõe: "Sinal – O comprador que der sinal para a compra de qualquer cousa, arrependendo-se perde o sinal, e se for o vendedor arrependido, perde-o em dobro".

96 Anote-se, porém, que, de acordo com a lição de BEVILÁQUA, Clóvis (*Direito das obrigações.* 2. ed. Salvador: Livraria Guimarães, 1910, p. 95), para que as arras tivessem natureza confirmatória era necessária a existência de cláusula expressa.

como confirmatórias. Ainda mais curioso é o fato de o autor do projeto que redundou na edição do mencionado Diploma ter dito, quando comentava as Ordenações, que a regra, na legislação civil, eram as arras penitenciais[97].

O Código Comercial, editado em 1850, parece ter seguido as origens e as tradições comerciais existentes, quando previu que o dinheiro adiantado à entrega da coisa vendida era visto como começo de pagamento, servindo, portanto, para dar maior firmeza ao contrato[98].

As Ordenações, que, como anotado, disciplinavam a matéria no âmbito civil, não deixavam de lado a questão no âmbito comercial. Por conta disso, havia previsão específica no sentido de que a regra das arras penitenciais não se aplicava às compras e vendas feitas por mercadores[99].

1.6. As arras no Código Civil de 1916

É possível iniciar o capítulo dizendo que o Código Civil de 1916 causou, em relação às arras, uma verdadeira revolução. Realmente, se por mais de trezentos anos elas tiveram no Brasil natureza penitencial, permitindo que os contratantes exercitassem o direito de arrependimento após a celebração do contrato, passaram de uma hora para outra a ser vistas como confirmatórias. Ou seja, a sua natureza jurídica mudou completamente.

O legislador pátrio, para disciplinar o assunto, foi buscar inspiração no Diploma Civil alemão[100], que, editado em 1900, previu, no § 336[101], as

[97] BEVILAQUA, Clovis. *Direito das obrigações*. 2. ed. Salvador: Livraria Guimarães, 1910, p. 95.

[98] ALVES, João Luiz (*Código Civil da República dos Estados Unidos do Brasil anotado*. 2. ed. São Paulo: Saraiva, 1935, p. 176) aponta a diferença de regimes entre as Ordenações e o Código Comercial.

[99] No Livro 4, Título 2, parágrafo 2 consta que "E isto se não entenderá nas compras e vendas, que se fazem por Corretores entre alguns Mercadores estrangeiros, ou vizinhos sobre algumas mercadorias; porque em tal caso, ainda que o comprador dê algum dinheiro em sinal ao vendedor, não deixará portanto a venda ser em todo firme, sem que alguma das partes se puder mais arrepender dela sem consentimento da outra parte; porque assim foi sempre usado entre os Mercadores".

[100] LOTUFO, Renan (*Código civil comentado*: obrigações: parte geral (arts. 233 a 420), v. 2. São Paulo: Saraiva, 2003, p. 485) diz que "no Direito brasileiro pré-codificado prevalecia a posição baseada no Código francês, até que sobreveio o Código de 1916, adotando a posição da BGB, como se vê do art. 1.094, sendo certo que as penitenciais, previstas no art. 1.095, são exceção à regra geral, implicando previsão expressa".

[101] GONÇALVES, Luiz da Cunha (*Tratado de direito civil*: em comentário ao Código Civil português. Anotado por José Geraldo Rodrigues de Alckmin. São Paulo: Max Limonad, 1955,

arras como sendo, a princípio, confirmatórias. Consequentemente, elas tinham como função garantir a execução do contrato, dando-lhe mais firmeza[102].

A matéria, no BGB, consta da seção que aborda as obrigações contratuais em geral. Vale dizer, diferentemente de outras legislações, como a francesa[103], o Código alemão não vincula as arras ao contrato de compra e venda.

Nas Ordenações, as arras estavam, à semelhança do sistema adotado por Napoleão, disciplinadas no capítulo da compra e venda, pois é nessa espécie de contrato que elas, na maioria dos casos, são utilizadas.

Também aqui houve inovação, o que se deu contrariando a história. Com efeito, ainda que o instituto possa ter surgido na Grécia, por criação do filósofo Thales, que empregou as arras numa locação, desde então, quando referida ferramenta jurídica passou a ser utilizada em maior escala, sempre o foi em contratos de compra e venda.

Mas aqui não cabem críticas negativas, devendo, pelo contrário, ser elogiada a iniciativa do Código pátrio, que tratou das arras no capítulo das disposições gerais dos contratos. Assim agindo, embora tenha quebrado um antigo costume brasileiro, o legislador demonstrou a grande utilidade das arras, evidenciando que elas não se restringem a uma só espécie de contrato.

É de se notar, por outro lado, que o Código Civil alemão disciplinou a dação de arras em contrato concluído, não fazendo menção às hipóteses de promessa. Neste ponto também a legislação germânica se distanciou da francesa, haja vista que o art. 1.590 do Código Napoleônico faz alusão somente à promessa de compra e venda.

É certo, porém, que tanto em um país como no outro há, na doutrina, quem sustente que inexiste óbice ao emprego das arras em ambas as

v. 8, t. 2, p. 529) traduz o dispositivo alemão nos seguintes termos: "Se, ao tempo da formação do contrato, foi dada alguma coisa a título de arras, ela vale como sinal da conclusão do contrato. Em caso de dúvida, as arras não valerão como faculdade de desdizer".

102 LARENZ, Karl (*Derecho de obligaciones*. Tradução de Jaime Santos Briz. Madrid: Revista de Derecho Privado, 1958, t. 1, p. 91) afirma, a propósito, que "las arras no se consideran en la duda como 'dinero de arrepentimiento' ('Reugeld'), es decir, que el que las dió no está facultado a resolver el contrato perdiéndolas (§ 336, II)"

103 O art. 1.590 do Código Civil francês consta do Título da venda e no Capítulo que disciplina a natureza e a forma da venda.

figuras (promessas ou contratos). Enneccerus[104], por exemplo, manifesta-se no sentido de que o direto alemão não impede a estipulação de sinal no pré-contrato. Pothier[105], ao abordar o direito francês, afirma que existem duas espécies de arras, uma que se constitui quando há um projeto de contrato e outra que se verifica já estando o negócio jurídico estabelecido.

O legislador de 1916, no art. 1.094, fez expressa alusão ao contrato, nada dispondo sobre a promessa. Aliás, em todo o capítulo das arras, não é possível localizar qualquer menção ao pré-contrato. Ainda assim, conforme se verá, nada impedia que os interessados se valessem do sinal em ambas as espécies mencionadas de negócio jurídico.

O citado autor alemão assevera ainda que, em seu país, o corriqueiro é a parte dar arras como sinal de conclusão do negócio jurídico[106]. Não à toa, a orientação legislativa segue tal caminho.

No Brasil, porém, de acordo com o que já ficou consignado, o costume era outro. Ainda assim consagrou-se, por força de lei, a tradição de um povo cuja influência, por aqui, nunca foi muito expressiva[107].

No entanto, se é certo que, no início da vigência do Código, a nova disciplina do instituto causou alguma estranheza, com o passar dos tempos as pessoas foram se adaptando ao sistema vigente, não sendo possível vislumbrar-se qualquer prejuízo com a mudança de rumo ocorrida. Tanto assim que, editado o Diploma de 2002, não foi restabelecido o sistema primitivo.

Seguindo a ideia de que o legislador, sem temer críticas, pretendeu efetivamente inovar, não há como deixar de ponderar que, possivelmente, vislumbrando a discrepância existente entre a legislação civil e a comercial, quis dar uniformidade ao sistema, passando ambos os Diplomas a prever

[104] ENNECCERUS, Ludwig. Derecho de obligaciones. In: ENNECCERUS, Ludwig; KIPP, Theodor; WOLFF, Martin. *Tratado de derecho civil.* Tradução de Blas Pérez Gonzáles e José Alguer. Barcelona: Bosch, 1944, t. 2, v. 1, p. 183-184.

[105] POTHIER, R. J. *Tratado de los contratos*: tratado del contrato de venta. Tradução de M. C. de las Cuevas. Buenos Aires: Atalaya, 1948, v. 1, p. 244-245.

[106] ENNECCERUS, Ludwig. Derecho de obligaciones. In: ENNECCERUS, Ludwig; KIPP, Theodor; WOLFF, Martin. *Tratado de derecho civil.* Tradução de Blas Pérez Gonzáles e José Alguer. Barcelona: Bosch, 1944, t. 2, v. 1, p. 183.

[107] Talvez, conforme será anotado na sequência, a intenção do legislador tenha sido somente uniformizar a matéria (civil e comercial), e não seguir a tradição germânica.

as arras como confirmatórias[108]. Assim, em razão de o Código Comercial ter sido editado antes, e de que, na época da promulgação do Diploma civil, contava com poucos anos de vigência, optou-se por segui-lo.

Diante de tantas modificações surgidas a partir da promulgação do Código de 1916, as arras passaram a ter maior importância na legislação. Infelizmente, porém, até hoje não foram objeto da atenção de muitos estudiosos. Clóvis Beviláqua, ao tratar do assunto quando comentava as Ordenações, chegou a sustentar que as arras tinham pouca importância na vida jurídica, salientando que não havia razão para que um código dedicasse espaço ao tema, podendo passar em silêncio[109]. Surpreendentemente, porém, o doutrinador mudou de ideia: não deixou de lado a matéria ao elaborar o projeto, que acabou se transformando em Código[110].

Na sequência do trabalho serão analisadas diversas questões sobre as arras, e por ter o assunto sido tratado de forma relativamente semelhante no Código de 1916 e no Código de 2002, haverá menção aos dois Diplomas.

[108] MENDONÇA, José Xavier Carvalho de (*Tratado de direito comercial brasileiro*. 3. ed. Rio de Janeiro: Freitas Bastos, 1939, v. 6, parte 1, p. 365) criticou a opção do Código Civil dizendo que "à deficiência do art. 218 do Cod. Comercial juntou-se, pois, a obscuridade dos quatro artigos do Cod. Civil. Pareceria que este, procurando harmonizar-se com aquele, tudo esclareceria. Engano... Maiores complicações surgiram".

[109] BEVILAQUA, Clóvis. *Direito das obrigações*. 2. ed. Salvador: Livraria Guimarães, 1910, p. 96.

[110] ALVES, João Luiz (*Código Civil da República dos Estados Unidos do Brasil anotado*. 2. ed. São Paulo: Saraiva, 1935, p. 176), após citar a passagem da obra de Clóvis Beviláqua, diz que "apesar disso, o ilustre autor codificou a matéria das arras e o Cod. a mantém!".

2.
CONCEITUAÇÃO E CARACTERÍSTICAS

2.1. Arras ou sinal

É possível iniciar a abordagem dizendo que, embora no Código de 1916 o capítulo que disciplinava a matéria fosse intitulado "Das Arras", o art. 1.094 fazia alusão tanto ao referido termo como a outro, qual seja, o sinal.

O Código de 2002 fez justamente o contrário, na medida em que no título do capítulo fez constar as duas expressões (arras e sinal), ainda que no art. 417 tenha optado por empregar apenas o termo arras. Somente no art. 420 — último a disciplinar a matéria — consta a palavra sinal.

Diferentemente de outras legislações, a brasileira fez questão de empregar os dois termos, e os equiparou. Nas Ordenações, como é possível perceber das citações feitas, só havia alusão a "sinal"; e isso parece ser uma tradição da legislação portuguesa. Editado o Código Civil de 1867, mais uma vez se deixou de lado o termo arras. O mesmo pode ser dito com relação ao Diploma em vigor, editado em 1966.

Os doutrinadores portugueses, embora dediquem bastante atenção ao tema, não explicam a razão pela qual, diferentemente de outros povos, não utilizam o termo arras, certo que o instituto, tanto na Grécia como em Roma, era assim denominado.

Outras nações, que sofreram a influência romana, adotam em seus Códigos o termo arras. É possível citar, como exemplo, a França (art. 1.590), a Alemanha (§ 336) e a Espanha (art. 1.454). Este último, semelhantemente ao Brasil, emprega também o termo sinal.

Na Itália, ao instituto que se está a estudar, dá-se o nome de *caparra*, e sua regulamentação consta dos arts. 1.385 e 1.386 do Código Civil. Embora, a princípio, imagine-se uma denominação completamente diversa daquela utilizada por outros povos, na verdade, em tudo se assemelha. Walter D'Avanzo explica que o termo resulta da junção de outros dois, quais sejam: *cap* e *arra*[111].

O Código Civil argentino de 1869 fazia menção, no art. 1.202, a *señal*. A doutrina, porém, emprega o termo *seña*[112], o qual aponta como sinônimo[113]. O Diploma atual, que rege a matéria, editado em 2015, faz alusão tanto a *señal* como a arras (arts. 1.059 e 1.060).

É importante observar que, sob a mesma denominação, duas figuras, com funções completamente diversas, são tratadas. Com efeito, diante do que já foi exposto, é possível perceber a grande diferença que há entre as arras confirmatórias e as penitenciais.

As primeiras são empregadas, entre outras funções, para demonstrar a existência do contrato. Por tal razão, parece razoável, sob este aspecto, empregar-se, para melhor retratar o instituto, o termo sinal. Deveras, a entrega da coisa ou do dinheiro serve como um símbolo, um sinal, de que as partes celebraram um negócio jurídico.

Por outro lado, as arras, ainda quando confirmatórias, visam garantir a execução do contrato, e sob este aspecto faz sentido o emprego do referido termo, na medida em que a sua origem etimológica é justamente essa.

Ocorre que, passando as arras a ter função penitencial, nenhum dos termos se amolda perfeitamente ao instituto, já que nenhum dos dois retrata o que efetivamente está assegurado: a possibilidade de qualquer das partes, agindo de forma unilateral, desistir do negócio jurídico.

111 D'AVANZO, Walter. Caparra. In: AZARA, Antonio; EULA, Ernesto (Dir.). *Novissimo Digesto Italiano*. Torino: UTET, 1957, v. 2, p. 893.

112 LORENZETTI, Ricardo Luis. *Tratado de los contratos*. 2. ed. Buenos Aires: Rubinzal-Culzoni, 2007, t. 1, p. 308.

113 GASTALDI, José María e CENTANARO, Esteban. *La seña*. Buenos Aires: Abeledo-Perrot, 1997, p. 19.

Portanto, na ausência de um termo mais específico, andou bem o legislador brasileiro que, ao disciplinar o assunto, empregou ambos, permitindo que eles fossem utilizados indistintamente[114].

2.2. O conceito de arras

2.2.1. Confirmatórias

Apesar de já terem sido feitas diversas alusões às arras confirmatórias, não foi, até o momento, apresentado um conceito deste instituto. Antes, porém, de intentá-lo, é importante salientar que o legislador não trouxe uma definição, competindo, portanto, à doutrina esta missão.

Clóvis Beviláqua observa que se está diante de instituto com conceito vacilante[115], e por aí já é possível imaginar a dificuldade na elaboração de definição completa, que alcance todos os aspectos.

Orlando Gomes propôs-se a apresentar uma fórmula para retratar as arras confirmatórias[116]. Percebe-se, porém, que deixou de tratar da possibilidade do seu emprego no contrato preliminar. João Luiz Alves, de forma semelhante, não abordou outros aspectos, limitando-se a dizer que figuram como princípio de pagamento[117]. Carvalho Santos, por seu turno, afirma que as arras devem ser entendidas como a entrega de uma coisa como prova da conclusão do contrato[118], não aludindo à possibilidade de entrega de certa quantia em dinheiro. Tampouco se refere à outra função das arras confirmatórias, qual seja, a de garantir a execução do contrato.

Na doutrina brasileira mais moderna, é possível citar Gustavo Tepedino e Anderson Schreiber, os quais mencionam a dação de arras somente

[114] SANTOS, J. M. de Carvalho (*Código Civil brasileiro interpretado, principalmente do ponto de vista prático*. 6. ed. Rio de Janeiro: Freitas Bastos, 1954, v. 15, p. 266) segue esse entendimento, aduzindo que "o nosso Código, como se vê do texto supra, estabelece a sinonímia entre *sinal* e *arras*".

[115] BEVILAQUA, Clóvis. *Direito das obrigações*. 2. ed. Salvador: Livraria Guimarães, 1910, p. 94.

[116] O citado autor (GOMES, Orlando. *Contratos*. 8. ed. Rio de Janeiro: Forense, 1981, p. 113) diz que "as *arras confirmatórias* consistem na entrega de quantia ou coisa, feita por um contraente ao outro, em firmeza do contrato e como garantia de que será cumprido".

[117] ALVES, João Luiz. *Código Civil da República dos Estados Unidos do Brasil anotado*. 2. ed. São Paulo: Saraiva, 1935, p. 175.

[118] SANTOS, J. M. de Carvalho. *Código Civil brasileiro interpretado, principalmente do ponto de vista prático*. 6. ed. Rio de Janeiro: Freitas Bastos, 1954, v. 15, p. 266.

quando da conclusão do contrato, salientando que a função principal é dar firmeza ao negócio[119]. Luiz Antonio Scavone Junior apresenta conceito mais amplo, quando, além de fazer referência à possibilidade de entrega de coisa ou dinheiro, destaca a função garantidora das arras[120].

Parte significativa da doutrina estrangeira também não oferece conceito completo, e aqui pode ser feita alusão, por exemplo, ao direito francês, a Planiol e Ripert, quando dizem que as arras consistem na entrega de uma soma de dinheiro de um contratante ao outro, no momento da celebração definitiva do negócio jurídico[121].

No direito italiano, Marco Bellante, embora diga se tratar de um contrato acessório, não aborda a questão da promessa[122]. Félix Hernández Gil, que discorre sobre o direito espanhol, traz conceituação mais precisa, pois, além de mencionar a possibilidade de as arras consistirem na entrega de dinheiro ou coisa fungível, salienta a viabilidade de a prática ocorrer antes, no momento da conclusão, e até mesmo depois da celebração do negócio jurídico[123]. Ainda assim, a referida lição não agradou todos os doutrinadores. María Elvira Afonso Rodríguez diz ser preferível a apresentação de conceito mais geral[124].

No direito português, não há como ignorar a definição apresentada por Antunes Varela, que, de forma semelhante ao autor espanhol citado,

[119] TEPEDINO, Gustavo e SCHREIBER, Anderson. In: AZEVEDO, Álvaro Villaça de. *Código Civil comentado:* direito das obrigações: artigos 233 a 420. São Paulo: Atlas, 2008, v. 4, p. 406.

[120] CASTRO FILHO; ANDRADE, Marcos Vinicius; MESQUITA, Eduardo M. e SCAVONE JUNIOR, Luiz Antonio. In: ARRUDA ALVIM e ALVIM, Thereza. *Comentários ao Código Civil brasileiro*: do direito das obrigações. Rio de Janeiro: Forense, 2006, v. 4, p. 581.

[121] PLANIOL, Marcel e RIPERT, George. *Tratado elemental de derecho civil*: teoria general de los contratos: contratos especiales. Tradução de Jose M. Cajica Jr. México: Cardenas, 1983, v. 5, p. 191.

[122] BELLANTE, Marco. *La caparra*. Milano: Giuffrè, 2008. p. 1.

[123] De acordo com o citado autor (GIL, Félix Hernández. *Las arras en el derecho de la contratación* (en torno al artículo 1454 del Código Civil). Salamanca: Universidad de Salamanca, 1958, p. 44), as arras consistem na "suma de dinero o cosa fungible que, sin constituir el total del precio, una de las partes contratantes entrega a la otra preventivamente a la conclusión del contrato, o durante el mismo, para confirmarlo o, excepcionalmente, como medio para desistir de él".

[124] RODRIGUÉZ, María Elvira Afonso. *Las arras en la contratación*. Barcelona: Bosch, 1995, p. 83.

elabora conceito amplo, que abrange a possibilidade de entrega das arras em mais de um momento[125].

2.2.2. Penitenciais

Se, conforme observado, as arras confirmatórias servem de prova do negócio jurídico, além de funcionarem como garantia de sua execução, o sinal penitencial exerce papel oposto, qual seja, o de permitir que a parte unilateralmente desista do contrato[126]. Consequentemente, esta espécie de arras exige uma definição mais apropriada.

Já tendo sido apresentada no tópico anterior a ausência de menção, por parte de muitos autores, ao objeto das arras e ao momento em que podem ser prestadas, desnecessário abordar, também aqui, tais questões.

O conceito de arras penitenciais precisa ser elaborado a partir da ideia de enfraquecimento do vínculo, pois esta é a sua função primordial. Numa expressão resumida, João Calvão da Silva diz que o referido instituto corresponde ao preço do recesso[127].

Diante disso, já é possível concluir que as arras penitenciais consistem na entrega de um bem (fungível ou infungível, inclusive imóvel) que é dado por um contratante a outro (prévia, concomitante ou posteriormente à formação do contrato) para permitir o exercício do direito de desistência.

[125] VARELA, João de Matos Antunes (*Das obrigações em geral*. 10. ed. Coimbra: Almedina, 2000, v. 1, p. 311-312) diz que "o *sinal* consiste na coisa (dinheiro ou outra coisa fungível ou não fungível) que um dos contratantes entrega ao outro, no momento da celebração do contrato ou em momento posterior, como prova da seriedade do seu propósito negocial e garantia do seu cumprimento, ou como antecipação da indemnização devida ao outro contraente, na hipótese de o autor do sinal se arrepender do negócio e voltar atrás, podendo a coisa entregue coincidir (no todo ou em parte) ou não com o objecto da prestação devida *ex contractu*".

[126] NERY, Rosa Maria de Andrade e NERY JUNIOR, Nelson (*Instituições de direito civil*: direito das obrigações. São Paulo: RT, 2015, v. 2, p. 379) dizem que "é preciso, portanto, atentar para a natureza jurídica do instituto, que contém funções, de certa maneira, opostas: por arras ou sinal, as partes garantem o negócio, ou se dão mutuamente o direito de dele se arrepender".

[127] SILVA, João Calvão da. *Sinal e contrato-promessa*. 7. ed. Coimbra: Universidade de Coimbra, 1999, p. 93.

2.3. O objeto das arras

O legislador de 1916 optou por não especificar a coisa que poderia ser empregada a título de arras, ou seja, não fez referência, por exemplo, a bem móvel fungível, e neste ponto também se afastou de parte dos textos legais de outros países[128], os quais optaram por especificar aquilo que poderia ser utilizado pela parte contratante.

A opção brasileira, no entanto, não pode ser criticada, pois não criando óbice aos contratantes, permitia que, em cada caso específico, eles estipulassem aquilo que melhor lhes aprouvesse. É importante frisar desde logo que, na grande maioria dos casos, as arras consistem na dação de dinheiro.

O Código de 2002, neste particular, tratou de especificar aquilo que poderia ser dado, prevendo, no art. 417, que as partes têm apenas duas opções, quais sejam, dinheiro ou outro bem móvel. Ou seja, restringiu, ao menos textualmente, aquilo que os contratantes poderiam prever como objeto de arras.

Cabe, então, verificar se, apesar do disposto no texto legal, haveria algum impedimento para que os interessados se valessem de outro bem, por exemplo, um imóvel. Antes, porém, será analisada a possibilidade de entrega de moeda diversa da nacional.

2.3.1. Moeda estrangeira

Uma questão interessante pode ser abordada neste tópico, e diz respeito à possibilidade de, num contrato celebrado no Brasil, na época em que vigorava o revogado Código, as arras consistirem na entrega de dinheiro estrangeiro.

As arras, quando exercem função confirmatória, fazem com que o numerário dado inicialmente valha como princípio de pagamento, salvo estipulação em sentido diverso[129]. Aliás, o art. 1.096 do CC/16 era expresso neste sentido. Por tal razão, tem pertinência a discussão aqui levantada, pois, a depender da posição que se adote, as consequências serão diversas.

O art. 947, § 1º, do CC/16, em sua redação original, dispunha ser lícita a estipulação de pagamento em certa e determinada moeda estrangeira. Consequentemente, não havia qualquer óbice a que as partes previssem a

[128] O art. 1385 do CC italiano faz menção a dinheiro e coisa fungível. Por sua vez, o art. 1.060 do CC argentino prevê a dação de dinheiro e coisas móveis.

[129] Vide item 3.7.8.

dação de arras em dinheiro diverso do nacional. E, caso a moeda escolhida deixasse de existir, poderia se cogitar da conversão do seu valor para a que surgiu em substituição.

A mencionada previsão legal, no entanto, teve vida relativamente curta. Isso porque, com a edição do Dec. 23.501/33, ficou vedada a estipulação de pagamento em moeda estrangeira. Passou-se, aliás, a prever que o contrato que contivesse cláusula neste sentido seria nulo. A proibição foi reforçada pelo art. 1º do Dec.-Lei 857/69. Por fim, a Lei 10.192/01, que dispunha sobre medidas complementares ao Plano Real, revogou expressamente o mencionado dispositivo do Código Civil.

Seguindo essas regras legais, caso (a partir da edição do primeiro decreto mencionado) fosse celebrado um contrato que previsse o pagamento, e assim também a dação de arras confirmatórias, em moeda estrangeira, ele seria nulo. Entretanto, já na época da vigência do Diploma de 1916 seria viável cogitar da possibilidade de conversão da expressão econômica da moeda estrangeria em nacional, e a efetiva entrega do numerário com base nesta última[130].

Assim agindo, não se vislumbraria qualquer espécie de nulidade do negócio jurídico, pois não se estaria obstando o curso da moeda nacional. O dinheiro estrangeiro serviria apenas como indexador, e haveria a conversão quando do efetivo adimplemento.

De acordo com o art. 318 do CC/02, são nulas as convenções de pagamento em ouro ou moeda estrangeira. Ou seja, seguindo a disciplina anteriormente estabelecida, o legislador atual continuou a prever que não é possível convencionar a entrega de dinheiro diverso daquele de curso forçado no país.

Perceba-se que o regramento legal atual, em sendo adotada interpretação literal e isolada, é bastante rigoroso, na medida em que, excetuados os casos previstos em leis esparsas, a mera previsão de pagamento em moeda estrangeira redunda em nulidade da convenção. Entretanto, sem violar a redação empregada, parece possível a estipulação de sinal em moeda diversa da nacional, desde que não figure como princípio de pagamento.

[130] BEVILAQUA, Clóvis (*Código Civil dos Estados Unidos do Brasil comentado.* Edição histórica. Rio de Janeiro: Editora Rio, 1975, v. 4, p. 82) sustentou que "não obstante haver uma espécie de moeda determinada no título, pode o devedor preferir o seu equivalente em moeda corrente no lugar da prestação, ao câmbio do dia do vencimento".

As partes, portanto, estão autorizadas a prever a entrega de ouro ou dinheiro diverso do nacional, bastando que fique estipulado expressamente que em nenhuma dessas hipóteses se computará no preço aquilo que foi dado, figurando, então, como entrega de bem móvel. Agindo desse modo, os contratantes não desobedecem a previsão mencionada e não afrontaram a regra inserta no art. 417 do CC/02.

Assim, por exemplo, os interessados estariam autorizados a prever sinal confirmatório correspondente a determinado valor de específica moeda estrangeria, estipulando, no mais, que o preço, e consequentemente o pagamento, seria feito em Real. Havendo inadimplemento ocasionado pelo recebedor, lhe competiria restituir aquilo que recebeu de forma duplicada.

Seria, é certo, numa situação como a mencionada, questionada a possibilidade de se exigir outro tanto em dinheiro estrangeiro, pois, também aqui, se falaria em pagamento, mais especificamente, em pagamento dobrado. A previsão, porém, do art. 418 do CC/02 atenuaria o rigor da regra do art. 318 do mesmo Diploma, uma vez que está autorizada restituição do equivalente. Em outras palavras, o recebedor devolveria o numerário que lhe foi confiado e pagaria o equivalente em moeda nacional.

A interpretação defendida não viola qualquer das citadas previsões do Código, tampouco contraria o escopo das regras. O legislador, ao editar o art. 318, pretendeu proibir que as partes, em um negócio jurídico, obstem a circulação do dinheiro pátrio e também utilizem moeda estrangeria como índice de correção monetária[131].

Prevista a dação de sinal em moeda diversa da nacional, e não sendo o numerário computado no preço, o pagamento será feito em Real, e caso se verifique o descumprimento da obrigação, além da restituição do montante recebido, ficaria o recebedor obrigado a restituir, também em Real, aquilo que corresponderia ao dinheiro estrangeiro dado a título de arras.

[131] BDINE JUNIOR, Hamid Charaf (In: PELUSO, Cezar. *Código Civil comentado*: doutrina e jurisprudência. 7. ed. Barueri: Manole, 2013, p. 298), ao comentar o art. 318 do CC/02, diz que "este artigo veda não apenas o pagamento de obrigações em moeda estrangeira, mas também sua utilização como critério de correção monetária, na medida em que se refere expressamente à impossibilidade de usar a variação da moeda estrangeira para compensar a diferença entre seu valor e o valor da moeda nacional, sendo excluídos, porém, os casos previstos em lei especial".

Por fim, para reforçar, é bom lembrar que, tal como já se cogitava na vigência do Diploma revogado, parece prevalecer ainda nos dias atuais a ideia de que, mesmo existindo previsão contratual de pagamento em moeda estrangeira, não se declara a nulidade, pois é possível que o pagamento seja feito em Real, bastando que se opere a conversão[132].

2.3.2. Bem móvel infungível ou imóvel

Outra questão que merece ser abordada diz respeito à possibilidade ou não de as arras consistirem em um bem infungível, até mesmo um imóvel. A princípio, pela redação do art. 1.094 do CC/16, também não haveria, aqui, qualquer impedimento.

Diferentemente de outras previsões legais, como, por exemplo, aquela constante do Código Civil português de 1867[133], que fazia expressa alusão ao termo quantia (art. 1.548), o Diploma brasileiro era omisso. Não bastasse, é de se ver que parte da doutrina lusitana, que se dedicava a comentar a legislação revogada, defendia a possibilidade de o sinal consistir num objeto determinado[134]. Ou seja, de acordo com alguns autores, bastava a individualização de um bem, não importando se móvel ou imóvel[135].

Parcela dos estudiosos brasileiros — e aqui pode ser citado Carvalho Santos —, afirma que as arras somente podem consistir em dinheiro ou coisa móvel[136]. Contudo, percebe-se que os que seguem essa linha de

[132] TEPEDINO, Gustavo e SCHREIBER, Anderson (In: AZEVEDO, Álvaro Villaça de. *Código Civil comentado:* direito das obrigações: artigos 233 a 420. São Paulo: Atlas, 2008, v. 4, p. 221) afirmam que "os tribunais têm, mais recentemente, hesitado em declarar a nulidade plena da obrigação, limitando-se a converter para o valor equivalente em moeda nacional a prestação assumida em moeda estrangeira".

[133] O art. 1.385 do Código Civil italiano faz alusão a dinheiro e coisa fungível. Parte da doutrina, e aqui pode ser citado BELLANTE, Marco (*La caparra.* Milano: Giuffrè, 2008, p. 39), elogia o dispositivo, aduzindo que se fosse possível a dação de bem infungível haveria dificuldade em imputá-lo ao pagamento e, caso fosse necessário, em restitui-lo àquele que o entregou.

[134] MOREIRA, Guilherme Alves. *Instituições do direito civil português*: parte geral. Coimbra: Universidade de Coimbra, 1907, v. 1, p. 501.

[135] Tendo por objeto de estudo o Código Civil português atual, VARELA, João de Matos Antunes (*Das obrigações em geral.* 10. ed. Coimbra: Almedina, 2000, v. 1, p. 311-312) defende a possibilidade de o sinal ser representado por coisa infungível.

[136] SANTOS, J. M. de Carvalho. *Código Civil brasileiro interpretado, principalmente do ponto de vista prático.* 6. ed. Rio de Janeiro: Freitas Bastos, 1954, v. 15, p. 269.

pensamento não explicam a razão pela qual restaria impossibilitada a dação de bem imóvel.

Consoante o art. 1.094 do CC/16, se as arras firmavam a presunção de acordo final, tornando obrigatório o contrato, a dação de um imóvel ou de coisa infungível não violava tal preceito, máxime se ficasse estabelecido que a entrega se dava como princípio de pagamento[137], pois, nesta hipótese, não haveria espaço para dúvida a respeito da transferência da propriedade.

Com efeito, embora o art. 1.096 do CC/16 fizesse alusão somente a dinheiro, considerando a sua entrega como início de adimplemento, nada impedia a estipulação de entrega de outro bem a tal título. Efetivamente, pela interpretação que se podia dar à referida regra, apenas em não havendo previsão específica é que as arras, não consistentes em dinheiro, deveriam ser restituídas quando o contrato fosse concluído ou desfeito. A razão para que isso ocorresse era lógica, pois se as partes estipulassem que o pagamento seria feito em dinheiro, e não se vislumbrasse a ocorrência de inadimplemento, caso não houvesse restituição do bem dado a título de sinal, a parte que recebeu a coisa enriqueceria ilicitamente. Portanto, prevista a entrega de bem como parte de pagamento, não existia razão para restringir aos móveis, proibindo os imóveis.

Para reforçar este entendimento, cite-se a doutrina de Pontes de Miranda, que diz que o objeto das arras pode ser qualquer bem patrimonial, bastando que seja possível a transmissão da posse, o que se fará mediante simples entrega, registro ou por constituto possessório[138]. Aliás, com base nesta lição, é possível acrescentar que a transmissão da posse não precisa ser necessariamente direta, satisfazendo a entrega da posse indireta, o que ocorre, por exemplo, na figura do mencionado instituto do constituto possessório.

[137] PRATA, Ana Maria Correia Rodrigues (*O contrato-promessa e o seu regime civil.* Coimbra: Almedina, 2006, p. 763) diz que "se as partes previrem expressamente a qualificação de sinal para a entrega de coisa não fungível, convencionando, do mesmo passo, um modo de funcionamento, que, não sendo descaracterizador do sinal, lhe permita desempenhar a função para que foi estabelecido, não se vê na lei razão bastante para considerar inválida tal convenção, até por força da autonomia privada".

[138] MIRANDA, Francisco Cavalcanti Pontes de. *Tratado de direito privado*: parte especial. 3. ed. Rio de Janeiro: Borsoi, 1971, v. 24, p. 162.

Prosseguindo, anote-se que, para a hipótese em que ocorresse a entrega de dinheiro, configurada estava a transmissão de propriedade, passando então o numerário a integrar o patrimônio daquele que recebeu[139]. Neste caso, em razão do disposto no art. 1.096 do CC/16, não existia necessidade de previsão específica. Contudo, se o bem dado não era dinheiro, para que funcionasse como princípio de pagamento, necessária se fazia a previsão contratual.

Caso, porém, não houvesse estipulação específica, valeria a regra geral, qual seja, a que determinava a restituição do bem quando o contrato estivesse concluído ou desfeito, e ocorreria, nesta hipótese, apenas transferência de posse[140].

Corrobora a tese de que se fazia possível a entrega de bens infungíveis, inclusive imóveis, a natureza jurídica das arras confirmatórias. Isso porque, não sendo possível a parte desistir do contrato, não entrava em pauta a discussão da necessidade de restituição em dobro daquilo que foi dado. Com efeito, conforme se verá adiante, na hipótese de inadimplemento, o culpado respondia pelas perdas e danos, na sua total extensão.

A dificuldade surgiria para os casos em que as arras fossem penitenciais, já que ficaria aberta a possibilidade de o contratante desistir. Assim, e se a inciativa partisse daquele que recebeu as arras, ficaria obrigado à restituição dobrada. Ocorre que os bens infungíveis, diferentemente dos fungíveis, não podem ser substituídos por outros do mesmo gênero, qualidade e quantidade. Consequentemente, a regra que dispunha sobre a referida forma de restituição não poderia, a princípio, ser aplicada nos seus exatos termos.

Restaria, porém, a possibilidade de restituição do equivalente; e isso se faria com a entrega do valor do bem dado a título de arras[141]. A dificuldade, portanto, seria meramente fática, e não jurídica, pois bastaria apurar o

[139] MIRANDA, Francisco Cavalcanti Pontes de. *Tratado de direito privado*: parte especial. 3. ed. Rio de Janeiro: Borsoi, 1971, v. 24, p. 162.

[140] MIRANDA, Francisco Cavalcanti Pontes de. *Tratado de direito privado*: parte especial. 3. ed. Rio de Janeiro: Borsoi, 1971, v. 24, p. 162.

[141] POTHIER, R. J. (*Tratado de los contratos*: tratado del contrato de venta. Tradução de M. C. de las Cuevas. Buenos Aires: Atalaya, 1948, v. 1, p. 245) diz que "si la venta no se realiza por culpa del que ha recibido las arras, éste se obliga a devolver al que las ha dado el doble de la cantidad que haya recibido por este concepto, si las arras consistiesen en dinero, y si fuese otra cosa, a devolvérsela con más el valor de la misma, a juicio de peritos nombrados por las partes".

preço de mercado daquilo que foi separado para ser entregue como arras, e assim nenhum prejuízo se verificaria para a parte[142].

O Código de 2002, afastando-se do Diploma revogado, entendeu por bem especificar aquilo que poderia ser dado a título de arras. Diz o art. 417 que uma parte pode dar à outra dinheiro ou outro bem móvel.

A limitação imposta pelo legislador atual não faz sentido, pois, conforme já anotado, até mesmo coisas infungíveis podem ser entregues a título de arras, cabendo, na hipótese de necessidade de restituição, ser apurado o valor do bem.

Caso a intenção fosse restringir, faria mais sentido prever somente a possibilidade de entrega de dinheiro ou coisa fungível, e nada mais, o que efetivamente não ocorre. Talvez tenha sido essa a ideia original, mas a redação empregada pelo legislador não proíbe a dação de bem infungível. Com efeito, a parte final do art. 417 do CC determina que, se do mesmo gênero, se computa na prestação a coisa. Consequentemente, não sendo isso possível, como ocorre quando o bem é infungível, se faz necessária a restituição.

Não há dúvida de que, em se tratando de bem de raiz, a transmissão da propriedade exige o registro (art. 1.245, *caput*, do CC). Mas isso não serviria como óbice, pois é possível que, pelo emprego das arras, ocorra somente a transmissão da posse, que tem expressão econômica. Assim, se, por exemplo, fosse dado um terreno como arras penitenciais, em o recebedor desistindo, restituiria a posse e entregaria, em dinheiro, o equivalente.

Talvez a maior dificuldade em utilizar um imóvel como o objeto das arras consista na maneira em como transferir a propriedade caso ocorra inadimplemento, pois em tal hipótese a entrega, feita quando da constituição do sinal, corresponderia somente à cessão da posse. O recebedor inocente, para se tornar dono, precisa registrar o bem em seu nome.

Havendo, então, resistência do dador em celebrar negócio jurídico apto a transmitir a titularidade do bem, teria o recebedor que se socorrer das vias judiciais. O título formado quando do julgamento seria hábil a transmitir a propriedade, podendo ser registrado.

142 OLIVEIRA, Nuno Manuel Pinto. *Ensaio sobre o sinal*. Coimbra: Coimbra editora, 2008, p. 21-24.

2.4. Os efeitos das arras

2.4.1. Transmissão ou não da propriedade

É possível perceber, pelo que constou do tópico anterior, que foi defendida a ideia segundo a qual, ainda que inexistisse previsão contratual específica, a entrega de dinheiro a título de arras confirmatórias redundaria na transferência da propriedade. A parte que recebesse o numerário tornar-se-ia, portanto, dona da quantia, certo que restaria configurada a hipótese de início de pagamento.

Porém, se as partes, por acaso, estipulassem a entrega de um bem (fungível ou infungível), a situação se mostraria diferente, e necessário seria, consequentemente, analisar o teor do contrato. Assim, caso os contratantes se limitassem a fazer constar que, a título de sinal, era reservado um bem específico, o qual era efetivamente repassado de uma parte para a outra, no momento em que se concluísse o contrato ou fosse ele desfeito, necessária seria a restituição. Nesta hipótese, por força do que dispunha o art. 1.096 do CC/16, não se cogitaria da transferência de propriedade; haveria tão somente transmissão da posse (direta ou indireta).

A solução seria diferente se os contratantes estipulassem que o bem (fungível ou infungível) dado a título de arras confirmatórias servisse como princípio de pagamento. Nesta hipótese, em sendo o contrato cumprido, não ocorreria restituição. A situação assemelhar-se-ia à entrega de dinheiro.

No entanto, aqui surgiria um problema se houvesse desfazimento do negócio jurídico. Isso porque, caso se entendesse que houve transmissão da propriedade, aquele que recebeu poderia livremente dispor do bem. A solução seria mais fácil se se tratasse de coisa fungível, pois bastaria que a restituição fosse feita com observância da identidade de gênero, qualidade e quantidade. Se, porém, a coisa dada fosse infungível, como é o caso do imóvel, a questão tornar-se-ia mais complexa.

Realmente, se se vislumbrasse um caso em que o desfazimento do negócio jurídico tivesse efeito retroativo, a transmissão da propriedade precisaria ser desfeita, e isso poderia acarretar prejuízos ao terceiro adquirente do bem. Portanto, uma solução seria o contratante, que recebeu e alienou a coisa, arcar com a indenização. Isso se daria para a hipótese de transmissão onerosa, pois se se tratasse de transferência gratuita da propriedade, caso o transmitente não pudesse arcar com o pagamento do valor correspondente do bem, a doação seria desfeita, voltando o bem ao patrimônio daquele que inicialmente o entregou a título de arras[143].

Walter D'Avanzo sugere que a transmissão da propriedade, na hipótese aqui ventilada, fique condicionada à ineficácia do negócio jurídico[144]. Assim, não se concretizando por completo o negócio em que o bem foi dado como arras, a alienação posterior para o terceiro seria ineficaz, competindo-lhe a devolução e restando, a seu favor, o direito a ser indenizado.

A discussão, conforme é possível perceber, não se mostra pequena, de modo que não há como aceitar a tese daqueles que, quando abordam este assunto, sustentam que sempre a dação de arras transmite a propriedade da coisa de uma parte à outra[145].

Para mais, a própria redação do art. 417 do CC/02 traz a ideia de que nem sempre a dação de arras redunda na transmissão da propriedade. Com efeito, de acordo com o dispositivo mencionado, em caso de execução do contrato, se do mesmo gênero, as arras são computadas na prestação devida, ou seja, valem como princípio de pagamento.

Entretanto, se de gênero diverso, precisarão ser restituídos os bens entregues. E isso se dá justamente em decorrência de a entrega não ser suficiente para a transmissão da propriedade. Há, na verdade, apenas cessão possessória. Se, apesar disso, houver venda ou destruição da coisa, terá cabimento a devolução em equivalente. Vale dizer, a parte pagará o preço do bem.

Com isso, fica reforçada a teoria que defende a possibilidade de dação de imóvel como arras. Tal como os bens de gênero diverso, deverá ser restituído quando da execução do contrato, na medida em que foi transmitida apenas a posse. Aliás, é até mais fácil recuperar o imóvel, pois, havendo mera cessão possessória, o recebedor não tem como vender a propriedade.

143 PRATA, Ana Maria Correia Rodrigues. *O contrato-promessa e o seu regime civil*. Coimbra: Almedina, 2006, p. 772.

144 D'AVANZO, Walter (Caparra. In: AZARA, Antonio; EULA, Ernesto (Dir.). *Novissimo Digesto Italiano*. Torino: UTET, 1957, v. 2, p. 896) afirma que "il passaggio della proprietà della cosa data a caparra non è però definitivo, giacché esse deve ritenersi subordinato alla condizione, risolutiva, dell'inefficacia del contratto".

145 POTHIER, R. J. *Tratado de los contratos*: tratado del contrato de venta. Tradução de M. C. de las Cuevas. Buenos Aires: Atalaya, 1948, v. 1, p. 244-245.

2.4.2. Caráter real das arras

Fato assente é que nem sempre a dação de arras importa em transmissão da propriedade. A questão que agora se coloca é saber se há ou não necessidade de, em todo e qualquer, caso ocorrer a transferência da posse.

Importa, portanto, saber se o acordo de vontades a respeito da dação de arras configura espécie de contrato consensual ou real. O primeiro, em poucas palavras, é aquele que se forma apenas com o consenso, não havendo necessidade da prática de qualquer outro ato. O segundo, por seu turno, exige algo mais. Ou seja, para que o negócio jurídico seja constituído, é imprescindível a entrega de alguma coisa. A entrega, por sua vez, pode ser efetiva, decorrente de um ato material, simbólica ou fictícia[146].

Nota-se, com isso, a ligação do contrato real com o simbolismo, cabendo lembrar que, nos primórdios da civilização, notadamente em Roma, não bastava o mero acordo de vontade para que o contrato se formasse. No período pré-clássico, o consenso não tinha força vinculativa.

As arras, conforme já consignado, serviam inicialmente no sistema romano como prova do contrato. Era, portanto, um sinal de que as partes haviam se comprometido mutuamente. Somente mais tarde, próximo do período clássico, houve o acolhimento, no mencionado império, da figura do contrato consensual.

As arras, por seu turno, nunca deixaram de ser espécie de contrato real, na medida em que é de sua própria natureza a entrega da coisa para que se constitua o pacto. A propósito, essa característica é apontada pela doutrina como uma das diferenças em relação à cláusula penal[147].

Não há como, em decorrência do que foi dito, se cogitar sobre promessa de dação de sinal. A entrega da coisa, além de ser o que efetivamente constitui, aparece como uma consequência direta do fim visado com as arras[148]. Seguramente, se uma das consequências possíveis do descumprimento do acordo é a perda do sinal, o efeito buscado ocorrerá mais rápida

[146] COSTA, Mário Júlio de Almeida. *Direito das obrigações.* 12. ed. Coimbra: Almedina, 2016, p. 284-285.

[147] OLIVEIRA, Nuno Manuel Pinto. *Ensaio sobre o sinal.* Coimbra: Coimbra editora, 2008, p. 79.

[148] TRIMARCHI, Michele (Caparra. Diritto civile. In: *Enciclopedia del diritto.* Milano: Giuffrè, 1960, v. 6, p. 194) afirma que a dação é fato jurídico e não reflexo concreto da eficácia jurídica do contrato de arras.

e eficazmente se efetivamente o credor já estiver na posse do bem ou do dinheiro[149].

É bem verdade que, diferentemente de outras figuras, como o comodato (art. 1.248 do CC/16 e 579 do CC/02), o legislador não deixou expressa a necessidade de entrega da coisa ou do dinheiro para a efetiva constituição das arras. Com efeito, em relação ao mencionado contrato, o Código foi incisivo ao dispor que somente se perfazia com a tradição.

De todo modo, é possível concluir pela necessidade de realização do ato de entrega em razão da forma como o art. 1.094 do CC/16 foi redigido. Note-se que há expressa alusão ao sinal dado, e isso revela que não é possível a constituição das arras em momento prévio. O mesmo pode ser dito em relação ao art. 417 do CC/02, que também prevê a dação.

A entrega, entretanto, conforme ficou consignado, não precisa ser real, admitindo-se a entrega simbólica da coisa. Exemplo disso ocorreria com o emprego da figura do constituto possessório, em que o indivíduo transfere a propriedade, mas continua a exercer a posse, agora com base em outro título.

Outro ponto que neste tópico precisa ser abordado diz respeito à entrega de cheque como forma de dação de sinal. Embora cada vez menos se utilize o mencionado título de crédito, optando as pessoas por empregar novos mecanismos de transferência de valores, ainda hoje são encontrados casos em que as partes subscrevem cheques.

Ao emitir o título, o sacador dá uma ordem para que o valor estampado seja pago. No entanto, em razão da sua natureza *pro solvendo*, somente após a compensação é que efetivamente ocorrerá o pagamento. Não havendo fundos na conta bancária de titularidade do emitente, nenhum valor é recebido por aquele que figura como beneficiário.

Assim, caso seja sacado um cheque para pagamento de arras, o que se vislumbraria na prática seria uma exceção à regra da proibição da promessa de dação de sinal. Portanto, para que não ocorra uma quebra no sistema, a solução que se afigura possível é aceitar a possibilidade de dação de arras com condição suspensiva. Vale dizer, somente ocorrerá a efetiva entrega no instante em que o cheque for compensado.

149 RODRIGUÉZ, María Elvira Afonso. *Las arras en la contratación*. Barcelona: Bosch, 1995, p. 87.

Caso se aceitasse como efetiva constituição do sinal a entrega do cheque, este, sem que nada fosse acordado a respeito, tornar-se-ia um título *pro soluto*, servindo como se dinheiro fosse. Nada impede, porém, diante da liberdade contratual, consubstanciada na autonomia privada, que os contratantes assim acordem. No entanto, não havendo acordo neste sentido, é inviável modificar a natureza jurídica do título de crédito[150].

2.5. Os negócios jurídicos a que se referem as arras

O sistema legal brasileiro, de acordo com o que já ficou consignado, afastando-se da orientação de outros países, a exemplo da França, não tratou do sinal como cláusula relacionada ao contrato de compra e venda. Não se está aqui a afirmar, porém, que não é nesta espécie que na grande maioria dos casos são dadas as arras.

A opção legislativa nacional, surgida no Código Civil de 1916 e seguida pelo Diploma de 2002, permite, ao menos em tese, que as arras sejam empregadas nas mais variadas espécies de contratos, nominados ou inominados.

Parte da doutrina, sem explicar o seu entendimento, sustenta que o sinal somente pode ser empregado em contratos bilaterais, translativos de domínio[151]. Já foi visto aqui, porém, que há certa corrente de pensamento que defende a ideia de que as arras foram imaginadas inicialmente pelo filósofo Thales, que as utilizou num contrato de locação[152], o qual, sabidamente, não envolve transferência de propriedade.

Mesmo que se conclua que a origem das arras é diversa, o exemplo dado serve ao menos para que se reflita sobre a possibilidade ou não de emprego do sinal nos mais variados negócios jurídicos, e até mesmo sobre a viabilidade de utilização em atos unilaterais[153].

150 MORAIS, Fernando de Gravato. *Contrato-promessa em geral, contratos-promessa em especial.* Coimbra: Almedina, 2009. p. 199-201.

151 GOMES, Orlando. *Contratos.* 8. ed. Rio de Janeiro: Forense, 1981, p. 112.

152 WALD, Arnoldo (*Curso de direito civil brasileiro*: obrigações e contratos. 8. ed. São Paulo: RT, 1989, v. 2, p. 104) faz expressa alusão à possibilidade de dação de arras em contrato de locação.

153 ALBALADEJO, Manuel (*Derecho civil*: derecho de obligaciones: parte general. Barcelona: Bosch, 1970, v. 2, p. 192) sustenta que as arras podem ser dadas para satisfazer obrigação não decorrente de contrato, apresentando o seguinte exemplo: "A, que debe reparar a B el daño que le ocasionó en un bien de su propriedad, le entrega una suma de dinero, estableciéndose que, aparte seguir obligado al resarcimiento, la perderá si no le repara voluntariamente aquél tan pronto como se haya evaluado".

Pontes de Miranda segue esta linha, aduzindo que não há óbice para que uma declaração unilateral de vontade esteja vinculada à dação de arras. Assim, na hipótese de promessa de recompensa, estaria o promitente autorizado a depositar certo valor para que os interessados acreditassem na sua responsabilidade, comportamento tal que estaria ainda a indicar início de pagamento[154].

Até mesmo doutrinadores franceses, ao analisarem a legislação vigente em seu país, não se limitam a dizer que as arras somente podem ser empregadas na compra e venda ou em outro negócio jurídico que acarrete transferência de propriedade. G. Baudry-Lacantinerie e Léo Saignat afirmam não haver boas razões para a limitação do uso das arras, que poderiam ser empregadas em outros contratos sinalagmáticos[155].

Apresentados alguns exemplos, cabe agora com maior profundidade analisar se as arras são admissíveis em contratos unilaterais e bilaterais, ou somente nesta última espécie. Antes, porém, para melhor compreensão, anote-se que as expressões antes referidas (unilaterais e bilaterais) são substituídas, respectivamente, por alguns doutrinadores[156], por não-sinalagmáticos e sinalagmáticos.

O contrato, em sua formação, é bilateral, pois pressupõe o concurso de vontades. A unilateralidade e a bilateralidade referidas dizem respeito às prestações. A primeira espécie mencionada cria obrigações somente para um dos contratantes (ex. doação pura e simples), ao passo que a segunda gera obrigações para ambos (ex. compra e venda)[157].

É possível classificar como sinalagmático o contrato em que a prestação devida por uma das partes é a razão de ser da prestação assumida pelo outro contratante. Há, pois, nexo entre elas[158], ou seja, as prestações são correlatas. A bilateralidade, outrossim, pode ser genética (somente surge

[154] MIRANDA, Francisco Cavalcanti Pontes de. *Tratado de direito privado*: parte especial. 3. ed. Rio de Janeiro: Borsoi, 1971, v. 24, p. 161-162.

[155] BAUDRY-LACANTINERIE, G. e SAIGNAT, Léo. *Traité théorique et pratique de droit civil*: de la vente et de l'échange. 2. ed. Paris: L. Larose & Forcel: 1900, p. 56.

[156] CHAVES, Antônio. *Lições de direito civil*: obrigações, v. 2: causas geradoras das obrigações: obrigações por declaração unilateral de vontade; contratos em geral. São Paulo: José Bushatsky, 1972, p. 163.

[157] GOMES, Orlando. *Contratos*. 8. ed. Rio de Janeiro: Forense, 1981, p. 82.

[158] COSTA, Mário Júlio de Almeida. *Direito das obrigações*. 12. ed. Coimbra: Almedina, 2016, p. 360.

a obrigação de um contratante se surgir a do outro) ou funcional (quando a execução da prestação devida por uma das partes fica condicionada à execução a ser realizada pelo outro contratante)[159].

Por seu turno, não-sinalagmáticos são os contratos que criam obrigações para apenas uma das partes. Consequentemente, enquanto um contratante figura somente como credor, o outro exerce papel de devedor.

Ninguém duvida, diante do que já ficou consignado, que nos contratos sinalagmáticos, notadamente numa compra e venda, é possível a elaboração de cláusula que trate das arras. A discussão doutrinária, portanto, se restringe aos contratos unilaterais e aos bilaterais não translativos de propriedade.

Em relação às arras penitenciais, a questão que se coloca é saber qual a obrigação que nasce para o contratante que, por força da natureza do contrato, não está obrigado ao cumprimento de determinada prestação. Isso porque, de acordo com a sistemática empregada à referida espécie de sinal, caso haja desistência, quem o deu perde-o em favor do outro contratante; e, se a iniciativa em romper o vínculo parte daquele que recebeu as arras, a sua obrigação consiste em restituí-las em dobro.

O próprio mecanismo das arras, ao menos pela forma como consta da lei, gera um vínculo que alcança tanto aquele que entrega como aquele que recebe. Assim, se uma das partes não se obriga ao cumprimento de prestação determinada, não pode, por uma questão lógica, deixar de adimpli-la.

Entretanto, não se pode perder de vista que o sinal, ainda quando acordado para que tenha natureza penitencial, é uma garantia. Realmente, quem entrega um bem ou certa quantia em dinheiro passa a ideia de que pretende honrar o compromisso assumido. Nada impede — e para isso serve o sinal penitencial — que, posteriormente, o contratante se arrependa. De todo modo, a dação de arras pressupõe, uma garantia. Ninguém, já antevendo a dissolução do negócio jurídico como evento certo, se propõe a entregar algo que, sabidamente, perderá.

Aliás, neste ponto é necessário aludir à lição de Ana Prata, que observa que, inicialmente, as arras geravam obrigações apenas para aquele que as deu, tendo sido somente ao longo da história, com o desenvolvimento da

[159] COSTA, Mário Júlio de Almeida. *Direito das obrigações*. 12. ed. Coimbra: Almedina, 2016, p. 361.

matéria, que se alterou a referida sistemática, criando-se, para que houvesse equilíbrio entre os contratantes, a obrigação de restituição dobrada para a hipótese de inadimplemento por parte daquele que recebeu o sinal[160].

No entanto, nada impede que, em decorrência da autonomia privada, os contratantes estipulem obrigação apenas para uma das partes[161]. Isso se verifica, a propósito, nos contratos não-sinalagmáticos. Nestes, caso haja sinal, a parte a quem compete o cumprimento da obrigação entrega-o; e se não se vislumbrar o inadimplemento, será o bem ou valor dado computado no preço ou devolvido. Esta é a sistemática das arras confirmatórias. Tratando-se de arras penitenciais, fica autorizado o descumprimento, e em isso se verificando, a parte que entregou o sinal perde-o. Não se cogitaria da restituição em dobro, pois, sendo a prestação devida por apenas um dos contratantes, o que recebeu as arras não teria como descumprir[162].

Contudo, seria possível cogitar-se não o descumprimento de obrigação, o que é realmente impossível num contrato não-sinalagmático, mas da simples desistência, e nisso não se entrevê qualquer obstáculo. Exemplo típico de contrato unilateral é o comodato. Entregue a coisa ao comodatário, este tem a obrigação de conservá-la e restitui-la ao final. Caso as arras tenham sido dadas pelo comodante, que não tem que cumprir qualquer prestação, se houvesse desistência, perderia em favor do comodatário, servindo o montante ou bem como indenização previamente estabelecida. Aliás, caso tivesse sido estipulada a referida cláusula, não haveria necessidade de discussão se a finalidade do empréstimo foi atingida (art. 1.250 do CC/16 e art. 581 do CC)[163].

Ainda sobre o assunto, é importante anotar que existe discussão doutrinária quanto à possibilidade ou não de emprego das arras em negócio

[160] PRATA, Ana Maria Correia Rodrigues. *O contrato-promessa e o seu regime civil.* Coimbra: Almedina, 2006, p. 755. Em sentido contrário se manifesta RODRIGUÉZ, María Elvira Afonso (*Las arras en la contratación.* Barcelona: Bosch, 1995, p. 179-180), que diz que as arras sempre tiveram como característica a natureza sinalagmática.

[161] RODRIGUÉZ, María Elvira Afonso (*Las arras en la contratación.* Barcelona: Bosch, 1995, p. 184), seguindo a sua linha de raciocínio, não entende possível a existência de arras unilateral.

[162] PRATA, Ana Maria Correia Rodrigues. *O contrato-promessa e o seu regime civil.* Coimbra: Almedina, 2006, p. 755-756.

[163] PRATA, Ana Maria Correia Rodrigues (*O contrato-promessa e o seu regime civil.* Coimbra: Almedina, 2006, p. 756) não entende admissível a mencionada hipótese.

jurídico unilateral[164]. Já foi anotado que Pontes de Miranda entende possível essa prática. A corrente contrária sustenta que, sendo o sinal uma convenção, não teria como ser constituído fora de um acordo de vontades[165]. E para reforçar, poderia ser dito que, no Código Civil de 1916, as arras foram disciplinadas na parte das disposições gerais dos contratos.

Entretanto, é de se ter presente que, para a constituição de arras, não precisa que alguém efetivamente a receba, podendo, por exemplo, em uma promessa de recompensa, ser depositado o dinheiro numa conta, indicando que há garantia de cumprimento. Neste caso, sequer se colocaria a questão da necessidade de convenção entre partes, mas seria discutível a existência do contrato de arras.

Pensando nisso, alguns autores sustentam que, embora seja possível a dação de sinal em ato unilateral, necessária seria a celebração de um contrato dispondo sobre a matéria. Tal prática não violaria qualquer dispositivo legal, tampouco subverteria a natureza do instituto. O que não se admite é a subsistência autônoma do pacto arral. Assim, desde que exista, para dar suporte à convenção sobre arras, um negócio unilateral, não há razão para a sua não admissão[166].

2.5.1. Contrato preliminar

Tanto o Código de 1916 como o de 2002 fazem alusão, no capítulo referente às arras, à dação delas em contratos constituídos. Apesar disso, já foi visto que o âmbito de aplicação do mencionado instituto não é tão limitado como, a princípio, poderia ser imaginado, em decorrência da redação dos dispositivos legais.

Talvez o maior âmbito de aplicação das arras seja no contrato preliminar, também conhecido como pré-contrato. Com efeito, estipulando as partes, por exemplo, a venda de um imóvel, é comum que prevejam a

164 CIAN, Giorgio e TRABUCCHI, Alberto (*Commentario breve al Codice Civile*. 4. ed. Padova: Cedam, 1992, p. 1109) dizem que "secondo la prevalente dottrina e giurisprudenza, l'istituto della cap. sarebbe configurabile solo in presenza di contr. a prestaz. corrispettive non ancora eseguite".

165 D'AVANZO, Walter. Caparra. In: AZARA, Antonio; EULA, Ernesto (Dir.). *Novissimo Digesto Italiano*. Torino: UTET, 1957, v. 2, p. 895.

166 PRATA, Ana Maria Correia Rodrigues. *O contrato-promessa e o seu regime civil*. Coimbra: Almedina, 2006, p. 758-759.

entrega de sinal, quer tenha função confirmatória, quer tenha sido prevista a função penitencial.

A legislação portuguesa, neste aspecto, diferentemente da brasileira, tratou especificamente do assunto, dispondo no art. 441 do Código Civil atual que, no contrato-promessa de compra e venda, todo o valor entregue pelo promitente-comprador ao promitente-vendedor, ainda que a título de antecipação de pagamento do preço, é considerado como sinal.

Em razão da ausência de dispositivo semelhante, não há como se aplicar nos contratos celebrados no Brasil a referida sistemática, sendo o caso de se considerar a entrega do dinheiro ou objeto previsto como antecipação de adimplemento.

Durante a vigência do Código de 1916 seria possível cogitar de previsão a respeito do sinal em contrato preliminar. Isso porque o art. 1.088 estabelecia que, sendo necessária a utilização de instrumento público, poderia qualquer das partes, antes da assinatura, desistir do negócio jurídico[167].

Contudo, neste tópico, o que interessa analisar não é exatamente a consequência decorrente da aplicação das arras no contrato preliminar — tema que será analisado em tópico específico —, senão apenas demonstrar a possibilidade de, nesta espécie de negócio jurídico, ser estipulada a dação de arras.

Com efeito, se, conforme consignado, é permitida até mesmo a entrega de sinal em atos unilaterais, bastando, para tanto, que as partes acordem sobre as arras, não teria sentido impedir que justamente no pré-contrato, que nada mais é do que um contrato prévio, seja prevista cláusula arral.

Não se trata de uma omissão apenas do texto legal brasileiro. Outras legislações padecem do mesmo vício, sendo que algumas estabelecem, a princípio, somente a dação de arras nas promessas de contrato.

2.6. O momento da constituição das arras

Já ficou consignado que as arras possuem natureza real. Como desdobramento desta característica, somente quando ocorre a entrega do bem (de forma real ou simbólica) o pacto se constitui. Agora, a questão a ser analisada é outra, e diz respeito ao momento em que as partes podem

167 MIRANDA, Francisco Cavalcanti Pontes de (*Tratado de direito privado*: parte especial. 3. ed. Rio de Janeiro: Borsoi, 1971, v. 24, p. 167) anota, porém, que o dispositivo mencionado "só se refere ao arrependimento sem direito de se arrepender".

estipular a dação do sinal, ou seja, se antes, concomitantemente ou depois da celebração do contrato.

Inicialmente, é importante observar que as arras pressupõem um contrato em que a prestação é diferida no tempo. Isso porque, caso ocorresse num mesmo momento o pagamento e a entrega da coisa, não teria sentido pactuar a dação de arras, certo que não serviriam para garantir a execução, tampouco para permitir o arrependimento.

Assim, partindo da premissa de que o sinal guarda relação com o contrato que não se executa de forma imediata, é relevante saber se as partes precisam desde logo, vale dizer, quando da celebração, estipular a dação de arras ou se podem, em momento anterior ou posterior, dispor sobre o assunto.

O Código Civil de 1916, seguindo o modelo de legislações estrangeiras, como a francesa e a espanhola, não previu um momento específico para que as partes pudessem acordar sobre a entrega do sinal. É evidente, porém, que, em se tratando de pacto acessório, ele torna imprescindível a existência de um negócio jurídico prévio.

Não se pode perder de vista, contudo, a existência do chamado contrato preliminar, que antecede o contrato principal, e nele é possível que os contratantes estipulem a entrega de sinal[168]. De todo modo, não deixando de ser a mencionada espécie um efetivo contrato, o que se observa é somente a possibilidade de utilização de expressões que podem gerar dúvida.

Por conta disso, seria possível sustentar a existência de pacto arral anterior ao contrato. Tal afirmação, embora verdadeira, não seria, entretanto, completa, na medida em que o correto seria dizer que as arras estariam vinculadas ao contrato preliminar. Em suma, o sinal não opera no vazio; precisa de um negócio jurídico para se apoiar.

Prosseguindo, perceba-se que na fase de tratativas, quando ainda não se formou o vínculo entre as partes, não é possível a dação de arras; e isso porque, além do caráter acessório do sinal, ele tem por função provar a existência do contrato e moldar, quando penitencial, a responsabilidade das partes[169].

[168] GIL, Félix Hernández. *Las arras en el derecho de la contratación* (en torno al artículo 1454 del Código Civil). Salamanca: Universidad de Salamanca, 1958, p. 63.

[169] RODRIGUÉZ, María Elvira Afonso. *Las arras en la contratación*. Barcelona: Bosch, 1995, p. 97.

Não parece desarrazoado, porém, cogitar de uma proposta feita pelo policitante, o qual, para demonstrar a seriedade de sua intenção, fizesse acompanhá-la de sinal. Neste caso, se o oblato, recebendo a coisa, máxime se fungível, passasse a se comportar como se dono fosse, restaria configurada a celebração do contrato. A dação de arras, em tal hipótese, dar-se-ia em momento anterior ao encontro de vontades, vale dizer, quando então o negócio jurídico ainda não estava formado[170].

María Elvira Afonso Rodríguez[171], apesar de cogitar a hipótese mencionada, entende que o recebimento das arras não redundaria na formação do contrato, e por conta disso, em caso de não celebração do negócio jurídico, as arras não poderiam funcionar como pena pelo descumprimento. Consequentemente, observando que haveria desvirtuamento das características do instituto, conclui não poder haver arras prévias à formação do contrato.

Resta, agora, verificar se é possível a dação de arras após a celebração do negócio jurídico, e neste passo já é possível dizer que parte da doutrina opina pela impossibilidade, aduzindo que a entrega de qualquer valor configuraria antecipação do pagamento do preço[172].

No entanto, tendo em vista a redação dos dispositivos que tratam da matéria, não há como concluir, ao menos em teoria, que esteja no sistema jurídico brasileiro vedada a possibilidade de, após a formação do contrato, as partes estipularem a dação de arras. A liberdade contratual permitiria que, se desejado, os contratantes estabelecessem a entrega de sinal.

Pode parecer, de fato, um tanto estranha a referida faculdade, sobretudo em virtude de o próprio termo sinal dar ideia de algo que antecede o cumprimento. Todavia, não parece haver qualquer óbice legal ou lógico que inviabilize a dação de arras até o momento anterior ao da completa execução das prestações devidas, em especial quando possuem natureza confirmatória.

É possível, a propósito, cogitar hipótese em que, surgindo indícios de insolvência por parte do comprador de um bem, tal situação deixe o vendedor preocupado, e pretendendo que seja garantido o pagamento

[170] GOMES, Orlando. *Contratos*. 8. ed. Rio de Janeiro: Forense, 1981, p. 113.

[171] RODRIGUÉZ, María Elvira Afonso. *Las arras en la contratación*. Barcelona: Bosch, 1995, p. 98.

[172] GIL, Félix Hernández. *Las arras en el derecho de la contratación* (en torno al artículo 1454 del Código Civil). Salamanca: Universidad de Salamanca, 1958, p. 63-64.

integral do preço, solicite a entrega de alguma coisa ou certa quantia em dinheiro como garantia de adimplemento. Havendo acordo neste sentido, fica estipulada cláusula prevendo a entrega de arras confirmatórias[173].

A propósito, mencione-se o art. 440 do Código Civil português atual, o qual faz expressa alusão à possibilidade de o sinal ser dado ou no momento da celebração do negócio jurídico ou posteriormente, se as partes preferirem.

Referida solução, embora, como dito, possa ser aplicada no sistema brasileiro, não o poderia na Itália (ao menos de acordo com a redação legal), na medida em que o art. 1.385 do Código Civil do referido país prevê expressamente que as arras somente podem ser constituídas no momento da conclusão do contrato.

É curioso notar, com María Elvira Afonso Rodríguez[174], que o Diploma italiano revogado tratava a matéria de forma diferente, estipulando no art. 1.217 que sinal é aquilo que se dá antecipadamente à formação do negócio jurídico.

Percebe-se, com isso, que é tradição no ordenamento jurídico italiano prever o momento em que podem ser pactuadas as arras. E, se por um lado, previsões neste sentido sirvam para ajudar na interpretação de um negócio jurídico em que as partes não deixaram expresso no instrumento a que título entregavam o dinheiro ou a coisa, por outro, de maneira negativa, engessam a atuação dos contratantes.

Na doutrina italiana, é possível encontrar quem, apesar dos termos da lei, entenda não haver necessidade de a constituição das arras ser concomitante à celebração do contrato principal, isto é, de acordo com parcela da doutrina, não será ineficaz a cláusula acessória que preveja a entrega do sinal em momento diverso[175].

173 Tenha-se presente que aqui se está a cogitar de um acordo celebrado entre as partes. Nada impede, porém, que não havendo consenso, tratando-se de uma compra e venda, o alienante valha-se da regra do art. 495 do CC.

174 RODRIGUÉZ, María Elvira Afonso. *Las arras en la contratación*. Barcelona: Bosch, 1995, p. 102.

175 D'AVANZO, Walter. Caparra. In: AZARA, Antonio; EULA, Ernesto (Dir.). *Novissimo Digesto Italiano*. Torino: UTET, 1957, v. 2, p. 895. Em sentido contrário manifesta-se BUTERA, Antonio (*Codice Civile italiano*: libro delle obbligazioni: parte prima. Torino: Tironese, 1943, p. 358), que diz que "La stessa caparra deve essere data al *momento* che si conclude il contratto; data o promessa prima o dopo non è più caparra".

O ordenamento jurídico alemão (§ 336 do BGB), de forma semelhante ao sistema italiano, prevê expressamente a dação de arras no momento da contratação. Enneccerus, porém, defende a possibilidade de o sinal ser entregue antes ou depois da celebração do negócio jurídico ao qual está vinculado[176].

Por fim, e somente em virtude de haver discussão doutrinária a respeito, cabe tratar da hipótese de entrega do sinal penitencial posteriormente à celebração do contrato. Conforme já anotado, há quem sustente que tal prática não é possível, pois contrariaria a natureza jurídica do instituto.

Com efeito, de acordo com o pensamento de Félix Hernández Gil[177], o sinal penitencial permite que a parte, a contar da constituição do contrato, exerça o direito ao arrependimento e, consequentemente, ponha fim à relação jurídica. Assim, se as arras fossem dadas em momento posterior, haveria desvirtuamento da mencionada faculdade, certo que, não tendo sido entregues, não haveria perda, tampouco possibilidade de restituição em dobro.

No entanto, nada impede que, elaborado inicialmente um contrato sem previsão de possibilidade de arrependimento, as partes, — em momento posterior, porém antes da integral execução — estabeleçam previsão neste sentido, quando, então, as arras seriam dadas. Em isso ocorrendo, ainda que já tenha se verificado adimplemento parcial, estará aberta a via da dissolução por iniciativa unilateral de um dos contratantes.

Do que ficou consignado, é possível concluir, então, que não existe óbice lógico para a constituição das arras ocorrer em momento anterior ao da celebração do contrato, não devendo do mesmo modo ser vedada a estipulação posterior. Claro está ainda que a dação do sinal pode ocorrer concomitantemente à celebração do negócio jurídico. Correta, portanto, foi a solução adotada pelo legislador pátrio, que optou por não especificar em qual oportunidade precisaria ser estabelecida a cláusula.

[176] ENNECCERUS, Ludwig (Derecho de obligaciones. In: ENNECCERUS, Ludwig; KIPP, Theodor; WOLFF, Martin. *Tratado de derecho civil*. Tradução de Blas Pérez Gonzáles e José Alguer. Barcelona: Bosch, 1944, t. 2, v. 1, p. 183) afirma que "El C.c. §§ 336 ss. sólo menciona y regula el caso de que se den arras al concluirse el contrato. Pero con ello, las arras anteriores o posteriores no se declaran imposibles, ni excluidas del concepto de las 'arras'".

[177] GIL, Félix Hernández. *Las arras en el derecho de la contratación* (en torno al artículo 1454 del Código Civil). Salamanca: Universidad de Salamanca, 1958, p. 63.

2.7. Quem pode dar arras

2.7.1. Entrega por terceiro

A questão que agora se coloca gira em torno de quem estaria autorizado a dar arras, ou seja, se haveria possibilidade de somente o contratante entregá-las ou se, além da parte, um terceiro estaria habilitado a tanto.

Inexiste dúvida quanto à possibilidade de a própria parte constituir o sinal e entregá-lo. Também não parece gerar qualquer debate a hipótese em que um terceiro, agindo em nome e a mando do contratante, ou seja, como mandatário ou gestor de negócio, assim proceda. Isso ocorreria, por exemplo, no caso em que, prevista a dação de um bem a título de sinal, um terceiro providenciasse a entrega.

Não consta da lei que a dação, isto é, o ato material de entrega de arras seja ato personalíssimo, o qual somente possa ser realizado por quem celebrou o contrato. E a razão para que isso ocorra é um tanto simples: consiste no fato de que não se exige nenhuma qualidade especial da pessoa, tratando-se de um comportamento ordinário, de mero repasse.

Portanto, agindo por mandato, vale dizer, tendo recebido poderes do contratante, está autorizado o terceiro a entregar o dinheiro ou o bem dado a título de arras, não podendo a outra parte, a pretexto de que aquele que pratica o ato não é quem se obrigou contratualmente, oferecer recusa.

2.7.2. Constituição por terceiro

Ainda a respeito da participação de terceiro, é importante distinguir a hipótese em que alguém, não contratante, queira se obrigar perante às partes, propondo-se a garantir a execução do negócio jurídico, ou facultando o arrependimento de qualquer delas. Pois, em isso ocorrendo, diferentemente da hipótese anteriormente mencionada, o patrimônio deste terceiro será atingido.

O pressuposto para que alguém dê algo a título de arras é que seja o titular do domínio ou possuidor, pois, em razão da natureza real do instituto, precisa o bem ser entregue efetiva ou ao menos simbolicamente ao contratante. Assim, o terceiro que se propõe a constituir o sinal precisa ter a coisa em sua esfera de poder.

O tema ora em debate chama a atenção de alguns doutrinadores, os quais sustentam que não é possível um terceiro dar arras, pois, mantendo tal qualidade, não haveria como o regime do instituto se adaptar para regrar tal situação.

Assim, haveria, quando muito, a possibilidade de o terceiro, em benefício do devedor, constituir sinal, o que produziria efeitos entre as partes, mas sem a possibilidade de interferência do constituinte das arras no contrato[178].

Imagine-se, para retratar a mencionada situação, um caso em que, celebrado um contrato, o terceiro constitua sinal confirmatório. Estipulado o pagamento em dinheiro, e não havendo qualquer ressalva, o valor dado pelo terceiro valeria como princípio de pagamento e seria imputado no preço.

Haveria, consequentemente, a necessidade de se apurar se o pagamento foi feito por terceiro interessado ou não interessado, pois, dependendo de tal qualidade, já na vigência do Código de 1916, os desdobramentos seriam diferentes.

Parece não haver dúvida que o terceiro que deu arras é interessado, na medida em que repercutem no seu patrimônio as consequências de eventual inadimplemento. Assim, nos termos do art. 930 do CC/16 estaria autorizado a extinguir a dívida e, havendo resistência por parte do credor, poderia, em nome próprio, se valer do pagamento em consignação.

Outrossim, efetuado o pagamento, o terceiro se sub-rogaria nos direitos do credor, podendo cobrar o débito do devedor que se tornou inadimplente. Assim, em uma compra e venda com arras em dinheiro dadas pelo terceiro em prol do comprador, em não havendo qualquer ressalva no contrato, valeriam como princípio de pagamento e, consequentemente, permitiriam que o montante fosse cobrado, posteriormente, do adquirente. Caso contrário, ficasse vedada a cobrança, configurar-se-ia a hipótese de enriquecimento ilícito.

Por outro lado, tivesse sido estipulado no contrato que as arras não valeriam como início de adimplemento, no momento em que o adquirente cumprisse integralmente a sua obrigação, as arras dadas ao outro contratante precisariam ser restituídas ao terceiro que as constituiu, a teor do que dispunha o art. 1.096 do CC/16.

As hipóteses mencionadas não parecem desvirtuar as características das arras. Entretanto, não permitiriam, como dito, uma interferência por parte do terceiro no contrato celebrado com referida garantia. Ele, na

[178] PRATA, Ana Maria Correia Rodrigues. *O contrato-promessa e o seu regime civil*. Coimbra: Almedina, 2006, p. 765.

verdade, somente se sub-rogaria nos direitos daquele que teve a vantagem pecuniária.

Apesar disso, é importante notar que, quando da elaboração dos dispositivos legais sobre o assunto, deixou o legislador de atentar aos casos aqui citados, havendo no Diploma Civil revogado expressa alusão à dação de arras por um dos contratantes (art. 1.094). O emprego desse termo não parece, porém, ter ocorrido com o objetivo de impedir a dação de arras por quem não é parte.

O sentido da norma não seria alterado se a redação fosse diversa, ou seja, se constasse do aludido dispositivo legal que o sinal, ou arras, dado em favor de um contratante firma a presunção de acordo final e torna obrigatório o contrato.

2.7.3. Constituição a favor de terceiro

Outra questão relacionada ao assunto diz respeito ao sinal que é entregue a um terceiro. Nesta hipótese, os contratantes celebram o negócio jurídico e estabelecem que as arras serão dadas a quem não é parte.

Há a possibilidade de o terceiro figurar como depositário, e em tal hipótese não parece haver qualquer discussão quanto à viabilidade[179]. Aliás, esta parece ser a forma que mais costuma ser empregada pelos contratantes que estabelecem a dação de arras em dinheiro, o qual é depositado numa conta bancária. A instituição financeira figura como depositária da quantia que lhe foi entregue.

Outras situações podem, ainda, ser imaginadas. É possível que as arras sejam dadas em favor de um terceiro, o qual é também o beneficiário da prestação principal[180]. Tal hipótese ocorreria, por exemplo, em uma

[179] BOZZI, Aldo (Caparra. In: D'AMELIO, Mariano; AZARA, Antonio (Dir.). *Nuovo Digesto Italiano*. Torino: UTET, 1937, v. 2, p. 792) sustenta que "la natura reale della caparra non importa peraltro che la consegna della cosa debba avvenire necessariamente nelle mani dell'altro contraente, potendo pattuirsi che la cosa venga depositata presso un terzo, senza che ciò alteri la fisionomia dell'istituto". GIORGI, Jorge (*Teoria de las obligaciones en el derecho moderno*. Tradução de Eduardo Dato Iradier. 2. ed. Madrid: Reus, 1930, v. 4, p. 495-496), por seu turno, afirma que a entrega ou o depósito podem ser feitos em mãos do contratante ou de um terceiro.

[180] MAZZARESE, Silvio e TARDIA, Ignazio (Caparra. In: SCHLESINGER, Piero; BUSNELLI, Francesco Bonato. *Il Codice Civile commentario*. Milano: Giuffrè, 2016, p. 191), quando abordam o assunto, dizem que "potrebbero realizzarsi due ipotesi: *a*) una caparra a favore del terzo quale

compra e venda em que o bem objeto do contrato passasse a integrar o patrimônio de quem não figura como parte no contrato. Convencionada a dação do sinal, o comprador entregaria parte do valor devido ao terceiro, o qual receberia, ao final, o bem e repassaria o valor ao vendedor, pois o que lhe foi entregue inicialmente seria princípio de adimplemento.

Novo exemplo ocorreria num contrato não sinalagmático (ou unilateral), em que o único obrigado ao cumprimento da prestação constitua arras e entregue a coisa a um terceiro. Em isso ocorrendo, sendo o terceiro o destinatário último, ficará com as arras caso o contratante que se obrigou se torne inadimplente[181].

Na hipótese de adimplemento, mais de uma situação pode surgir. Se a prestação for devida em favor do terceiro, ele reterá o sinal, que servirá como início de pagamento na hipótese de correspondência entre as arras e o objeto da prestação. Caso, porém, o bem dado a título de sinal seja diverso daquele devido, ocorrendo o adimplemento, competirá ao terceiro a restituição da coisa ao contratante.

O terceiro, numa outra hipótese, devolverá o sinal recebido se, adimplindo integralmente a sua obrigação, o devedor tiver dado arras de natureza diversa daquela que corresponde ao objeto do pagamento ou estipulado que, em ocorrendo o pagamento, haveria a devolução do bem[182]. Neste caso mencionado, o terceiro disporia do bem ou do dinheiro durante o período em que o contrato é executado, podendo, por exemplo, receber os frutos da coisa (ex.: aluguel ou juros).

Não se pode deixar de anotar, ao final deste tópico, que as situações imaginadas são de difícil verificação prática. Talvez por isso, o legislador de 1916, ao disciplinar as arras, tenha feito alusão somente aos contratantes (art. 1094). Com efeito, é possível que, quando da edição do Código, não se tenha imaginado a possibilidade de intervenção de um terceiro.

clausola di un contratto principale a favore di terzi; *b*) una clausola convenuta autonomamente a favore del terzo, ma di un contratto che non sia a favore del terzo".

[181] PRATA, Ana Maria Correia Rodrigues. *O contrato-promessa e o seu regime civil.* Coimbra: Almedina, 2006, p. 767.

[182] PRATA, Ana Maria Correia Rodrigues. *O contrato-promessa e o seu regime civil.* Coimbra: Almedina, 2006, p. 767-768.

De todo modo, apesar dos termos da lei, não há razão para impedir a constituição de arras em favor de quem não é parte no contrato[183]. Compete aos interessados, entretanto, deixar claro aquilo que estão acordando, pois, via de regra, a entrega de dinheiro ou outro bem a terceiro constitui espécie diversa de garantia[184].

2.7.4. Constituição recíproca

Foi tratada até agora a hipótese de dação de arras por apenas uma das partes, quer em favor da outra, quer em prol de um terceiro. Neste tópico, abrindo-se um pouco mais a discussão, será analisada a possibilidade de entrega recíproca de sinal.

Inicialmente, é importante deixar anotado que somente se pode cogitar de tal prática em um contrato sinalagmático, pois, do contrário, não tendo um dos contratantes assumido a obrigação de realizar alguma prestação, não tem sentido dar algo a título de arras.

Se o sinal serve, a princípio, no sistema brasileiro, para reforçar o vínculo contratual, assegurando a sua execução, não parece que uma garantia recíproca prejudicaria referida função, ficando, na verdade, ambas as partes mais seguras de que o adimplemento se verificará. Em outras palavras, o negócio jurídico fica duplamente garantido.

O Código Civil de 1916 não vedava expressamente a dação recíproca de arras, tampouco se torna possível, pela interpretação dos dispositivos legais pertinentes, concluir que tal conduta estivesse proibida. Outras legislações, como a portuguesa (art. 442 do CC), a francesa (art. 1590 do CC) e a espanhola (art. 1.454 do CC) igualmente não criam óbice para que os contratantes estipulem cláusula neste sentido.

A única legislação, de todas as que foram citadas neste trabalho, que talvez sugerisse a impossibilidade de elaboração de cláusula prevendo a dação recíproca de arras é a italiana. Isso porque no art. 1385 do Código Civil há expressa menção à possibilidade de, no momento da conclusão do contrato, uma parte dar a outra, a título de sinal, certa quantia em dinheiro ou bem fungível.

183 D'AVANZO, Walter. Caparra. In: AZARA, Antonio; EULA, Ernesto (Dir.). *Novissimo Digesto Italiano*. Torino: UTET, 1957, v. 2, p. 895.

184 D'AVANZO, Walter (Caparra. In: AZARA, Antonio; EULA, Ernesto (Dir.). *Novissimo Digesto Italiano*. Torino: UTET, 1957, v. 2, p. 895) diz que, via de regra, tal prática configura a entrega de bem ou dinheiro a título de caução.

Ainda assim, os doutrinadores que se dedicam ao estudo deste tema específico costumam dizer que não há qualquer impedimento para que os contratantes prevejam a entrega recíproca do sinal[185]. Poderia, é claro, surgir dificuldade na interpretação da cláusula, máxime num caso em que se verificasse o inadimplemento também recíproco. Mas, em isso ocorrendo, uma solução seria verificar quem por primeiro deixou de cumprir a respectiva prestação[186].

É certo que haveria a possibilidade, ainda, de ser levantada a questão da dispensabilidade do uso do sinal recíproco, sobretudo se ele possuísse função confirmatória. Mas, mesmo em tal caso, não haveria motivo para impedir o estabelecimento de cláusula neste sentido. Com efeito, o óbice seria prático, e não legal[187].

Ademais, para rebater a alegação de inutilidade, seria o caso de se destacar a faculdade que têm as partes de estipular que cada uma daria valor diferente a título de arras. Assim, embora houvesse reciprocidade, não haveria identidade. Com isso, a depender de quem partisse a iniciativa em descumprir o negócio jurídico, a consequência seria diversa.

Em capítulo específico serão abordadas as consequências geradas pelo inadimplemento, quando serão analisadas, inclusive, as diferenças entre as arras confirmatórias e penitenciais. Por ora, no que aqui interessa, basta dizer que, por gerar cada um dos sinais uma consequência diferente, não se vislumbra a irrelevância da previsão contratual.

[185] TRIMARCHI, Michele (Caparra. Diritto civile. In: *Enciclopedia del diritto.* Milano: Giuffrè, 1960, v. 6, p. 193) diz que "l'accordo intervenuto tra le parti può prevedere, come normalmente avviene, che sia data la caparra da una sola parte. Ma appare pienamente ammissibile, pur con le inevitabili complicazioni e perplessità dal punto di vista effettuale, la caparra reciproca". D'AVANZO, Walter (Caparra. In: AZARA, Antonio; EULA, Ernesto (Dir.). *Novissimo Digesto Italiano.* Torino: UTET, 1957, v. 2, p. 895) também admite a dação recíproca de sinal.

[186] PRATA, Ana Maria Correia Rodrigues (*O contrato-promessa e o seu regime civil.* Coimbra: Almedina, 2006, p. 769) afirma que "destinando-se o sinal a garantir privilegiadamente a obrigação daquele que o constituiu, perderá o sinal que entregou aquele dos contraentes que, em primeiro lugar, se colocar na situação de incumprimento da sua própria obrigação. Resolvido, então, o contrato com fundamento nesse incumprimento, deve o sinal entregue pela contraparte ser restituído em singelo, em consequência dos efeitos extintivos próprios da resolução".

[187] MAZZARESE, Silvio e TARDIA, Ignazio (Caparra. In: SCHLESINGER, Piero; BUSNELLI, Francesco Bonato. *Il Codice Civile commentario.* Milano: Giuffrè, 2016, p. 194-195) dizem que é inútil a constituição de arras recíprocas.

2.8. A natureza contratual das arras

O Código Civil de 1916, de acordo com o que já ficou consignado, tratou das arras na parte dedicada às disposições gerais do contrato. Diferentemente, o legislador francês optou por disciplinar o assunto no capítulo da compra e venda. Percebe-se, assim, que cada Estado traça as regras a respeito da matéria sob um título específico.

Não há, porém, ao menos nas legislações aqui estudadas, alguma que preveja o sinal como uma espécie de contrato específico, vale dizer, um negócio jurídico nominado. Ainda assim, parece prevalecer na doutrina[188] a concepção de que as arras formam um contrato, o qual costuma ser chamado de pacto arral.

Pothier é um dos seguidores dessa teoria, e em sua obra consta que as arras são constituídas, via de regra, quando das tratativas da compra e venda, ou seja, antes que ocorra o ajuste de vontades a respeito da coisa e seu preço[189]. Assim, por entender que o sinal é dado em momento prévio, não teria como imaginá-lo constando de um contrato que ainda não se formou.

Portanto, percebe-se de início que o posicionamento do autor francês decorre da lógica de uma premissa que ele toma como certa. Ocorre que, ao longo de sua abordagem sobre o assunto, há menção à possibilidade da constituição de arras em momento diverso, isto é, concomitantemente à celebração da compra e venda (ou outro contrato) ou posteriormente[190]. Nestes casos, o sinal seria confirmatório.

De qualquer modo, o mencionado autor defende a ideia de que o contrato arral se forma com a entrega do dinheiro ou outro bem — sendo, pois, de natureza real —, não se aperfeiçoando com a mera convenção a respeito da dação da coisa, ato, porém, que precisa ocorrer. Em outras palavras, segundo o pensamento do doutrinador citado, as arras não se limitam a ser a mera entrega do bem, pressupondo um acordo sobre este instituto.

[188] CIAN, Giorgio e TRABUCCHI, Alberto. *Commentario breve al Codice Civile*. 4. ed. Padova: Cedam, 1992, p. 1109.

[189] POTHIER, R. J. *Tratado de los contratos*: tratado del contrato de venta. Tradução de M. C. de las Cuevas. Buenos Aires: Atalaya, 1948, v. 1, p. 244.

[190] POTHIER, R. J. *Tratado de los contratos*: tratado del contrato de venta. Tradução de M. C. de las Cuevas. Buenos Aires: Atalaya, 1948, v. 1, p. 246.

É importante deixar mais uma vez assinalado que, segundo a visão de Pothier, as arras constituem um contrato específico quando possuem natureza penitencial[191]. Na hipótese de ser confirmatório, o autor não esclarece se o sinal corresponde a uma cláusula contratual, e se, também aqui, é considerado um contrato, ou se representa a um ato unilateral. Portanto, compete verificar se, ao se tentar interpretar as palavras empregadas pelo autor, é possível descobrir a sua opinião a respeito da natureza jurídica do sinal confirmatório.

A teoria contratual é seguida por outros autores nacionais e estrangeiros. Na Itália, por exemplo, é possível fazer menção a C. L. Gasca[192] e Aldo Bozzi. Ambos escreveram sobre o Código de 1865, e este último, embora sustente que o sinal (sem distingui-lo se confirmatório ou penitencial) constitua um contrato, afirma, adotando posição um pouco diversa de Pothier, que é necessário existir um outro, previamente estabelecido[193].

Os doutrinadores italianos mais modernos não deixam de considerar as arras um contrato acessório[194]. Neste sentido, é possível, por exemplo, fazer menção a Walter D'Avanzo[195] e a Silvio Mazzarese e Ignazio Tardia[196]. Outro autor, Marco Bellante[197], sem negar a natureza contratual, sustenta que, de ordinário, a sua previsão consta de cláusula do contrato principal.

[191] LOPES, Miguel Maria de Serpa (*Curso de direito civil:* fontes das obrigações: contratos. 4. ed. Rio de Janeiro: Freitas Bastos, 1963, v. 3, p. 214-215) e RODRIGUÉZ, María Elvira Afonso. *Las arras en la contratación*. Barcelona: Bosch, 1995, p. 88-89.

[192] GASCA, C. L. *La compraventa civil y comercial*. Tradução de J. Santacruz Teijeiro e J. Vicente Gella. Madrid: Victoriano Suárez: 1931, t. 1, p. 808.

[193] BOZZI, Aldo. Caparra. In: D'AMELIO, Mariano; AZARA, Antonio (Dir.). *Nuovo Digesto Italiano*. Torino: UTET, 1937, v. 2, p. 791.

[194] As lições citadas na sequência referem-se às arras confirmatórias, pois, quanto às penitenciais, não parece haver divergência quanto a sua natureza contratual.

[195] D'AVANZO, Walter. Caparra. In: AZARA, Antonio; EULA, Ernesto (Dir.). *Novissimo Digesto Italiano*. Torino: UTET, 1957, v. 2, p. 895.

[196] Tais doutrinadores (MAZZARESE, Silvio e TARDIA, Ignazio. Caparra. In: SCHLESINGER, Piero; BUSNELLI, Francesco Bonato. *Il Codice Civile commentario*. Milano: Giuffrè, 2016, p. 156) dizem que "è opinione pressoché pacifica, tanto in dottrina quanto in giurisprudenza, che la confirmatoria vada inquadrata nell'ampia categoria del contratto, considerato altresì che quest'ultimo può essere atipico e quindi può inglobare un numero indeterminato di accordi".

[197] O citado autor (BELLANTE, Marco. *La caparra*. Milano: Giuffrè, 2008. p. 24) diz que "in quanto negozio giuridico bilaterale a contenuto patrimoniale, la caparra confirmatoria, dunque, è un vero e proprio contratto (art. 1321 cod. civ), sebbene essa più comunemente assuma la forma di una clausola accessoria al contratto principale".

A natureza contratual justificar-se-ia em virtude de as partes, quando acordam sobre a dação de arras, não se limitarem a prever a mera entrega da coisa que representa o sinal, certo que, além disso, os contratantes estipulam e esperam, caso se verifique a situação prevista, que as consequências legais e contratuais incidam.

Já agora, é possível dizer, então, que Pothier, analisando o sistema francês, que prevê como regra as arras penitenciais, somente em relação a elas conseguiu enxergar a referida característica. O autor supõe, por outro lado, que, em sendo confirmatórias, isto é, não passando de mero sinal representativo da compra e venda[198], não teriam as características de um contrato.

Em suma, a divergência entre os autores italianos citados e Pothier verifica-se apenas no tocante às arras confirmatórias. Isso porque, enquanto para aqueles as arras não se limitam a ser apenas uma prova da existência do negócio jurídico, para o doutrinador francês essa seria a sua única função[199]. Logo, não passando de uma mera caraterística material, não teria natureza contratual.

No Brasil, é possível dizer, prevalece na doutrina a corrente favorável à ideia de que as arras, sejam confirmatórias ou penitenciais, configuram um contrato. Martinho Garcez Neto[200], Pontes de Miranda[201],

198 POTHIER, R. J. (*Tratado de los contratos*: tratado del contrato de venta. Tradução de M. C. de las Cuevas. Buenos Aires: Atalaya, 1948, v. 1, p. 246) afirma, ao tratar das confirmatórias, que "estas arras se acostumbran dar por el comprador al vendedor en señal de que el contrato está convenido".

199 LOPES, Miguel Maria de Serpa (*Curso de direito civil:* fontes das obrigações: contratos. 4. ed. Rio de Janeiro: Freitas Bastos, 1963, v. 3, p. 214-215) apresenta essa divergência dizendo que "refere L. REDOUIN que uma convenção de arras distinta do contrato principal não se concebe, senão em se tratando de arras, arrependimento. Nas arras puramente confirmatórias ou em função de adiantamento, impõe-se a sua união com o contrato principal. Ao contrário, em se tratando de arras de arrependimento podem ser dissociadas as duas operações; de um lado, o contrato principal, a venda ou a locação, etc.; de outro, a convenção de arras por força da qual o contrato pode desaparecer, se um dos contratantes se arrepender. É um princípio que vem de POTHIER, que qualifica o contrato de arras como sendo real, sinalagmático imperfeito, e acessório".

200 GARCEZ NETO, Martinho. Arras. In: SANTOS, J. M. de Carvalho; DIAS, José de Aguiar. *Repertório enciclopédico do direito brasileiro*. Rio de Janeiro: Borsoi, 1947, v. 4, p. 159.

201 O citado doutrinador (MIRANDA, Francisco Cavalcanti Pontes de. *Tratado de direito privado*: parte especial. 3. ed. Rio de Janeiro: Borsoi, 1971, v. 24, p. 159) diz que "quando as

J. X. Carvalho de Mendonça[202] e M. I. Carvalho de Mendonça[203] são autores que seguem a corrente mencionada.

A própria origem histórica leva a crer que, atualmente, as arras correspondam a uma espécie de contrato. Com efeito, no direito romano pré-clássico, conforme já anotado, as arras tinham por função unicamente provar a existência do contrato. Por conta disso, figuravam como mero sinal. Com a evolução do comércio, surgiu a venda a crédito, e, diante disso, as arras passaram a ser um contrato através do qual um contratante dava ao outro certa garantia[204].

Diante do exposto, é possível concluir que as arras, sejam confirmatórias ou penitenciais, não se limitam, nos dias atuais e em todos os sistemas jurídicos modernos, a representar apenas uma prova da existência do contrato, possuindo funções mais amplas, estipuladas pelas partes quando estas celebram o negócio jurídico.

Com isso, quer seja entendido como um contrato específico, quer figure como cláusula, ficará o sinal sempre na dependência, para que surja, do acordo de vontades entre as partes, podendo estar vinculado a um outro contrato, por exemplo, uma compra e venda, ou a um ato unilateral, como é o caso da promessa de recompensa. Trata-se de uma estipulação acessória; essa é uma de suas marcas, e isso ficará claro mais adiante, quando serão analisadas as diversas características do instituto.

Perceba-se que os doutrinadores que negam serem as arras um contrato específico não deixam de apontar, quando analisam o instituto, as mesmas características que os outros estudiosos, que seguem via diversa,

arras são dadas, hoje, antes da conclusão do contrato, entendem-se arras ao pré-contrato, que se tem, em consequência, como concluído. São a *arrha pacto imperfecto data*".

202 MENDONÇA, José Xavier Carvalho de. *Tratado de direito comercial brasileiro*. 3. ed. Rio de Janeiro: Freitas Bastos, 1939, v. 6, parte 1, p. 366.

203 MENDONÇA, Manoel Ignacio Carvalho de. *Doutrina e prática das obrigações ou tratado geral dos direitos de credito*. 2. ed. Rio de Janeiro: Francisco Alves, 1911, v. 2, p. 349.

204 BEVILAQUA, Clóvis (*Direito das obrigações*. 2. ed. Salvador: Livraria Guimarães, 1910, p. 97) afirma que "chegada a evolução a este ponto, o adiantamento do preço perdeu o seu caráter originário e próprio, para constituir como que um contrato prévio para solenidade do contrato a celebrar, aplicando-se, então, a soma oferecida em arras, em penhor da palavra dada, não mais à redução do preço, porém à compra de vinho, à celebração de festas, à prática de obras pias, de onde lhe veio o nome do dinheiro de deus".

apresentam ao sustentar a existência do pacto arral. María Elvira Afonso Rodríguez[205], que se opõe à ideia de existência de um contrato, sem negar a necessidade de acordo de vontades, fundamenta a sua tese justamente na característica acessória do sinal, apontando também a função de garantia.

Portanto, independentemente da corrente que se adote, vale dizer, sejam as arras vistas como um contrato coligado e acessório, sejam imaginadas como cláusula em um negócio jurídico, sempre terão as mesmas características, que não se restringem a mera prova da existência do vínculo jurídico entre as partes. Ou seja, o sinal não será apenas um ato unilateral, consubstanciado na entrega de um bem ou dinheiro.

Nos dias atuais, em razão de como, em qualquer ordenamento jurídico, seja o desenho das arras, não há como sustentar, seguindo a posição de Pothier, que, em sendo confirmatórias, não passem de uma simples demonstração do vínculo jurídico, e em virtude disso não tenham as características de um contrato, tratando-se de ato unilateral. A mencionada função, é certo, não deixou de existir. Todavia, semelhantes a ela, outras existem, e, para que qualquer das funções se faça presente, é imprescindível a existência de acordo.

2.9. As características do contrato de arras

2.9.1. Acessório

Em tópico específico foi abordada a natureza real das arras. Observou-se, naquela oportunidade, que o sinal somente é constituído com a entrega do dinheiro ou da coisa, seja este um ato concreto, de efetivo repasse, seja um ato apenas simbólico. Ficou claro que não basta o acordo de vontades para que seja constituído o sinal.

Cabe, neste momento, discorrer sobre as outras características das arras, e é possível começar, em prosseguimento ao que ficou consignado no tópico anterior, apontando o caráter acessório do instituto, o que se verifica até mesmo quando se imagina as arras como uma simples prova de um contrato.

Realmente, o caráter instrumental do instituto é notório, na medida em que as arras sempre estão na dependência de um negócio jurídico

[205] RODRIGUÉZ, María Elvira Afonso. *Las arras en la contratación*. Barcelona: Bosch, 1995, p. 91-92.

principal[206], não se cogitando da sua existência autônoma e isolada. E isso ocorre ainda que se sustente a possibilidade de a sua constituição se dar em momento prévio, na esteira da opinião de Pothier.

Com efeito, independentemente do momento constitutivo das arras, elas somente serão discutidas por aqueles que têm em mente a celebração de um negócio jurídico. Aliás, é por tal razão que se pode dizer que o sinal surge quando o contrato principal já está ao menos em sua fase gestacional. Em outras palavras, não basta o simples encontro dos futuros contratantes para que as arras apareçam. É preciso que já exista algo além disso; é imprescindível que as tratativas já estejam em um nível minimamente avançado.

As arras somente serão colocadas em pauta a partir do momento em que as partes já tenham acertado o objeto do contrato futuro e estão de acordo de que o pagamento não será feito de forma imediata. Ou seja, como anotado, é necessário que exista uma relação mais aprofundada para que as arras tenham nascimento.

2.9.2. Facultativo

Outra característica das arras é a facultatividade; e isso significa que as partes, quando celebram um negócio jurídico, não estão obrigadas a estipular a entrega de sinal. Como decorrência, caso um contratante entregue parcela do valor devido em momento prévio ao que ficou ajustado, tal conduta será vista como antecipação do pagamento, e não como estipulação de cláusula arral[207].

Apesar disso, é importante notar que para a celebração do pacto as partes não estão obrigadas a utilizar a forma escrita. Pelo contrário, podem verbalmente estipular a entrega das arras, bastando que estejam de acordo a respeito de sua constituição. Ou seja, é apenas necessário que os contratantes tenham ciência de que aquilo que é entregue corresponde ao sinal.

Caso, porém, quando da estipulação das arras, se convencione a efetiva transmissão da propriedade, em sendo o bem imóvel, precisará o negócio jurídico observar as formalidades legais, isto é, será imprescindível a utilização da escritura pública. Da mesma forma, não será possível

[206] MORAIS, Fernando de Gravato. *Contrato-promessa em geral, contratos-promessa em especial.* Coimbra: Almedina, 2009, p. 67.

[207] TRIMARCHI, Michele. Caparra. Diritto civile. In: *Enciclopedia del diritto.* Milano: Giuffrè, 1960, v. 6, p. 194.

dispensar o registro, pois somente com ele ocorrerá a efetiva transmissão da propriedade imobiliária[208].

De todo modo, como na maioria dos casos o sinal é representado pela entrega de determinada soma em dinheiro, basta que as partes, ainda que só oralmente, prevejam que o montante entregue se dá a título de arras. A instrumentalização do pacto somente seria recomendável para que, ocorrendo dúvida, possa ser provado com maior facilidade.

2.9.3. Unilateral

Ficou já exposto que, para a instituição do sinal, as partes precisam chegar a um acordo, e isso revela a sua natureza contratual. Com efeito, caso simplesmente um dos contratantes entregue algo a outro, máxime se houver identidade com o que foi acordado sobre o objeto do pagamento, haverá adiantamento do adimplemento[209]. E isso porque, em tal hipótese, não seria possível vislumbrar o acordo de vontades, senão a prática de um ato unilateral.

Porém, o que se pretende apontar neste tópico não é a natureza contratual do instituto, que pressupõe o acordo de vontade entre os contratantes, senão a obrigação unilateral que surge após a dação das arras. Em outras palavras, é preciso que as partes cheguem a um acordo sobre as arras, mas a partir da entrega da coisa ou do dinheiro, somente o recebedor fica obrigado.

Tem-se, portanto, que o negócio jurídico arral é não-sinalagmático (ou unilateral), sobretudo quando penitencial, na medida em que, feita a entrega, fica o recebedor obrigado a restituir em dobro o que lhe foi entregue caso opte por não cumprir a obrigação inicialmente assumida[210].

[208] Não se pode esquecer, porém, que é possível ocorrer apenas a cessão da posse, sem que haja necessidade de se operar a transmissão da propriedade.

[209] MIRANDA, Francisco Cavalcanti Pontes de (*Tratado de direito privado*: parte especial. 3. ed. Rio de Janeiro: Borsoi, 1971, v. 24, p. 160) afirma que "se *há dúvida* quanto a se tratar de arras, ou de adiantamento de adimplemento, tem-se que se adiantou, e não que se deram arras".

[210] BOZZI, Aldo (Caparra. In: D'AMELIO, Mariano; AZARA, Antonio (Dir.). *Nuovo Digesto Italiano*. Torino: UTET, 1937, v. 2, p. 791) diz que "è unilaterale, perché soltanto la parte che riceve la caparra si obbliga verso l'altra alla restituzione del doppio; il contraente che la dà, invece, pone in essere un atto traslativo di dominio, che, se pur è sottoposto alla condizione sospensiva dell'inadempimento dell'obbligazione principale, non importa per ciò l'assunzione di uno speciale *vinculum iuris*. Non si ha *l'obbligo di trasferire*, ma un trasferimento attuale della cosa data, sotto la condizione di un evento".

O contratante que dá as arras, por outro lado, a partir de tal momento, que é justamente o marco que estabelece a conclusão do contrato, em razão da sua característica de negócio real, não tem mais obrigação, podendo desistir sem qualquer outra consequência.

Note-se também que, salvo a ocorrência da rara hipótese de arras recíprocas, somente uma das partes pratica o ato de entrega da coisa, e, feito isso, ambos os contratantes ficam vinculados[211], embora suas obrigações não sejam idênticas. Isto é, o ato material de entrega feito por um vincula os dois, quer nas arras confirmatórias, quer nas arras penitenciais.

Vale anotar, à guisa de curiosidade, que há na doutrina quem aponte como característica das arras a natureza sinalagmática, querendo com isso dizer que somente se poderá concluir que houve a dação de sinal quando as partes acordaram neste sentido, não sendo lícito tirar do silêncio das partes a existência do pacto arral[212].

Ocorre que, conforme já anotado, isso se dá não por força da característica sinalagmática do instituto, que certamente não existe, senão por conta da natureza contratual das arras, que cria vínculo para ambos. No caso de ser penitencial o sinal, o vínculo pode ser quebrado licitamente por qualquer dos contratantes.

Um contrato, de acordo com o que ficou anotado tópicos antes, é sinalagmático quando estabelece prestações para ambos os contratantes. No caso das arras, isso não ocorre. Com a sua constituição, somente uma parte fica obrigada ao cumprimento de uma prestação, que consiste na devolução em dobro do sinal, na hipótese do exercício da faculdade de desistência, em caso de arras penitenciais.

2.10. As espécies de arras

Ao longo do trabalho foram feitas inúmeras alusões a duas espécies de arras, quais sejam, as confirmatórias e as penitenciais. Importa, dando

[211] MIRANDA, Francisco Cavalcanti Pontes de (*Tratado de direito privado*: parte especial. 3. ed. Rio de Janeiro: Borsoi, 1971, v. 24, p. 159) diz que "os arts. 1.094-1.097 do Código Civil revelam quanto é compósito o pensamento do sistema jurídico brasileiro. Basta que um dos contratantes dê arras para que se tenham por vinculados ambos os contratantes. Para que haja o direito de arrependimento, é preciso que se altere a concepção regular da eficácia das arras: tem de ser estipulado que o dador das arras pode arrepender-se, ou que o tem o recebedor".

[212] RODRIGUÉZ, María Elvira Afonso. *Las arras en la contratación*. Barcelona: Bosch, 1995, p. 223.

prosseguimento ao estudo, saber se somente existem essas duas figuras, ou se haveria ao menos uma outra modalidade de sinal.

Como desdobramento do assunto, será necessário verificar as classificações apresentadas pelos doutrinadores dos países cujos sistemas jurídicos são aqui tratados, devendo ser anotado, desde logo, que os autores espanhóis parecem se interessar bastante por esse tema.

No Brasil, diferentemente, os estudiosos da matéria costumam referir-se apenas às duas espécies citadas[213], deixando, inclusive, de fazer menção aos que seguem orientação diversa. Assim, para preencher essa lacuna, torna-se necessário reservar um capítulo para tratar do tema.

Frise-se, desde já, que o estudo tomará por base tanto as previsões constantes do Código de 1916 como os dispositivos do Diploma atual, no intuito de verificar se, de acordo com a legislação pátria, seria cabível uma divisão diversa daquela corriqueiramente apresentada pelos autores.

2.10.1. Teoria bipartida

A teoria bipartida parece ser a que encontra maior aceitação pelos autores das mais diversas nacionalidades, figurando, ao menos implicitamente, nos textos de algumas legislações[214]. De acordo com os seguidores desta corrente, existiriam apenas duas espécies de arras, quais sejam, as confirmatórias e as penitenciais.

O Código Civil de 1916 aparentemente seguiu essa corrente, pois no art. 1.094 constou que o sinal dado firma a presunção de acordo final, tornando obrigatório o contrato. Nota-se, porém, que sob uma mesma denominação, qual seja, de arras confirmatórias, duas funções distintas são estipuladas.

As arras confirmatórias, segundo os defensores da mencionada teoria, contrapor-se-iam às arras penitenciais, as quais encontrariam, na vigência do Diploma revogado, previsão no art. 1095. Esta espécie de sinal, de acordo com a redação do dispositivo legal, teria uma única função: permitir o arrependimento.

[213] SANTOS, J. M. de Carvalho (*Código Civil brasileiro interpretado, principalmente do ponto de vista prático*. 6. ed. Rio de Janeiro: Freitas Bastos, 1954, v. 15, p. 268) é um dos poucos que faz alusão a três espécies de arras.

[214] É o caso da legislação brasileira atual. Outro exemplo, seria a legislação argentina.

Há, pelo que se percebe, uma discrepância quantitativa entre as referidas modalidades de arras, na medida em que, caracterizadas pela função, uma possuiria mais funções que a outra. Enquanto as penitenciais serviam tão somente para que a parte licitamente exercesse o direito de recesso, as outras prestavam não apenas para comprovar a existência do negócio jurídico como também para reforçar o liame contratual[215].

O Código de 2002, diferentemente do sistema anterior, não previu expressamente no art. 417 que a dação de arras torna obrigatório o contrato e firma a presunção de acordo final. Ou seja, ao menos explicitamente não consta a função probatória, tampouco a função garantidora.

É claro que, interpretando o dispositivo, é possível chegar à conclusão de que lá está prevista a função de garantia, pois de acordo com o texto legal, em se verificando a execução, o numerário ou o bem dado será computado no preço ou restituído. Logo, a contrário senso, não ocorrendo adimplemento, o aquilo que foi dado valerá para assegurar o ressarcimento do prejuízo.

A característica mencionada, no entanto, fica mais clara pelo que consta do art. 418, o qual prevê as consequências que geram o inadimplemento, quais sejam, perda do sinal ou restituição dobrada. Mas, caso fosse aplicado isoladamente o citado dispositivo, haveria identidade de função com as arras penitenciais. Há, portanto, necessidade de complementá-lo com a regra inserta no art. 419.

Quanto ao sinal penitencial, o legislador foi mais claro, estabelecendo no art. 420 que, estipulado o direito de arrependimento, as arras terão função unicamente indenizatória. A discrepância, pelo que se percebe, é que, quanto a estas, o legislador não se omitiu, mas optou pelo silencio no tocante ao sinal confirmatório.

[215] Perceba-se que, ao menos pela redação dos dispositivos legais do CC/16, somente as arras confirmatórias tinham como uma de suas funções provar a existência do negócio jurídico. O art. 1.095, que tratava do sinal penitencial, não fazia alusão a isso. Conforme se nota da evolução do instituto, a partir do momento em que em Roma as arras penitenciais surgiram, foi abandonada a característica probatória. Por um resquício, o Diploma revogado fez menção a ela. Isso não quer dizer, entretanto, que tanto num caso como noutro o sinal não possa servir para demonstrar a existência do negócio jurídico. Mas a possibilidade decorre da inexistência de limitação ao direito de provar o negócio jurídico (art. 369 do CPC), não mais havendo no CC/02 expressa menção à função probatória.

Melhor parece ter sido a técnica usada pelo legislador francês, que, ao tratar das arras, fez alusão no art. 1.590 apenas às penitenciais, prevendo que qualquer dos contratantes está autorizado a exercer o direito de arrependimento, com a perda do valor dado ou sua restituição em dobro, a depender da situação. Nada dispondo expressamente sobre o sinal confirmatório, deixou para a doutrina a incumbência de traçar as suas características.

Pothier, logo que começa a discorrer sobre a matéria, afirma existir apenas duas espécies de arras; uma cuja dação ocorre quando o contrato ainda não se formou, e outra que se constitui após a venda ter sido convencionada. No primeiro caso, o sinal seria penitencial, permitindo que qualquer parte desistisse do negócio jurídico. Na outra hipótese, as arras serviriam apenas como sinal de que o contrato foi concluído[216].

Percebe-se que, de acordo com o pensamento do autor, cada espécie exerce uma única função. O sinal confirmatório, é importante frisar, não cumpre o papel de início de pagamento, não podendo, portanto, ser o valor ou bem dado computado no preço. Consequentemente, compete ao recebedor a devolução caso ocorra adimplemento, o que é óbvio, e ocorre também na hipótese de descumprimento do negócio jurídico.

Embora pela redação dos dispositivos não conste de forma explícita a expressão arras confirmatórias, consolidou-se na doutrina o entendimento de que tanto os arts. 1.094 e 1.096 do CC/16 como os arts. 417, 418 e 419 do CC/02 tratam desta espécie de sinal. Verifica-se, porém, que eles não preveem claramente como função aquela mencionada por Pothier.

É bem verdade que pela redação do art. 1.094 do CC/16, que diz que a entrega do sinal firma a presunção de acordo final, seria possível vislumbrar a natureza probatória[217]. O mesmo, entretanto, não pode ser

216 POTHIER, R. J. (*Tratado de los contratos*: tratado del contrato de venta. Tradução de M. C. de las Cuevas. Buenos Aires: Atalaya, 1948, v. 1, p. 246) diz que “estas arras se acostumbran dar por el comprador al vendedor en señal de que el contrato está convenido”.

217 A doutrina formada na vigência do Código de 1916 costumava fazer menção à função probatória. Neste sentido, se manifestaram PEREIRA, Caio Mário da Silva (*Instituições de direito civil*: v. 3: fonte das obrigações. 9. ed. Rio de Janeiro: Forense, 1992, p. 67) e LOPES, Miguel Maria de Serpa (*Curso de direito civil:* fontes das obrigações: contratos. 4. ed. Rio de Janeiro: Freitas Bastos, 1963, v. 3, p. 209). GOMES, Orlando (*Contratos*. 8. ed. Rio de Janeiro: Forense, 1981, p. 114) chega a dizer que “as *arras confirmatórias* constituem excelente *meio de prova* da realização do contrato”.

dito quanto aos dispositivos do Código em vigor. Com efeito, em nenhum dos artigos citados há alusão, ainda que implícita, à função probatória.

Possivelmente a omissão decorra da inutilidade de utilizar as arras como prova de um contrato. De fato, já ficou anotado, quando da abordagem histórica do instituto, que a partir do momento em que a escrita se desenvolveu e foi possível comprovar a existência e conteúdo do contrato, por exemplo pela exibição do instrumento, o emprego das arras confirmatórias com a referida função perdeu o sentido.

Percebe-se, pelo que ficou consignado, que sob a denominação de arras confirmatórias há quem vislumbre mais de uma função[218]. Embora não se possa dizer que tal posicionamento esteja errado, parece melhor, para a visualização mais clara do assunto, que seja atribuída uma única função para cada espécie de sinal.

Não se trata de defender algo novo e inusitado. Von Tuhr é um dos autores que expõe a distinção entre as diversas espécies de arras, dizendo que em alguns contratos, como por exemplo a compra de produtos agrícolas, uma das partes costuma dar à outra, como sinal exterior e para facilitar a prova, um objeto, via de regra uma moeda. Em tal caso, a função seria meramente probatória, não cabendo considerá-la como início de pagamento. Porém, haveria a possibilidade de restar estabelecido que o valor ou bem dado servisse como crédito. Nesta hipótese, haveria um vencimento especial da dívida, vale dizer, verificar-se-ia o pagamento antecipado[219].

Enfim, conclui-se que o Código de 1916 e o Diploma de 2002 adotaram a teoria bipartida. O primeiro prevendo, para as arras confirmatórias, duas funções (probatória e de antecipação das perdas e danos), e o segundo somente uma, qual seja, a última mencionada. Neste ponto, portanto, melhor técnica utilizou o legislador.

[218] MONTEIRO, Washington de Barros (*Curso de direito civil*: v. 5: direito das obrigações, 2ª parte: contratos, declarações unilaterais de vontade, obrigações por atos ilícitos. 29. ed. São Paulo: Saraiva, 1997, p. 41) sustenta que as arras confirmatórias exercem três funções: "é confirmação do contrato, que se torna obrigatório; é antecipação da prestação prometida pelo contratante; e é prévia determinação das perdas e danos pelo não cumprimento das obrigações".

[219] VON TUHR, A. *Tratado de las obligaciones*. Tradução de W. Roces. Madrid: Reus, 1934, v. 2, p. 244.

2.10.1.1. Desdobramentos da teoria bipartida

As arras confirmatórias, na mais larga acepção, cumprem papéis diversos, os quais não possuem uma relação de causa e efeito. Em outras palavras, pode cada uma das funções ser exercida independentemente da incidência da outra.

Com isso, é possível perceber que, num sistema bipartido puro, ou seja, em que cada espécie de sinal tem uma única finalidade, algumas hipóteses podem ser imaginadas. A primeira teria, de um lado, as arras meramente probatórias, ao passo que, do outro lado, ficariam as arras penitenciais.

Esta sistemática seria adotada, por exemplo, por Pothier, conforme lembra María Elvira Afonso Rodríguez[220]. Assim, dado o sinal, este firmaria a presunção do acordo final. Por isso o nome confirmatório.

Na hipótese de inadimplemento, seriam aplicáveis as regras que disciplinam este fenômeno jurídico, não servindo as arras como espécie de indenização por perdas e danos previamente estabelecida. Isto é, poderia a parte não culpada exigir o cumprimento, e, não sendo possível, haveria necessidade de apurar o montante do prejuízo[221].

Outro sistema bipartido seria composto pelas arras penitenciais e pelas arras chamadas de penais. Esta última espécie se diferenciaria em virtude da sua finalidade, que é de garantia da execução do contrato. Com o seu emprego, ocorrendo inadimplemento, o que deu o sinal perde-o em favor da parte inocente; e, caso o descumprimento decorra do comportamento de quem recebeu, surge a obrigação de restituição dobrada[222].

As diferenças entre a referida espécie e as arras penitenciais serão apontadas no próximo tópico. Importa, porém, dizer, desde já, que as penais não limitam o valor do prejuízo, inexistindo, portanto, uma barreira.

O Código de 2002 parece ter adotado esta divisão, na medida em que estipulou no art. 418 a perda e a restituição dobrada, prevendo, no

[220] RODRIGUÉZ, María Elvira Afonso. *Las arras en la contratación*. Barcelona: Bosch, 1995, p. 126-127.

[221] GIORGI, Jorge. *Teoria de las obligaciones en el derecho moderno*. Tradução de Eduardo Dato Iradier. 2. ed. Madrid: Reus, 1930, v. 4, p. 496.

[222] GIL, Félix Hernández (*Las arras en el derecho de la contratación* (en torno al artículo 1454 del Código Civil). Salamanca: Universidad de Salamanca, 1958, p. 45) diz que "las llamadas penales son, en realidad, una especie de las confirmatorias, y tienen como finalidad establecer una garantía del cumplimiento del contrato, mediante la pérdida de las arras o de su devolución doblada, caso de incumplimiento".

dispositivo legal seguinte (art. 419), a possibilidade de a parte postular indenização suplementar, valendo as arras como taxa mínima. A mesma norma permite que a parte, caso prefira, exija a execução, servindo o sinal como mínimo da indenização.

É importante deixar claro que, apesar das apontadas diferenças entre as arras confirmatórias e as penais, e nada obstante tenha ocorrido significativa mudança de tratamento pelo Código atual em comparação ao revogado, a doutrina não passou a adotar a denominação arras penais[223]. Talvez isso tenha ocorrido em virtude de parcela da doutrina sustentar que as arras penais são espécie das confirmatórias.

Não será aqui, por certo, pretendida qualquer alteração na nomenclatura. Assim, já tendo se consolidado o emprego do termo arras confirmatórias, continuará a ser utilizado para se referir à função penal do sinal[224].

2.10.2. Teoria tripartida

De acordo com a teoria tripartida, haveria, além das arras confirmatórias e penitenciais, as arras penais. No Brasil, é difícil encontrar quem adote esta classificação. Um dos seguidores é Carvalho Santos, o qual prefere empregar expressões diversas das aqui mencionadas para se referir aos mesmos temas.

Segundo o citado doutrinador, existiriam as arras meramente confirmatórias, dadas como prova da conclusão do contrato; as arras confirmatórias, entregues como antecipada liquidação dos danos; e as arras de arrependimento, que corresponderiam a uma multa penitencial[225].

[223] Continuam a chamar de arras confirmatórias os seguintes autores: GAGLIANO, Pablo Stolze e PAMPLONA FILHO, Rodolfo. *Novo curso de direito civil*: obrigações. 4. ed. São Paulo: Saraiva, 2004, v. 2, p. 352-355), LÔBO, Paulo. *Direito civil*: obrigações. 3. ed. São Paulo: Saraiva, 2013, p. 261, DINIZ, Maria Helena. *Tratado teórico e prática dos contratos*. 7. ed. São Paulo: Saraiva, 2013, v. 1, p. 228-229 e VENOSA, Sílvio de Salvo. *Direito civil*: teoria geral das obrigações e teoria geral dos contratos. 3. ed. São Paulo: Atlas, 2003, v. 2, p. 540-542.

[224] Na doutrina portuguesa há quem prefira empregar a expressão sinal confirmatório-penal. Um autor que adota esta nomenclatura é CORDEIRO, António Menezes (*Tratado de direito civil português:* direito das obrigações: contratos; negócios unilaterais. Coimbra: Almedina, 2010, v. 2, t. 2, p. 375).

[225] SANTOS, J. M. de Carvalho. *Código Civil brasileiro interpretado, principalmente do ponto de vista prático*. 6. ed. Rio de Janeiro: Freitas Bastos, 1954, v. 15, p. 268. SILVA, Jorge Cesa Ferreira

Na Europa, alguns autores preferem seguir essa divisão a respeito do assunto, podendo ser feita referência a Félix Hernández Gil[226], María Elvira Afonso Rodríguez[227], Jorge Giorgi[228] e Louis Josserand[229].

Menção especial precisa ser feita à doutrina de Manuel Albaladejo, que, depois de distinguir, como aqui já foi feito, as arras penais das penitenciais, diz que ambas servem como sinal da perfeição do contrato, motivo pelo qual podem ser chamadas de confirmatórias[230].

O sinal probatório, além de não encontrar previsão expressa no Código Civil de 2002, seria de utilidade reduzida, pois meios mais eficazes estariam à disposição das partes para comprovação do contrato. O seu emprego ocorreu, em maior escala, nos primórdios da civilização, possuindo, portanto, importância meramente história.

As arras penais, por outro lado, são deveras úteis, na medida em que, por força de sua incidência, o valor ou bem dado, caso corresponda à prestação devida, são computadas no pagamento e, havendo inadimplemento, servem de taxa mínima de indenização.

Tais características não fazem, porém, com que a parte possa licitamente desistir do negócio jurídico. Assim, deixando o contratante de cumprir a prestação antes assumida, restará configurada a prática de ato ilícito, tanto que, além da perda do sinal, caso o inadimplemento seja de quem entregou o dinheiro ou o bem, ou restituição dobrada, na hipótese

da (Inadimplemento das obrigações: comentários aos arts. 389 a 420 do Código Civil: mora; perdas e danos; juros legais; cláusula penal; arras ou sinal. In: REALE, Miguel; MARTINS--COSTA, Judith. *Biblioteca de direito civil. Estudos em homenagem ao professor Miguel Reale*. São Paulo: RT, 2007, v. 7, p. 298), embora não faça menção à teoria tripartida, diz que as arras confirmatórias também são conhecidas como arras penais.

[226] GIL, Félix Hernández. *Las arras en el derecho de la contratación* (en torno al artículo 1454 del Código Civil). Salamanca: Universidad de Salamanca, 1958, p. 45.

[227] RODRIGUÉZ, María Elvira Afonso. *Las arras en la contratación*. Barcelona: Bosch, 1995. p. 131.

[228] GIORGI, Jorge. *Teoria de las obligaciones en el derecho moderno*. Tradução de Eduardo Dato Iradier. 2. ed. Madrid: Reus, 1930, v. 4, p. 496.

[229] JOSSERAND, Louis. *Derecho civil*: contratos. Tradução de Santiago Cunchillos y Manterola. Buenos Aires: Bosch, 1951, t. 2, v. 2, p. 46.

[230] ALBALADEJO, Manuel (*Derecho civil*: derecho de obligaciones: parte general. Barcelona: Bosch, 1970, v. 2, p. 193) afirma que "por lo demás, tanto las arras penales como las de desistimiento, pueden servir para *señalar la perfección* de la obligación o del contrato en el que se entregan, y por ello se califican de *confirmatorias*".

de descumprimento daquele que recebeu, poderá a parte inocente postular a execução forçada ou a complementação da indenização.

Em outras palavras, as arras penais não servem como teto, senão como piso. Celebrado um contrato e deixando um dos envolvidos de honrar a sua palavra, tendo se verificado a hipótese de culpa, servirá o sinal como mínimo indenizatório. Portanto, postulada judicialmente a indenização, caso se apure prejuízo maior, será o inadimplente condenado a pagar a diferença. Caso, porém, se constate que os danos foram menores que o valor das arras, não ficará a parte inocente obrigada a restituir o excesso.

Outros desdobramentos decorrentes da aplicação dos institutos comentados serão tratados mais adiante. Aqui foram apontadas somente algumas diferenças entre as diversas espécies de arras, no intuito de tornar clara a utilidade de apresentação de uma classificação mais abrangente.

2.11. As arras e os institutos afins

As arras assemelham-se a alguns outros institutos, e por tal razão é necessário reservar um tópico para que sejam analisados os pontos de encontro e os de divergência. Na sequência, então, serão feitas, em primeiro lugar, comparações entre o sinal confirmatório e a cláusula penal.

Haverá também espaço para distinguir as arras penitenciais da cláusula penal e, igualmente, da chamada cláusula penitencial, esta última pouco estudada pelos doutrinadores brasileiros, mas que tem aplicação significativa no direito português.

A análise comparativa se faz útil para fixar com maior clareza os contornos das arras, evitando-se, por conseguinte, confusões que poderiam surgir. Serão levadas em conta, ao longo do capítulo, as características principais dos institutos, deixando-se de lado a possibilidade de, em cada caso concreto, as partes estipularem regras diferentes.

Efetivamente, em razão da liberdade contratual, decorrente da autonomia privada, é possível que as partes, num caso específico, prevejam regramento um tanto diverso daquele que é apresentado pelo texto legal. Outrossim, ter-se-á em conta que todos os institutos mencionados são aplicados a contratos, muito embora, como já visto, seja possível a estipulação de arras, por exemplo, em uma promessa de recompensa. Enfim, serão tomadas como parâmetro as situações mais corriqueiras.

2.11.1. Arras confirmatórias e cláusula penal

As arras e a cláusula penal são institutos análogos. A semelhança é tamanha que o legislador brasileiro, ao editar o Código de 2002, optou por tratar ambos os temas no título dedicado ao inadimplemento das obrigações, um seguido ao outro.

É de se pontuar, de início, que a maior semelhança é verificada entre a cláusula penal e as arras penais (ou confirmatórias). Isso porque, como o próprio nome diz, em ambas as figuras são previstas penas, o que não ocorre no caso de arras meramente probatórias e no sinal penitencial. Com o emprego deste último não se cria propriamente uma sanção em desfavor daquele que desiste do contrato.

Apontada esta primeira característica, surge outra como decorrência lógica, qual seja, a função de garantia. Com efeito, estabelecida uma sanção, a parte tende a não descumprir a obrigação, justamente para não fazer incidir a penalidade. Com isso, o compromisso assumido fica assegurado de forma mais sólida[231].

Indo um pouco além, é possível perceber, como desdobramento do quanto ficou consignado no parágrafo anterior, que ambos os institutos têm também como características constituírem acessórios de um negócio jurídico principal. Em outras palavras, nenhum deles possui vida autônoma, precisando, por exemplo, de um contrato para que possam existir[232].

Outro ponto de semelhança que poderia ser apontado diz respeito à prévia estipulação das perdas e danos. Tanto nas arras como na cláusula penal, as partes estabelecem, de antemão, que determinado valor servirá

[231] Neste sentido se manifestam BESSONE, Darcy. *Do contrato*: teoria geral. 4. ed. São Paulo: Saraiva, 1997, p. 187, LOPES, Miguel Maria de Serpa. *Curso de direito civil:* fontes das obrigações: contratos. 4. ed. Rio de Janeiro: Freitas Bastos, 1963, v. 3, p. 211, VENOSA, Sílvio de Salvo. *Direito civil*: teoria geral das obrigações e teoria geral dos contratos. 3. ed. São Paulo: Atlas, 2003, v. 2, p. 540.

[232] Assim se manifestam MONTEIRO, Washington de Barros. *Curso de direito civil*: v. 5: direito das obrigações, 2ª parte: contratos, declarações unilaterais de vontade, obrigações por atos ilícitos. 29. ed. São Paulo: Saraiva, 1997, p. 39, GIORGI, Jorge. *Teoria de las obligaciones en el derecho moderno.* Tradução de Eduardo Dato Iradier. 2. ed. Madrid: Reus, 1930, v. 4, p. 502 e CASTRO FILHO; ANDRADE, Marcos Vinicius; MESQUITA, Eduardo M. e SCAVONE JUNIOR, Luiz Antonio. In: ARRUDA ALVIM e ALVIM, Thereza. *Comentários ao Código Civil brasileiro*: do direito das obrigações. Rio de Janeiro: Forense, 2006, v. 4, p. 581.

para ressarcir o dano causado e que decorre do descumprimento da obrigação assumida[233].

Guardando semelhança, que tem repercussão no âmbito processual, poderia ser apontada a desnecessidade de produção de prova a respeito do prejuízo ocasionado em virtude do não cumprimento da obrigação antes assumida. Ou seja, independentemente da demonstração de que a parte inocente sofreu alguma perda patrimonial, está aberta a via da cobrança do montante previsto a título de sinal ou cláusula penal.

A cláusula penal diverge, porém, das arras em alguns pontos. Quanto ao aspecto constitutivo, para a primeira figura, basta o acordo de vontade das partes, tratando-se de espécie de cláusula meramente consensual. Diferente é a situação em relação ao sinal, que exige algo além, consistente na efetiva entrega da coisa[234].

Há, portanto, no caso da cláusula penal, uma promessa de que, em se verificando o inadimplemento, a parte culpada arcará com o valor previamente estabelecido[235]. Por outro lado, quando são instituídas as arras, a parte desde logo efetua a entrega, de modo que, surgido o inadimplemento, a indenização mínima já está em poder do contratante inocente[236].

Nota-se, então, que, enquanto pela cláusula penal há a necessidade da prática de atos tendentes ao pagamento da multa, a mesma situação não se vislumbra quando há pacto arral. Isso porque, nesta hipótese, o pagamento é feito de maneira antecipada.

Consequentemente, havendo ou não inadimplemento, as arras são entregues; até porque isso se dá em momento anterior ao do possível descumprimento da prestação. A situação muda quando se está diante

[233] TRIMARCHI, Michele. Caparra. Diritto civile. In: *Enciclopedia del diritto*. Milano: Giuffrè, 1960, v. 6, p. 192.

[234] OLIVEIRA, Nuno Manuel Pinto. *Ensaio sobre o sinal*. Coimbra: Coimbra editora, 2008, p. 78.

[235] GIL, Félix Hernández (*Las arras en el derecho de la contratación* (en torno al artículo 1454 del Código Civil). Salamanca: Universidad de Salamanca, 1958, p. 86) diz que a diferença fundamental entre os institutos está em que "la cláusula penal está constituida por una promesa de prestación caso de incumplimiento; las arras, por la dación actual – contemporánea o preventiva a la conclusión del contrato – de una suma de dinero".

[236] GASCA, C. L. (*La compraventa civil y comercial*. Tradução de J. Santacruz Teijeiro e J. Vicente Gella. Madrid: Victoriano Suárez: 1931, t. 1, p. 810) diz que "el arra es también una cláusula penal, con la sola diferencia de que ésta se estipula sin pagar la pena y aquélla se paga al celebrarse el contrato o poco después".

da cláusula penal, pois, neste caso, não se vislumbrando descumprimento contratual, a referida sanção não incide.

Em ambas as figuras são estipuladas sanções de forma antecipada. Mas, quando são previstas as arras, além da prévia estipulação, há pagamento imediato, o que não ocorre em relação à cláusula penal. Com isso, é possível dizer que as arras configuram uma dupla antecipação das perdas e danos.

Não se pode perder de vista, porém, que tal situação somente se verifica quando o inadimplemento é ocasionado por aquele que deu as arras. De fato, se o descumprimento da obrigação é de quem recebeu, tal como na cláusula penal haverá a necessidade de realização de pagamento, mais especificamente de pagamento dobrado.

Nesta situação, poderia ser cogitado um duplo retardo da indenização, na medida em que, caso houvesse apenas restituição simples, os prejuízos não seriam verdadeiramente sanados, senão apenas atenuados. Seria necessário o pagamento do equivalente — para usar os termos do Código de 2002 — para que o dano fosse reparado.

Prosseguindo, perceba-se que, se na cláusula penal há reciprocidade de obrigações, o mesmo não pode ser dito quanto ao sinal, na medida em que, nesta última hipótese, uma das partes entrega, de antemão, a coisa que representa a indenização previamente estabelecida. Daí porque uma das características das arras é, justamente, o caráter unilateral.

Para a constituição, faz-se necessário o acordo de vontades. Um propõe a dação de arras, o outro a aceita. Mas, para que o contrato arral se constitua, torna-se imprescindível a entrega da coisa, o que é praticado somente por uma das partes, excetuada, é claro, a hipótese de arras recíprocas. Feita a entrega, a responsabilidade recai com maior intensidade sobre aquele que recebe o sinal.

A cláusula penal, salvo estipulação em sentido contrário, limita a indenização (art. 416, p.u., do CC/02). As arras confirmatórias servem como indenização mínima, podendo a parte inocente cobrar o prejuízo excedente, bastando que demonstre a sua extensão (art. 419 do CC/02).

2.11.2. Arras penitenciais e cláusula penal

Se as arras confirmatórias possuem muitas semelhanças com a cláusula penal, o mesmo não ocorre com o sinal penitencial. Efetivamente, apesar de as duas figuras receberem a denominação de arras ou sinal, as suas funções são distintas; e por isso, na acepção mencionada no título e que aqui será tratada, se verificam muitos pontos de divergência.

Alguns doutrinadores, ao compararem as arras à cláusula penal, referem-se ao sinal penitencial. É o caso, por exemplo, de João Luiz Alves, quando afirma não ser possível confundir um instituto com outro, pois, enquanto a cláusula penal não permite que a parte se arrependa, sendo estipulada como alternativa em favor do credor, as arras cumprem o exercício do direito de recesso[237].

Perceba-se que, enquanto a cláusula penal pressiona o devedor a cumprir a prestação devida, o sinal penitencial exerce função oposta, qual seja, a de deixar o contratante livre para escolher entre honrar a prestação ou suportar o ônus de perder as arras[238].

É de se notar, a propósito, que a cláusula penal pode ser constituída para situações diversas, quais sejam, para a completa inexecução da obrigação, para o descumprimento de alguma outra cláusula, ou ainda, para a hipótese de mora. No primeiro caso, ela se torna uma alternativa para o credor, que então poderá optar por exigir o cumprimento do contrato ou receber o valor previsto quando da estipulação da cláusula.

A escolha, conforme se percebe, é do credor, e não do devedor. Aqui, então, se constata mais uma diferença entre os institutos. As arras penitenciais configuram alternativa para qualquer das partes[239], a cláusula penal, uma escolha em prol do credor.

Na hipótese de a cláusula penal ter sido estabelecida para o caso de mora ou segurança de outra cláusula, não se vislumbra a presença da alternativa. O credor, caso a parte contrária infrinja a previsão contratual, tem o direito de exigir o cumprimento da prestação, sem prejuízo da cobrança da multa.

Uma semelhança que poderia ser apontada entre as duas figuras consiste na impossibilidade de estipular entrega de valor superior ao da obrigação principal. No caso da cláusula penal, há regra expressa (art.

[237] ALVES, João Luiz. *Código Civil da República dos Estados Unidos do Brasil anotado*. 2. ed. São Paulo: Saraiva, 1935, p. 175.

[238] OLIVEIRA, Nuno Manuel Pinto. *Ensaio sobre o sinal*. Coimbra: Coimbra editora, 2008, p. 87.

[239] RODRIGUES, Silvio. *Das arras*. São Paulo: [s.n.], 1954, p. 91.

920 do CC/16 e art. 412 do CC/02)[240]; para as arras, isso se impõe em decorrência da própria natureza do instituto. Realmente, o sinal consiste ou na entrega de algo que não corresponde à prestação principal ou de parte dela. Caso contrário, haveria adimplemento integral e sequer se cogitaria de arras.

2.11.3. Arras penitenciais e cláusula penitencial

A cláusula penitencial pode ser também denominada cláusula de resgate ou multa penitencial. Por intermédio dela, o devedor tem a faculdade de desistir do cumprimento da prestação assumida, mas fica obrigado a suportar aquilo que ficou estipulado para o exercício do recesso, via de regra, determinada quantia em dinheiro[241].

Trata-se de instituto que se aproxima das arras penitenciais, na medida em que abre alternativa ao devedor[242]. No entanto, enquanto o sinal exige a entrega efetiva da coisa ou do dinheiro para a sua constituição, revelando com isso a sua natureza real, a cláusula penitencial, tal como a cláusula penal, não passa de mera promessa.

De acordo com parcela da doutrina, a faculdade de desvinculação do contrato não é exclusividade do devedor, nada impedindo que seja também pactuada a possibilidade em favor do credor[243]. Com isso se percebe a sua proximidade com o sinal, certo que esta figura é constituída em prol de ambas as partes.

Cria-se com a referida cláusula um direito potestativo, que pode ser exercido sem que a parte precise apresentar qualquer justificativa. Basta, portanto, que demonstre o seu interesse em não mais cumprir aquilo

[240] SALLES, Pedro Amaral (*A função coercitiva da cláusula penal e uma crítica ao art. 412 do Código Civil de 2002*. São Paulo: Almedina, 2014, p. 48) afirma que "as partes estão proibidas, expressamente, e em qualquer circunstância, de estipular cláusula penal que avance a limitação legal".

[241] OLIVEIRA, Nuno Manuel Pinto. *Ensaio sobre o sinal*. Coimbra: Coimbra editora, 2008, p. 75.

[242] COLMO, Alfredo (*De las obligaciones en general*. 3. ed. Buenos Aires: Guillermo Kraft, 1944, p. 141) diz que "la clausula penal es confirmatoria respecto del deudor, en cuanto éste no puede desobligarse pagando la pena, y sigue vinculado por la obligación principal (art. 658), al paso que la penitencial es resolutoria".

[243] MONTEIRO, António Pinto. *Cláusula penal e indemnização*. Coimbra: Almedina, 1990, p. 185.

que antes prometeu. A liberdade, porém, não é plena e irrestrita, já que, desistindo da prestação principal, permanecerá o contratante vinculado, na medida em que terá de arcar com o pagamento da multa.

Surge aí uma alternativa — situação que também se vislumbra quando se está diante da incidência das arras penitenciais. Não há, porém, como confundir estas duas espécies com a obrigação alternativa. Nesta, o devedor, e só ele, escolhe, salvo estipulação em sentido contrário (art. 884 do CC/16 e art. 252 do CC/02).

Outrossim, é de se ter presente que, enquanto na cláusula penitencial e nas arras de mesma natureza há uma obrigação principal, nas obrigações alternativas, diferentemente, isso não ocorre, possuindo ambas as prestações a mesma hierarquia, e recaindo a escolha em um momento posterior. Ou seja, primeiro são estipuladas as hipóteses de grau equivalente, podendo o devedor, quando do cumprimento, selecionar uma[244].

Nas arras e na cláusula penitencial, portanto, não se abre a possibilidade de cumprimento diversificado; fica, aí, autorizado somente o descumprimento da prestação pactuada, o que gera consequência; isto é, torna obrigatório o pagamento da multa em se tratando de cláusula penitencial e, para a hipótese de sinal, verifica-se sua perda ou restituição dobrada.

[244] GASTALDI, José María e CENTANARO, Esteban. *La seña*. Buenos Aires: Abeledo-Perrot, 1997, p. 63.

3.
EFEITOS E OPERABILIDADE DAS ARRAS

Neste capítulo serão estudas algumas questões controversas sobre a aplicação do sinal nos contratos, quer tenham natureza confirmatória, quer possuam função penitencial. Para tanto, serão analisadas as disposições encontradas na legislação revogada e no Diploma atual.

Será possível perceber, ao longo do capítulo, as diferenças existentes entre os dois sistemas e as mudanças ocorridas a partir do surgimento do Código de 2002, as quais parecem não ter recebido até o momento a devida atenção por parte da doutrina.

Durante a vigência do Código de 1916, diversas dúvidas surgiram em decorrência da incidência das normas que regulamentavam a matéria. Com a promulgação da nova lei, conforme se verá, houve a tentativa de se sanar muitos dos problemas surgidos. Pertinente, então, é verificar se foi bem sucedida a investida.

Na sequência, será apresentada uma visão sobre o panorama atual, tentando-se, com isso, trazer soluções para os diversos questionamentos; e de modo que seja possível entender com maior facilidade o assunto, é importante analisar tanto aquilo que foi apresentado pela doutrina antiga como o que consta da atual.

3.1. A existência das arras penitenciais no Código Civil de 1916

Nas Ordenações Filipinas, as arras tinham natureza penitencial. Isto é, caso os contratantes não estabelecessem que o sinal havia sido concebido para garantir a execução, reforçando assim o vínculo, estavam as partes autorizadas a exercer o direito de recesso, com o que arcariam com a perda ou com a restituição dobrada daquilo que havia sido dado.

Por conta da radical mudança surgida da promulgação do Código de 1916, houve quem entendesse que não mais estavam previstas legalmente as arras penitenciais. Haveria, portanto, tão somente o sinal confirmatório, o qual, de acordo com a redação do art. 1.094, firmava a presunção de acordo final, tornando obrigatório o contrato.

Realmente, de acordo com José Augusto Cesar, o Diploma revogado previa no art. 1.095 não as arras penitenciais, senão o direito ao arrependimento decorrente da existência de uma convenção especial, que ele denominou de *pactum displicentiae*, ou cláusula de arrependimento[245].

Abordando a passagem do citado autor, Silvio Rodrigues anotou que o exercício do arrependimento decorrida do pacto, isto é, do acordo estabelecido pelas partes, e não propriamente da natureza das arras. Ademais, o consentimento por si só criava o vínculo, tornando obrigatório o negócio jurídico, com o que o sinal servia de mera prova[246].

Este ponto específico não chamou a atenção da maioria dos doutrinadores. É o caso, por exemplo, do autor do anteprojeto, que, ao tratar do sinal penitencial, afirmou que, para o Código, as arras eram confirmatórias, podendo, no entanto, as partes estipularem o direito ao arrependimento, hipótese em que o sinal funcionaria como cláusula penal[247]. Ou seja, nada mais se fez do que aludir ao dispositivo legal.

Washington de Barros Monteiro, apesar de não ter discorrido muito sobre este tópico específico, disse que com a entrega do sinal estava contemplada a possibilidade de arrependimento[248], levando, assim, o leitor a entender que eram as arras que criavam a faculdade.

[245] CESAR, José Augusto. *Notas ao Código Civil: sinal ou arras*. Revista da Faculdade de Direito de São Paulo, v. 30, p. 449, jul.-set. 1934.

[246] RODRIGUES, Silvio. *Das arras*. São Paulo: [s.n.], 1954, p. 83.

[247] BEVILAQUA, Clovis (*Direito das obrigações*. 8. ed. Rio de Janeiro: Francisco Alves, 1954. p. 147) disse que "para o Cód. Civil, as arras são *confirmatórias*, como aliás o eram pelo Cód. Comercial. Podem, entretanto, as partes estipular o direito de arrepender-se, não obstante as arras dadas. Nesse caso, se arrependida for a que as deu, perdê-las-á em proveito da outra; se a que as recebeu, restitui-las-á em dobro (Cód. Civil, art. 1.095). Serão *arrhas penitentiales*, que funcionarão como cláusula penal, fixando as perdas e danos".

[248] MONTEIRO, Washington de Barros. *Curso de direito civil*: v. 5: direito das obrigações, 2ª parte: contratos, declarações unilaterais de vontade, obrigações por atos ilícitos. 29. ed. São Paulo: Saraiva, 1997, p. 43.

Entretanto, pela redação empregada pelo legislador, não há como negar razão ao primeiro autor aqui mencionado. Realmente, lá constava que as partes poderiam estipular o direito ao arrependimento, nada obstante as arras dadas.

A interpretação que daí poderia surgir era justamente aquela segundo a qual não era o sinal que conferia a faculdade de desistência, senão que tal direito decorria única e exclusivamente da cláusula de arrependimento. Não fosse assim, não teria sido empregada a expressão "nada obstante", a qual aponta no sentido de que, independentemente da existência da cláusula aludida, as arras mantêm a natureza confirmatória.

Ocorre que, seguida a interpretação literal, situação paradoxal surgia, pois se as arras, que não poderiam ser outras senão confirmatórias, impediam o exercício da faculdade criada com a cláusula de arrependimento, a sua força fazia com que essa (cláusula de arrependimento) se tornasse inaplicável.

As arras, quando previstas em sua função confirmatória, servem de sanção que incide sobre a parte que se tornou inadimplente. Por isso, inclusive, pode o sinal ser chamado de penal. A cláusula de arrependimento, por seu turno, torna lícita a desistência. Assim, se ambas as previsões existem em um contrato, uma tem de dar lugar à outra.

É por isso que, para viabilizar a aplicação do dispositivo legal mencionado, se fazia necessário, na vigência do Código revogado, interpretar o art. 1.095 como que prevendo as arras penitenciais. Isto é, não era a cláusula de arrependimento que, por si, permitia o exercício do direito de recesso; era o sinal, previsto como penitencial, que abria a possibilidade[249].

O legislador, quando da edição do Diploma atual, corrigiu essa falha. O art. 420, com redação próxima ao do art. 1.386 do Código Civil italiano,

[249] MIRANDA, Francisco Cavalcanti Pontes de (*Tratado de direito privado*: parte especial. 3. ed. Rio de Janeiro: Borsoi, 1971, v. 24, p. 168-169) afirma que "no art. 1.094, já se havia dito que a dação de arras firma a presunção de acordo final e torna obrigatório o contrato. Entenda-se: se houve arras, têm-se como confirmatórias e sem efeito de alternativa, execução do contrato *ou* perda das arras dadas. Tal alternativa somente pode resultar de estipulação dos acordantes, a que então nasce, segundo o art. 1.095, 1.ª parte, direito de arrependimento (= eliminação da obrigação que se originou do pré-contrato ou do contrato confirmado). Trouxe-se para o plano das arras confirmatórias o que se referia às arras penitenciais, a alusão a direito de arrependimento; e adotou-se a sanção romana que só se referia às arras dadas a pactos imperfeitos (*arrha pacto imperfecto data*)".

prevê que, se no contrato for estipulado o direito de arrependimento, o sinal terá função unicamente indenizatória.

3.2. As arras no contrato preliminar e a possibilidade de arrependimento

É corriqueira a utilização das arras no contrato preliminar, ou seja, naquele negócio jurídico que é celebrado no intuito de um outro, no futuro, ser estipulado. Isso ocorre, habitualmente, quando as partes negociam bem imóvel, certo que, para este, de ordinário, se faz necessária a utilização de instrumento público. Além disso, para que se consolide a efetiva transferência da propriedade, precisa o título ser levado a registro.

Na vigência do Código de 1916, a doutrina divergia quanto à natureza jurídica das arras dadas nesta espécie de contrato, pois, de acordo com o art. 1.088, quando fosse exigido instrumento público, poderia qualquer das partes desistir antes de assiná-lo, devendo, porém, ressarcir as perdas e danos.

O dispositivo mencionado fazia expressa alusão aos arts. 1.095 a 1.097, dispondo que a desistência se daria sem prejuízo da incidência das regras insertas nos citados dispositivos. Na visão de Carvalho Santos, caso as arras fossem dadas como princípio de pagamento, quem as entregou e se arrependeu perdê-las-ia; porém, se a desistência fosse de quem recebeu, ficava este com a obrigação de restitui-las de forma simples.

Na hipótese de ter sido estipulado sinal penitencial, a mesma sistemática aplicava-se para aquele que entregou e não cumpriu a prestação. Mas, se o inadimplemento partisse do recebedor, surgiria a obrigação de devolução dobrada. Em todas as hipóteses, estaria aberta ainda a possibilidade de cobrança dos prejuízos efetivamente ocasionados[250].

Segue-se que, na visão do referido doutrinador, a única diferença consistia em que, estipulado o sinal penitencial, se quem desistisse fosse a parte que recebeu, ficava obrigada a restituir em dobro, o que não a exonerava do dever de indenizar o outro contratante caso restasse provado que o prejuízo foi maior. Na hipótese de arras confirmatórias, a parte inocente também estava autorizada a buscar o ressarcimento integral.

[250] SANTOS, J. M. de Carvalho. *Código Civil brasileiro interpretado, principalmente do ponto de vista prático*. 6. ed. Rio de Janeiro: Freitas Bastos, 1954, v. 15, p. 272.

Ao discorrer sobre esse tema, Pontes de Miranda observou que o art. 1.088 do CC/16 se referia ao arrependimento, mas sem prever o direito ao arrependimento[251]. Em outras palavras, embora constasse da lei a desistência, não era assegurada legalmente tal conduta, de modo que, salvo na hipótese de previsão de arras penitenciais, corresponderia a um comportamento ilícito.

Assim, ancorada nessa ideia, seria possível defender, contrariando Carvalho Santos, que, estipulado o sinal penitencial, a desistência, por ser lícita, acarretava somente a perda daquilo que foi dado ou a restituição dobrada. Consequentemente, a previsão do art. 1.088 do CC/16 de maneira alguma tornaria lícito o recesso; este somente seria legal por força do sinal penitencial.

Discorrendo também sobre o tema, José Augusto Cesar sustentava que, em contrato preliminar, a parte teria sempre a faculdade de deixar de satisfazer a promessa, pois não haveria como coagi-la a cumprir a prestação assumida, restando, então, ao outro contratante como única solução exigir indenização.

Caso, porém, fosse estipulada a dação de sinal, ele funcionava em todas as hipóteses como liquidação antecipada das perdas e danos, sendo desnecessária a menção ao direito de arrependimento (arras penitenciais), pois seria da própria natureza do pré-contrato o exercício de tal faculdade[252].

Seguindo trilha semelhante, Francisco Campos defendia também a ideia de que não havia necessidade de as partes preverem expressamente a possibilidade de arrependimento, podendo se concluir, da interpretação dos termos do contrato, que foi essa a intenção[253].

Além disso, no contrato preliminar, de acordo com o autor, em caso de dúvida, seria presumido que o sinal foi dado para possibilitar a desistência. Isso porque, em sua visão, havia surgido e se consolidado o costume de que as arras, no pré-contrato, tinham por finalidade possibilitar o recesso[254].

[251] MIRANDA, Francisco Cavalcanti Pontes de. *Tratado de direito privado*: parte especial. 3. ed. Rio de Janeiro: Borsoi, 1971, v. 24, p. 167.

[252] CESAR, José Augusto. *Notas ao Código Civil: sinal ou arras*. Revista da Faculdade de Direito de São Paulo, v. 30, p. 455-457, jul.-set. 1934.

[253] CAMPOS, Francisco. *Parecer*. Revista forense, n. 99. p. 324-326, ago.-1944. No mesmo sentido se manifesta GIORGI, Jorge (*Teoria de las obligaciones en el derecho moderno*. Tradução de Eduardo Dato Iradier. 2. ed. Madrid: Reus, 1930, v. 4, p. 499-500).

[254] CAMPOS, Francisco. *Parecer*. Revista forense, n. 99. p. 324-326, ago.-1944.

Em Portugal, pela redação de 1966, ou seja, a original, o Código Civil dispunha que nos contratos em geral as arras eram, salvo estipulação em sentido contrário, confirmatórias. No contrato preliminar, porém, permitiam o arrependimento, sendo, consequentemente, penitenciais.

Em 1980, com a reforma legislativa, que surgiu em decorrência dos abusos praticados pelos promitentes vendedores, o promitente comprador passou a ter o direito de se valer da execução específica, para assim garantir que a palavra outrora dada seria honrada e que, efetuado o pagamento, conquistaria a possibilidade de alcançar a propriedade[255].

Em 1986, nova alteração surgiu, mas, no que aqui interessa, foi mantida a possibilidade de o adquirente exigir o cumprimento específico, obtendo, assim, a coisa mediante o pagamento total do preço. A saber: apesar da dação de sinal, que deixou de ser penitencial, estava o promitente comprador autorizado a exigir o cumprimento da obrigação.

No Código Civil de 2002 não há dispositivo correspondente ao art. 1.088 do Diploma revogado, e ainda durante a vigência deste último já se cogitava da possibilidade de execução específica da prestação assumida. Vale dizer, passou a prevalecer o entendimento de que não era da natureza da promessa o direito ao arrependimento.

A doutrina, a propósito, consolidou a ideia de que as arras, mesmo no contrato preliminar, tinham natureza confirmatória. Logo, para que fossem penitenciais, necessária se fazia a previsão expressa[256].

Assim, de acordo com a sistemática atual, caso seja dado sinal no contrato preliminar (e o mesmo ocorre no contrato definitivo), ele será tido como confirmatório, permitindo que a parte inocente exija a execução, o que se fará sem prejuízo das perdas e danos, valendo as arras como mínimo da indenização (art. 419 do CC).

A referida regra está em consonância com o disposto no art. 463 do CC/02, o qual prevê que qualquer das partes tem o direito de exigir a celebração do contrato definitivo, podendo, de acordo com o art. 464 do mesmo Diploma, no caso de recusa, ser postulada judicialmente a supressão da manifestação da vontade do inadimplente, conferindo caráter definitivo ao contrato preliminar.

[255] CORDEIRO, António Menezes (*Tratado de direito civil português:* direito das obrigações: contratos; negócios unilaterais. Coimbra: Almedina, 2010, v. 2, t. 2, p. 376-377).

[256] RODRIGUES, Silvio. *Das arras.* São Paulo: [s.n.], 1954, p. 89.

Desse modo, caso em um contrato preliminar de compra e venda de imóvel o promitente comprador tenha entregado certa quantia a título de sinal, em havendo recusa por parte do promitente vendedor, poderá aquele exigir judicialmente o cumprimento da promessa, o que ocorrerá sem prejuízo da necessidade de devolução dobrada das arras e de indenização suplementar de perdas e danos, na hipótese de existir prova neste sentido.

Mesmo que não se constate qualquer prejuízo, as arras, sendo confirmatórias, serão perdidas ou restituídas em dobro, a depender de quem deu causa ao descumprimento. O prejuízo excedente, todavia, dependerá de demonstração.

O Código atual, portanto, foi além do anterior[257]. Pelo Diploma de 1916, não sendo estipuladas as arras penitenciais, não se cogitava de restituição em dobro[258]. O art. 1.097, que dispunha sobre o sinal confirmatório, estabelecia que se a parte que o entregou tornasse impossível a prestação, perdê-lo-ia. O mesmo ocorria se houvesse rescisão. Vale dizer, a norma não tratava da situação em que o inadimplemento fosse do recebedor[259].

O referido dispositivo teve como inspiração o § 338 do BGB[260], que também não prevê expressamente a restituição dobrada para a hipótese

[257] Ao tratar do Código Civil italiano revogado, GIORGI, Jorge (*Teoria de las obligaciones en el derecho moderno*. Tradução de Eduardo Dato Iradier. 2. ed. Madrid: Reus, 1930, v. 4, p. 501) afirmava que "la prenda confirmatoria penal es a su vez una garantía para el resarcimiento de los daños en caso de incumplimiento. La parte que no tiene culpa puede elegir entre pretender el cumplimiento del contrato o apropiarse de la prenda en el caso de haberla recibido o de pretender el doble en el caso de que la haya desembolsado". Ou seja, vê-se que o art. 418 do CC/02 seguiu essa sistemática da devolução dobrada no caso de inadimplemento da parte, em um contrato em que houve estipulação de arras confirmatórias.

[258] MIRANDA, Francisco Cavalcanti Pontes de. *Tratado de direito privado*: parte especial. 3. ed. Rio de Janeiro: Borsoi, 1971, v. 24, p. 170. Em sentido contrário se manifesta PEREIRA, Caio Mário da Silva (*Instituições de direito civil*: v. 3: fonte das obrigações. 9. ed. Rio de Janeiro: Forense, 1992, p. 68), que afirma que "não diz a lei o que ocorre, se arrependido for o que as tiver recebido. A boa doutrina entende que em dobro se restituam, porque a tradição das arras significa a prefixação das perdas e danos".

[259] WALD, Arnoldo (*Curso de direito civil brasileiro*: obrigações e contratos. 8. ed. São Paulo: RT, 1989, v. 2, p. 105) afirma que a redação do art. 1.097 do CC/16 "decorre de modificações do projeto em que as comissões revisoras não foram muito cuidadosas".

[260] Na tradução de ENCINAS, Emilio Eiranova (*Código Civil alemán comentado*: BGB. Madrid: Marcial Pons, 1998, p. 137), o referido dispositivo estabelece que "si la prestación debida

de inadimplemento do recebedor[261]. Enneccerus, ao abordar a questão, afirma que as arras, além de servir como prova, têm por função outorgar ao que recebe uma espécie de indenização parcial, sendo possível cobrar a reparação de todo o prejuízo[262].

Com isso, o autor alemão dá a entender que, se inadimplente for o recebedor, este terá direito à restituição do sinal, sendo-lhe facultada, ainda, a possibilidade de postular por indenização, a qual exigirá a prova do dano e sua extensão, não se cogitando, no caso, de restituição dobrada[263].

O Código de 1916, portanto, tal como o BGB, não previu as arras confirmatórias como uma espécie de indenização preestabelecida em favor do dador. O silêncio do art. 1.097 e do § 338 não decorre de esquecimento do legislador. Logo, não haveria como, no intuito de buscar justiça, entender que, para a hipótese de inadimplemento do recebedor, surgiria a obrigação de restituição dobrada, sem prejuízo da apuração de danos suplementares.

Não há dúvida de que as partes estão autorizadas a prever o direito ao arrependimento. Caso assim estipulem, as arras terão função unicamente indenizatória, não sendo lícita, na visão de parcela da doutrina, a cobrança de valor suplementar (art. 420 do CC/02). A função penal, em tal hipótese, desaparece, sendo, portanto, lícita a desistência.

3.3. As arras cumuladas com indenização por perdas e danos

Havia, na vigência do Código de 1916, grande debate doutrinário sobre a questão aqui tratada, qual seja, a possibilidade de a parte ficar com as arras, ou recebê-las em dobro, e ainda cobrar o prejuízo excedente.

por el dador se hace imposible por causa de una circunstancia de la que es responsable, o si la rescisión del contrato es culpa suya, el tenedor de las arras está autorizado a retenerlas. Si el tenedor de las arras exige la indemnización por incumplimiento, las arras, en caso de duda, le serán atribuidas, o si esto no puede hacerse, serán devueltas en el momento del pago de la indemnización".

261 LOPES, Miguel Maria de Serpa. *Curso de direito civil:* fontes das obrigações: contratos. 4. ed. Rio de Janeiro: Freitas Bastos, 1963, v. 3, p. 211.

262 ENNECCERUS, Ludwig. Derecho de obligaciones. In: ENNECCERUS, Ludwig; KIPP, Theodor; WOLFF, Martin. *Tratado de derecho civil.* Tradução de Blas Pérez Gonzáles e José Alguer. Barcelona: Bosch, 1944, t. 2, v. 1, p. 184.

263 MIRANDA, Francisco Cavalcanti Pontes de. *Tratado de direito privado*: parte especial. 3. ed. Rio de Janeiro: Borsoi, 1971, v. 24, p. 177-178.

Estipulado o direito ao arrependimento, as partes acordam que as arras servirão como uma espécie de indenização preestabelecida, perdendo-as aquele que entregou e se retratou, devolvendo-as de forma duplicada aquele que recebeu e exerceu o direito de recesso.

A questão que se coloca, então, é saber se, além do sinal, poderia o contratante que não se retratou cobrar indenização suplementar. A primeira observação que poderia ser feita diz respeito à necessidade de haver previsão contratual neste sentido.

Isso porque, caso nada tenha sido estipulado pelas partes, parece não haver dúvida de que a cobrança do excedente estava vedada. O art. 1.095 do CC/16 tratava das arras penitenciais, e no dispositivo não havia menção à possibilidade da cumulação.

Alhures já se consignou que a referida norma não era cogente, estando as partes autorizadas a estipular consequências diversas a depender de quem exercesse o direito ao arrependimento. E isso tem lá a sua razão de ser, na medida em que, diante de uma situação específica, é possível que os contratantes antevejam que a desistência de um cause mais prejuízo que a do outro.

É por isso que, na esteira da doutrina de Pontes de Miranda, se pode dizer que as arras são facilitação e não limitação[264]. As partes, quando estipulam o sinal, não abrem mão necessariamente do direito ao ressarcimento integral do dano[265]. Simplesmente estabelecem que, ocorrendo a desistência, certo valor será indiscutivelmente devido. Assim, o prejuízo menor é ressarcido desde logo, com a perda ou a devolução dobrada, e o restante fica a depender da demonstração de sua ocorrência e extensão.

Não falta, porém, quem defenda posicionamento diverso. Na doutrina estrangeira, pode-se citar Giorgi[266]; no Brasil, é importante fazer menção

[264] MIRANDA, Francisco Cavalcanti Pontes de. *Tratado de direito privado*: parte especial. 3. ed. Rio de Janeiro: Borsoi, 1971, v. 24, p. 170.

[265] WALD, Arnoldo (*Curso de direito civil brasileiro*: obrigações e contratos. 8. ed. São Paulo: RT, 1989, v. 2, p. 105) diz que "sendo as arras penitenciais, é possível cobrar simultaneamente perdas e danos, desde que as partes explicitamente assim tenham convencionado".

[266] GIORGI, Jorge (*Teoria de las obligaciones en el derecho moderno*. Tradução de Eduardo Dato Iradier. 2. ed. Madrid: Reus, 1930, v. 4, p. 501) diz que o parágrafo do art. 1.230 do Código Civil italiano revogado estabelecia que não era possível a parte pretender indenização maior quando já houvesse sido estabelecido sinal penitencial.

a Serpa Lopes[267], M. I. Carvalho de Mendonça[268] e Silvio Rodrigues[269]. Tais doutrinadores sustentam, em suma, que a liberdade contratual não pode permitir que seja estabelecida reparação que vá além do prejuízo, causando, assim, uma situação injusta.

É de se ponderar, em razão do argumento apresentado pelos citados autores, que, mesmo na hipótese de não acumulação, situações injustas podem ocorrer. Aliás, partindo-se da premissa de que não deve ser aceito o recebimento de valor que excede o prejuízo, pois restaria configurado enriquecimento sem causa, na maioria dos casos isso ocorreria, pois é praticamente impossível, quando da dação das arras, saber exatamente qual será a extensão do dano no momento em que for exercido o direito ao arrependimento.

Os doutrinados nacionais que se dedicam ao tema costumam fazer menção ao estudo elaborado por Alvino Lima, que defende a ideia de que a liberdade contratual somente não pode violar o fim social. Assim, havendo preceitos de ordem imperativa e de ordem supletiva, aqueles não estariam sujeitos a alterações pela vontade das partes, ao contrário dos outros, que seriam disponíveis. O art. 1.095 do CC/16, por ser norma dispositiva, somente se aplicava no silêncio das partes. Logo, se fosse estipulada a cumulação da perda das arras, ou restituição dobrada, com indenização por perdas e danos nenhum ilícito se vislumbraria[270].

Complementando a abordagem, é necessário fazer a distinção de duas situações. Numa, a parte, além do sinal, cobra todo o prejuízo experimentado em decorrência do inadimplemento. As arras, consequentemente, funcionam como penalidade, espécie de multa. Noutra, o contratante

[267] LOPES, Miguel Maria de Serpa. *Curso de direito civil:* fontes das obrigações: contratos. 4. ed. Rio de Janeiro: Freitas Bastos, 1963, v. 3, p. 213.

[268] MENDONÇA, Manoel Ignacio Carvalho de. *Doutrina e pratica das obrigações ou tratado geral dos direitos de credito.* 2. ed. Rio de Janeiro: Francisco Alves, 1911, v. 2, p. 351.

[269] RODRIGUES, Silvio. *Das arras.* São Paulo: [s.n.], 1954, p. 90-98.

[270] LIMA, Alvino. Parecer. *Arras.* Revista dos Tribunais, v. 165, p. 462-465, fev. 1947. No mesmo sentido, se manifestam MONTEIRO, Washington de Barros. *Curso de direito civil:* v. 5: direito das obrigações, 2ª parte: contratos, declarações unilaterais de vontade, obrigações por atos ilícitos. 29. ed. São Paulo: Saraiva, 1997, p. 44 e ALVES, João Luiz. *Código Civil da República dos Estados Unidos do Brasil anotado.* 2. ed. São Paulo: Saraiva, 1935, p. 178.

que não deu causa à dissolução cobra indenização por perdas e danos, e as arras são computadas no cálculo[271].

O CC/02 seguiu aparentemente a corrente que sustenta não ser possível a cumulação. Deveras, no art. 420 consta que, estipulado o direito ao arrependimento, ou seja, em caso de arras penitenciais, aquele que deu e desistiu, perde-as, enquanto que, se a desistência for de quem recebeu, surge a obrigação de restituição do equivalente, não se admitindo, em qualquer dos casos, indenização suplementar.

Apesar do texto legal, é necessário questionar se, ainda assim, não haveria a possibilidade de cumulação. A doutrina costuma responder pela negativa. É o caso de Paulo Lôbo, que, dizendo ser o arrependimento um direito concedido pelas arras penitenciais, não haveria como ser devido qualquer valor suplementar, ainda que contratualmente estipulado[272]. No mesmo sentido se manifestam Caramuru Afonso Francisco[273], Rosa Maria de Andrade Nery e Nelson Nery Junior[274], e Pablo Stolze Gagliano e Rodolfo Pamplona Filho[275], os quais ponderam que o legislador seguiu a orientação jurisprudencial consubstanciada na Súmula 412 do STF[276].

As regras das arras, na visão de Judith Martins-Costa[277], eram, no Código de 1916, dispositivas, o que deixou de ocorrer no Código de 2002. Segundo a autora, no art. 1.096 do CC/16, por exemplo, havia ressalva

[271] RODRIGUES, Silvio (*Das arras*. São Paulo: [s.n.], 1954, p. 98) diz que "o máximo que as partes podem estabelecer é a alternativa, para o contratante inadimplente, de escolher entre as perdas e danos a se apurarem e as arras, guardadas estas por quem as recebeu, para serem imputadas naquelas, ao ser verificado o seu montante".

[272] LÔBO, Paulo. *Direito civil*: obrigações. 3. ed. São Paulo: Saraiva, 2013, p. 262-263.

[273] FRANCISCO, Caramuru Afonso. *Código Civil de 2002: o que há de novo?* São Paulo: Juarez de Oliveira, 2002, p. 104.

[274] NERY, Rosa Maria de Andrade e NERY JUNIOR, Nelson. *Instituições de direito civil*: direito das obrigações. São Paulo: RT, 2015, v. 2, p. 381.

[275] GAGLIANO, Pablo Stolze e PAMPLONA FILHO, Rodolfo. *Novo curso de direito civil*: obrigações. 4. ed. São Paulo: Saraiva, 2004, v. 2, p. 355-356.

[276] Dispõe a Súmula 412 do STF: "No compromisso de compra e venda com cláusula de arrependimento, a devolução do sinal, por quem o deu, ou a sua restituição em dobro, por quem o recebeu, exclui indenização maior, a título de perdas e danos, salvo os juros moratórios e os encargos do processo".

[277] MARTINS-COSTA, Judith. In: TEIXEIRA, Sálvio de Figueiredo (Coord.). *Comentários ao novo Código Civil*: v. 5, t. 2: do inadimplemento das obrigações (Arts. 389 a 420). 2. ed. Rio de Janeiro: Forense, 2009, p. 747-748.

quanto à sua incidência, ou seja, caso não fosse estipulado de forma diferente, o sinal era considerado princípio de pagamento. O art. 417 do CC/02, por seu turno, estabelece que o dinheiro ou bem dado deverá ser computado na prestação devida. Vale dizer, não é possível que as partes estabeleçam de forma diversa. Assim, embora os contratantes tenham a liberdade de estipular a dação de arras e, além disso, em optar pela função penitencial, não podem, de acordo com a mencionada autora, dar ao sinal regramento diverso do legal.

Vê-se, do exposto, que de acordo com a referida doutrinadora existem normas de disponibilidade mitigada. Isto é, embora seja facultado às partes a contratação de arras, uma vez dado o sinal, de nada vale o acordo que traçou regramento diverso.

Em legislações estrangeiras também são encontradas previsões legais contendo expressões imperativas. É o caso, por exemplo, do Código Civil francês, o qual, no art. 1.590, dispõe que, se a promessa de venda vier acompanhada de arras, em havendo arrependimento, o que deu as perde, e o que recebeu fica obrigado a as restituir em dobro. Os termos da lei não deixam dúvida de que esta é a regra.

Ainda assim, a doutrina sustenta que a regra é dispositiva. Leia-se, inteiramente dispositiva. Baudry-Lacantinerie e Saignat[278] citam a exposição de motivos do Código, onde consta que, se há convenção sobre os efeitos das arras, deve ser observado o acordo. E isso decorre da própria natureza das arras, que é dispositiva. Ou seja, as partes estipulam se haverá ou não ou sinal, e, como decorrência lógica, estão autorizadas a estabelecer o regramento que será aplicado. Apenas no silêncio é que incidirão as previsões legais.

[278] BAUDRY-LACANTINERIE, G. e SAIGNAT, Léo (*Traité théorique et pratique de droit civil*: de la vente et de l'échange. 2. ed. Paris: L. Larose & Forcel: 1900, p. 53) transcrevem o seguinte trecho:"Dans l'usage, on traite quelquefois en donnant et en recevant des arrhes. Si les arrhes tiennent à une convention qui en détermine l'effet, il faut suivre exactement cette convention". Os mesmos autores acrescentam (BAUDRY-LACANTINERIE, G. e SAIGNAT, Léo. *Traité théorique et pratique de droit civil*: de la vente et de l'échange. 2. ed. Paris: L. Larose & Forcel: 1900, p. 54) que "Mais le caractère des arrhes n'est ainsi réglé qu'à défaut de convention et les parties sont libres de leur donner un effet différent. L'*Exposé des motifs* l'a dit expressément ; le droit commun eût du reste suffi, car la disposition de l'art. 1590 n'est point d'ordre public et l'on peut y déroger".

Não parece violar qualquer preceito de ordem pública a previsão contratual que se distancia das regras contidas no Código[279]. Igualmente, não há se falar em não observância dos bons costumes. O simples fato de constar nos dispositivos legais termos imperativos não altera a natureza jurídica da norma, passando ela a ser de ordem pública.

A norma é cogente para resguardar a ordem pública ou o interesse social. Estipulando as partes que, além da perda ou restituição dobrada das arras, será devida a indenização por perdas e danos, nenhuma violação ou ameaça de desestabilidade social se verifica.

3.4. As arras cumuladas com cláusula penal

A cláusula penal, em termos gerais, pode ser conceituada como a convenção pela qual as partes estipulam uma prestação devida pelo devedor em favor do credor para a hipótese de não cumprimento ou cumprimento imperfeito da obrigação assumida[280].

Percebe-se, pelo enunciado supra, que a cláusula penal poder exercer duas funções distintas, motivo pelo qual se faz necessária a divisão. Será indenizatória (ou compensatória) quando tiver por finalidade recompor o prejuízo decorrente do total incumprimento da obrigação. Por outro lado, chamar-se-á cláusula penal compulsória (ou moratória) aquela que tem por escopo punir o não cumprimento nos exatos termos convencionados.

Decorre do quanto afirmado que, no primeiro caso, a indenização substitui a prestação inicialmente estabelecida. Diferentemente, na segunda hipótese, haverá cumulação, isto é, o devedor terá de cumprir a obrigação assumida, sem prejuízo do pagamento da sanção[281].

O Código Civil de 2002 tratou das duas espécies. No art. 410, previu a cláusula penal para o caso de total inadimplemento, abrindo ao credor a faculdade de exigir a prestação ou a indenização. No art. 411, traçou o regramento da cláusula penal compulsória, estatuindo que ela pode

[279] LOUREIRO, Francisco Eduardo. Arras. In: LOTUFO, Renan; NANNI, Giovanni Ettore (Coord.). *Obrigações*. São Paulo: Atlas, 2011, p. 776.

[280] BEVILAQUA, Clovis (*Código Civil dos Estados Unidos do Brasil comentado*. Edição histórica. Rio de Janeiro: Editora Rio, 1975, v. 4, p. 54) diz que "*cláusula penal* é um pacto acessório, em que se estipulam penas ou multas, contra aquele que deixar de cumprir o ato ou fato, a que se obrigou, ou, apenas, o retardar".

[281] CONTINENTINO, Mucio. *Da cláusula penal no direito brasileiro*. São Paulo: Saraiva, 1926, p. 12.

ser criada para sancionar o devedor moroso ou que descumpriu alguma cláusula específica. Neste caso, além de ter de cumprir a prestação tal como convencionada, o devedor arcará, ainda, com o pagamento da penalidade.

O sinal, por seu turno, quando confirmatório, nos termos do art. 418 do CC/02, figura como indenização pelo não cumprimento da obrigação assumida. A parte inocente, nos termos do art. 419, poderá pleitear a indenização suplementar ou a execução do negócio jurídico, sem prejuízo da indenização por perdas e danos, valendo as arras como taxa mínima.

O art. 416, parágrafo único, do CC/02 permite que a cláusula penal compensatória figure como indenização mínima, mas para tanto é imprescindível que as partes estipulem a possibilidade de cobrança de valor suplementar[282].

Percebe-se, então, que o sinal é a ferramenta jurídica que melhor ampara a parte inocente, a qual não fica na dependência de haver previsão contratual específica que lhe autorize exigir indenização suplementar[283]. Realmente, basta a dação de arras, que se presumem confirmatórias, para permitir que a parte seja integralmente indenizada pelo dano experimentado.

O sinal confirmatório, mesmo abrindo caminho para a reparação integral do dano, não pode ser confundido com a cláusula penal compulsória,

[282] CASSETTARI, Christiano (*Multa contratual*: teoria e prática da cláusula penal. 3. ed. São Paulo: RT, 2011, p. 128) afirma que a previsão constante do art. 416, parágrafo único, do CC/02 é inconstitucional, pois viola o princípio da isonomia. Em sentido contrário manifesta-se MONTEIRO, António Pinto (*Cláusula penal e indemnização*. Coimbra: Almedina, 1990, p. 450), que, indo além, diz que "na verdade, para o credor conseguir provar um *dano excedente*, carece de provar a *totalidade* do dano sofrido: só depois de apurada a sua *efectiva e integral* extensão é que se poderá concluir *exceder* ele o montante da pena, ou seja, o quantitativo indemnizatório previamente fixado".

[283] Outra vantagem das arras em relação à cláusula penal consiste no fato de que o primeiro instituto mencionado, diferentemente do segundo, pode ser representado não apenas por dinheiro. VARELA, João de Matos Antunes (*Das obrigações em geral*. 7. ed. Coimbra: Almedina, 1997, v. 2, p. 141) diz que "o *sinal* tanto pode consistir numa entrega de dinheiro, como na entrega de outra coisa fungível ou não fungível. A cláusula penal tem por via de regra como objecto uma quantia em dinheiro, pois é da fixação do *montante* da indemnização que a lei fala ao caracterizá-la e a expressão *montante* refere-se geralmente, quer na linguagem corrente, quer na terminologia técnica da lei, ao objecto da prestação pecuniária".

embora, por força desta, também seja possível o figurante inocente receber algo além do estipulado na penalidade. A diferença está em que, neste último caso, se penaliza a mora, e não o inadimplemento.

Não há como as partes estipularem arras para a hipótese de mora. Referido instituto aplica-se aos casos de inexecução, inadimplemento[284]. Logo, pelo fato de cada ferramenta servir para uma finalidade, nada impede a previsão, em um único negócio jurídico, de sinal confirmatório e cláusula penal moratória.

Superada esta questão, compete analisar a possibilidade de previsão de cláusula penal indenizatória e arras confirmatórias, certo que ambas visam ressarcir a parte inocente na hipótese de ocorrência de inadimplemento.

Há na jurisprudência decisão no sentido de que tal cumulação está vedada, pois configuraria violação ao princípio do *non bis in idem*[285]. Todavia, é de se ponderar que referido preceito não consta expressamente do Código, tampouco da Constituição Federal, devendo ser questionada a sua aplicação no âmbito do Direito Civil, mais especificamente nos contratos paritários.

Nesta espécie de negócio jurídico, as partes estão em pé de igualdade, ou seja, não se vislumbra a presença de alguém hipossuficiente. Consequentemente, se os contratantes atuam com ampla liberdade quando estão a prever as cláusulas do contrato, não parece razoável pretender impedi-los de estipular cláusula penal indenizatória e arras confirmatórias.

Ademais, é importante notar que não representam, tais previsões, a natureza única de sanções. Melhor esclarecendo, o escopo da cláusula penal não é simplesmente punir aquele que deixa de honrar a prestação. Trata-se, segundo parcela da doutrina, de um instituto que exerce duas funções, quais sejam, sancionatória e indenizatória[286].

As arras, igualmente, são empregadas para garantir que a parte inocente tenha reparado o dano experimentado, funcionando, ainda, como espécie de sanção a ser aplicada em desfavor daquele que não executou

[284] Vide item 3.5.7.

[285] REsp 1617652/DF, DJe 29/09/2017.

[286] ROSENVALD, Nelson. *Clausula penal*: a pena privada nas relações negociais. Rio de Janeiro: Lumen Juris, 2007, p. 65.

o negócio jurídico. Aliás, por tal razão, há quem prefira a denominação arras penais[287].

Tanto a cláusula penal como o sinal, nos termos dos arts. 416, parágrafo único, e 419, ambos do CC/02, possibilitam que o credor seja ressarcido integralmente do dano experimentado. Nada mais pode ser exigido, o que equivale a dizer que a responsabilidade do causador do dano está limitada ao prejuízo ocasionado.

Percebe-se com maior clareza a natureza punitiva na hipótese em que, inadimplida a obrigação, torna-se devido o valor (ou bem) previsto a título de cláusula penal ou arras, valor (ou bem) esse superior ao prejuízo ocasionado.

Neste caso, constatada a manifesta desproporção, existe solução, a qual consta da lei, mais especificamente do art. 413 do CC/02, que autoriza a redução equitativa tanto na hipótese mencionada como no caso de cumprimento parcial[288].

O que se pretende coibir é a incidência de pena elevada, e não a aplicação de duas penas, as quais, no fundo, acabam sendo traduzidas sempre na entrega de dinheiro. Ou seja, tanto a cláusula penal como as arras, ao exercerem função sancionatória, acarretam a obrigação de pagamento.

Logo, se o montante devido for manifestamente desproporcional, quer se esteja diante de um negócio jurídico em que se estabeleceu cláusula penal, quer se trate de arras, ou de ambas as figuras conjuntamente, incidirá a regra contida no art. 413 do CC/02. Por conseguinte, não tem sentido, e inexiste óbice legal a impedir a cumulação.

Assim, em um contrato de compra e venda, as partes poderiam, por exemplo, estipular a dação de arras confirmatórias, que corresponderiam a 10% do preço, e estabelecer, além disso, cláusula penal indenizatória, também em montante correspondente a 10% da expressão econômica do negócio jurídico. Verificado o inadimplemento, ainda que não se vislumbrasse qualquer prejuízo, a princípio não se poderia dizer que as penalidades, correspondentes a 20% do total do contrato, fossem manifestamente abusivas.

287 Vide item 2.10.

288 No item 3.8. são apresentadas as razões que justificam a aplicação do art. 413 do CC/02 ao sinal.

Por fim, vale destacar a propriedade de tal previsão, pois é possível que a parte não disponha de todo o montante (20%) para entregar desde logo, a título de sinal confirmatório. Entregaria, então, metade, e caso se tornasse inadimplente, além de perder as arras, pagaria, a título de cláusula penal, mais 10%.

3.5. A cumulação de honorários advocatícios

O Código de 1916, ao disciplinar as arras, nada falava sobre ser devido algum valor a título de honorários advocatícios. Mesmo assim, o tema não escapou à avaliação dos doutrinadores, alguns dizendo ser possível a cumulação, outros não.

A questão, tratando-se de arras penitenciais, gira em torno da necessidade de a parte inocente ter de se valer do serviço prestado pelo advogado para conseguir reaver o sinal e receber, além disso, o equivalente. Numa situação em que as arras foram dadas e a parte que recebeu exerceu o direito de arrependimento, caberia a devolução dobrada, o que deveria ocorrer de forma espontânea.

Também seria de se cogitar da obrigação de pagamento de honorários contratuais para o caso de descumprimento de obrigação garantida com arras confirmatórias. Para esta hipótese, já ficou salientado que o art. 1.097 do CC/16 não abrangia a restituição dobrada. Ou seja, a parte que deu o sinal e foi prejudicada pelo inadimplemento do recebedor teria direito a reaver o montante ou bem dado, o que se faria sem prejuízo da cobrança das perdas e danos.

Para melhor compreensão da matéria, é interessante abrir tópicos específicos para tratar de cada uma das espécies de arras. Serão, então, analisadas as correntes surgidas à luz do Diploma revogado e se verificará como atualmente o tema é tratado.

3.5.1. Arras confirmatórias

As arras confirmatórias não permitem que a parte, licitamente, desista de prosseguir no contrato. Em outras palavras, elas servem para garantir a execução. Assim, em se verificando o inadimplemento, tem o prejudicado direito a ser indenizado pelos danos que experimentou.

Na vigência do Diploma revogado, se o dador deixava de cumprir a sua obrigação, perdia o sinal. O recebedor, além disso, poderia cobrar integralmente o valor do prejuízo e, se precisasse propor demanda judicial, teria despesas com a contratação de advogado. Questionava-se, então, se a indenização devida abrangia referido gasto.

Pontes de Miranda respondia afirmativamente, entendendo que os honorários são despesas decorrentes do litígio. Aliás, na visão do referido autor, quando se fala em indenização, é óbvio que se inclui a mencionada verba[289].

Seguindo caminho oposto, Washington de Barros Monteiro defendia a tese de que as arras, sem distinção de espécie, abrangiam todos os prejuízos decorrentes do descumprimento da obrigação[290].

O art. 1.056 do CC/16, que tratava das consequências da inexecução das obrigações, dispunha que, deixando a parte de cumprir a prestação, respondia pelas perdas e danos, que, de acordo com o art. 1.059, correspondiam ao que efetivamente a parte perdeu e ao que razoavelmente deixou de lucrar. Não havia menção, em qualquer dos dispositivos, aos honorários de advogado. Por conta do silêncio da lei, acirrava-se o debate sobre a verba ser devida ou não.

O Código de 2002, ao que parece, pretendeu colocar um ponto final na questão, na medida em que, de acordo com o art. 389, o não cumprimento da obrigação gera o dever de reparar as perdas e danos, o que se dá com acréscimo de juros, atualização monetária e honorários advocatícios.

Pela redação empregada pelo legislador, seria possível concluir que as perdas e danos não abrangeriam a verba mencionada por último. A uma porque, se abrangesse, seria desnecessário fazer expressa menção. A duas porque no dispositivo consta a expressão 'mais', o que reforça a ideia de que os honorários correspondem a um *plus*.

O art. 418 do CC/02, seguindo a sistemática implantada pela reforma da legislação civil, ao disciplinar as consequências decorrentes do inadimplemento surgido no negócio jurídico com arras confirmatórias, dispõe que a parte que não executar perderá ou restituirá em dobro o sinal. Nesta última hipótese, poderá quem deu exigir a devolução mais outro tanto, acrescido de correção monetária, juros e honorários.

[289] MIRANDA, Francisco Cavalcanti Pontes de. *Tratado de direito privado*: parte especial. 3. ed. Rio de Janeiro: Borsoi, 1971, v. 24, p. 178.

[290] MONTEIRO, Washington de Barros. *Curso de direito civil*: v. 5: direito das obrigações, 2ª parte: contratos, declarações unilaterais de vontade, obrigações por atos ilícitos. 29. ed. São Paulo: Saraiva, 1997, p. 44.

A intenção foi dar às partes tratamento igualitário, pois, caso o recebedor inadimplente tivesse apenas que repetir em dobro, sem o acréscimo das citadas verbas, ficaria em posição vantajosa. De fato, a restituição do valor nominal lhe seria benéfica, pois não suportaria a desvalorização da moeda em decorrência da inflação, e, além disso, poderia obter lucro com a aplicação do dinheiro.

Criada a obrigação de o montante, quando da devolução, ser corrigido monetariamente, a parte que deu o sinal recebe o valor correspondente ao da época da entrega. Outrossim, com os juros, fica indenizada daquilo que deixou de lucrar aplicando o numerário que não estava em seu poder.

A terceira verba mencionada no dispositivo legal (honorários), por seu turno, repararia a despesa que a parte teve com a contratação de advogado. Portanto, nem sempre será devida. Mas, verificando-se a condição, parece não haver como afastar a cobrança, pois somente assim a parte inocente seria integralmente indenizada[291].

O art. 419 do CC/02 reforça esse entendimento ao dispor que a parte prejudicada está autorizada a cobrar indenização suplementar se provar maior prejuízo, ou seja, se o valor das arras não for suficiente para reparar o dano causado.

Prosseguindo, seria interessante verificar se os honorários são devidos somente para a hipótese de propositura de demanda judicial. Há quem diga que sim. É o caso, por exemplo, de Gustavo Tepedino e Anderson Schreiber[292].

Outros, contudo, sustentam o contrário, aduzindo que, se for necessária a contratação de advogado, será devida a verba mencionada, independentemente do ajuizamento de alguma ação. Há, é certo, necessidade

291 MARTINS-COSTA, Judith (In: TEIXEIRA, Sálvio de Figueiredo (Coord.). *Comentários ao novo Código Civil*: v. 5, t. 2: do inadimplemento das obrigações (Arts. 389 a 420). 2. ed. Rio de Janeiro: Forense, 2009, p. 761) diz que "pode ocorrer que o devedor desde logo aceda, devolvendo as arras acrescidas do equivalente, com o que ocorrerá a satisfação. Não incidem, nesta hipótese, nem juros de mora, nem honorários de advogado, se não se fez necessária a presença de um profissional, podendo haver, conforme o caso, correção monetária, que é mera atualização do valor".

292 TEPEDINO, Gustavo e SCHREIBER, Anderson. In: AZEVEDO, Álvaro Villaça de. *Código Civil comentado:* direito das obrigações: artigos 233 a 420. São Paulo: Atlas, 2008, v. 4, p. 410.

de efetiva atuação, o que pode ocorrer com a expedição de notificações e realização de reuniões[293].

Se a intenção do legislador foi colocar as partes em pé de igualdade, isso somente ocorrerá se aquele que não deu causa à inexecução, e que teve de contratar advogado, for ressarcido do valor que desembolsou para pagar o profissional. A atuação do advogado não se limita a formular pretensões perante o Poder Judiciário.

A propósito, é bom deixar claro que os honorários aqui mencionados não são os sucumbenciais. Estes são devidos ao advogado que, no processo, patrocina a parte que, em alguma medida, se consagrou vitoriosa, quer formulando um pedido, quer resistindo a uma pretensão. Trata-se, nos termos do art. 85, § 14º, do CPC e art. 23 da Lei 8.906/94, de direito autônomo do defensor.

Em outras palavras, ainda que o advogado nada cobre do cliente para propor uma demanda judicial, caso a parte que defenda tenha acolhida, total ou parcialmente, a sua pretensão, fará jus o profissional a receber do outro litigante os honorários de sucumbência, que são arbitrados pelo juiz, via de rega, nos termos do art. 85, § 2º, do CPC.

Os honorários mencionados no Código Civil, aqui examinados, são aqueles previstos no art. 418, os contratuais. Isto é, correspondem ao valor cobrado pelo advogado do cliente para exercício de suas funções, as quais, mais uma vez se diga, não se restringem a propor demandas judiciais.

Portanto, a partir do momento em que o recebedor das arras decide não executar o contrato, tem a obrigação de restituir em dobro aquilo que recebeu. Não o fazendo, forçando o inocente a contratar advogado, fica obrigado a arcar com as despesas que este teve com a contratação do profissional. Somente assim é que se poderá falar em ressarcimento do dano causado.

Do contrário, caso a parte que não foi responsável pela inexecução tenha que suportar o pagamento da mencionada verba, sem direito ao ressarcimento, experimentará prejuízo ao qual não deu causa, e com isso não se poderá falar em devolução do equivalente.

293 HIRONAKA, Giselda M. F. Novaes e MORAES, Renato Duarte Franco de. Direito das obrigações. In: HIRONAKA, Giselda M. F. Novaes. *Direito civil*. São Paulo: RT, 2008, v. 2, p. 220.

É importante, porém, deixar anotado que o entendimento aqui defendido, embora seja acolhido por parcela da doutrina, não parece prevalecer na jurisprudência, notadamente naquela formada no Superior Tribunal de Justiça, onde se costuma decidir que, por não ter a parte vencida qualquer vínculo contratual com o advogado do outro litigante, não é devida a mencionada verba[294].

A premissa adotada, de inexistência de relação jurídica direta entre vencido e patrono do vencedor, está correta. O problema surge na consequência, que não pode ser aceita, pois contrária ao que estabelece o art. 418 do CC/02, que expressamente prevê como devida a verba honorária. Ademais, é de se notar que, caso houvesse o citado vínculo, poderia ficar configurada a infração penal prevista no art. 355, parágrafo único, do CP.

Em demanda judicial, em que se apura a responsabilidade civil decorrente da causação de acidente de trânsito, não costuma haver discussão quanto ao dever de o responsável pelo dano arcar com as despesas que a vítima teve, por exemplo, com a contratação de médico e de funileiro para reparar o veículo danificado. Os dois profissionais mencionados cobram honorários, e via de regra não é o culpado que os seleciona. Em outras palavras, o responsável pelo ressarcimento não tem com eles vínculo direto.

Não parece haver razão para, em relação ao advogado, ser adotada sistemática diferente. Caso ocorra abuso, isto é, na hipótese de cobrança de valor além do razoável, comportamento que viola o princípio da boa-fé objetiva, pois a parte assim agindo deixa de obedecer ao dever retidão, estará o julgador autorizado a arbitrar montante menor[295].

3.5.2. Arras penitenciais

O art. 1.095 do CC/16, que disciplinava as arras penitenciais, estabelecia que, exercido o direito ao arrependimento, o dador perdia o sinal, competindo ao recebedor que desistisse a obrigação de restituição dobrada.

[294] AgRg no AREsp 746234/RS, DJe 19/11/2015; AgInt no REsp 1653575/SP, DJe 23/11/2017. É possível, porém, encontrar outros, mais antigos, em sentido contrário: REsp 1027797/MG, DJe 23/02/2011; REsp 1134725/MG, DJe 24/06/2011.

[295] GODOY, Claudio Luiz Bueno de. *Função social do contrato*. 4. ed. São Paulo: Saraiva, 2012, p. 111.

Uma vez criada a faculdade de não prosseguir no negócio jurídico, as partes, de antemão, acordam sobre as consequências que o exercício de tal direito acarreta. Assim, numa situação em que não há dúvida quanto ao uso normal do recesso, o recebedor deve, sem postergações, devolver o sinal de forma duplicada.

As partes, quando estabelecem o sinal penitencial, preveem o prejuízo que será ocasionado se for exercido o direito criado. É possível, como visto, a previsão de cláusula que permite a cobrança de indenização dos prejuízos integrais. Não é, porém, o que comumente ocorre, havendo, inclusive, corrente defendendo a impossibilidade de dispor sobre os danos suplementares.

Assim, a dúvida que surge é se, deixando o recebedor de cumprir a sua obrigação de restituição dobrada, forçando o dador a contratar advogado para buscar reparação, fica ou não aquele obrigado a arcar com os honorários contratuais.

Pela redação empregada no art. 1.095 do CC/16, era possível sustentar que, além da devolução dobrada do sinal, arcaria o recebedor que se recusasse a agir espontaneamente com as despesas que o dador teve com advogado. Isso porque o referido dispositivo não impunha qualquer restrição.

Para aqueles que seguiam esta corrente, os gastos com advogado não estavam abrangidos na indenização preestabelecida e que correspondia ao sinal, tratando-se de despesa extraordinária que precisaria ser reparada por quem deixou de cumprir a obrigação assumida por força do negócio jurídico.

De acordo com Silvio Rodrigues[296], é inegável que o recebedor do sinal que força a outra parte a postular a restituição dobrada atua de maneira culposa e imprevisível, pois é certo que, quando da contratação, não era possível imaginar que ocorreria inadimplemento. Além disso, responsabilizar o recebedor nesta hipótese gera maior equilíbrio entre os contratantes, na medida em que, fosse exercido o recesso pelo dador, a parte contrária não precisaria adotar qualquer providência.

A corrente oposta entendia que as partes, quando estipulavam o sinal penitencial, já previam todos os prejuízos que a desistência poderia acarretar, inclusive as despesas com a contratação de advogado, não

[296] RODRIGUES, Silvio. *Das arras*. São Paulo: [s.n.], 1954, p. 101.

sendo lícito, portanto, o prejudicado cobrar separadamente despesa deste jaez.

O Código de 2002 não solucionou a questão, ao menos de forma clara e precisa, havendo ainda espaço para a discussão. O art. 420, que trata do sinal penitencial, dispõe que o arrependimento ocasiona a perda ou restituição dobrada daquilo que foi dado, inexistindo direito a indenização suplementar.

A princípio, se poderia imaginar que o legislador optou por seguir a última corrente apresentada, considerando que expressamente proibiu a cobrança de qualquer valor a título de perdas e danos. Todavia, é possível ponderar que estaria vedado apenas o recebimento de indenização decorrente do exercício lícito da faculdade de arrependimento.

Ocorre que, deixando o recebedor de restituir de forma dobrada as arras, extrapola o seu direito, pois não só desiste do contrato como também causa intencionalmente prejuízo à parte contrária. Em outras palavras, a partir do momento em que a parte se recusa a devolver o que recebeu e mais outro tanto, age de maneira ilícita, e é por assim ser que se pode defender a tese de que ainda hoje é permitida a cobrança dos honorários contratuais.

O art. 420 do CC/02 tratou da hipótese de exercício de um direito, e por tal razão não fez expressa menção à possibilidade de cobrança de outras despesas. Está, portanto, prevista uma indenização decorrente de ato lícito. A ausência de restituição dobrada, diferentemente, corresponde a comportamento omissivo ilegal.

A partir do momento em que a parte deixa de providenciar a devolução das arras mais o equivalente, torna-se inadimplente[297]. Não encontrando tal hipótese previsão no dispositivo citado, incide o art. 389 do CC/02, que prevê os honorários advocatícios[298].

[297] Em tópico próprio (3.6.5) será discutida a possibilidade de ocorrência de mora. De todo modo, é possível dizer desde logo que, tanto numa hipótese (inadimplemento) como noutra (mora), havendo necessidade de o dador contratar advogado para conseguir reaver aquilo que entregou de forma duplicada, terá o recebedor de arcar com os honorários contratuais.

[298] CASTRO FILHO; ANDRADE, Marcos Vinicius; MESQUITA, Eduardo M. e SCAVONE JUNIOR, Luiz Antonio. In: ARRUDA ALVIM e ALVIM, Thereza. *Comentários ao Código Civil brasileiro*: do direito das obrigações. Rio de Janeiro: Forense, 2006, v. 4. p. 596. No mesmo sentido, DINIZ, Maria Helena. *Tratado teórico e prática dos contratos*. 7. ed. São Paulo: Saraiva, 2013, v. 1, p. 230-231.

Veja-se que o art. 418 do CC/02 fez menção à referida verba, pois tratou de hipótese de inadimplemento. Com efeito, a partir do momento em que a parte, em havendo arras confirmatórias, não executa a obrigação assumida, pratica um ato contrário ao direito, motivo pelo qual tem de arcar com os danos que sua conduta ocasiona.

A mesma sistemática tem de ser aplicada à parte que se torna inadimplente em negócio jurídico que contém arras penitenciais. Não teria sentido dar àquele que pratica ato ilícito, nesta hipótese, tratamento mais favorável. A única dúvida que poderia surgir decorre do fato de o legislador talvez não ter imaginado que, mesmo havendo sinal penitencial, pode se vislumbrar caso de descumprimento.

Não se deve, porém, deixar de fazer menção à corrente diversa. Há doutrinadores que sustentam que a restrição constante da parte final do art. 420 do CC/02 alcança também os honorários advocatícios[299]. Assim, em qualquer hipótese, nenhum outro valor será devido, a não ser o sinal dobrado.

Os seguidores dessa teoria entendem que é indiferente se houve ou não descumprimento da obrigação decorrente do exercício do direito ao arrependimento. Assim, mesmo tendo sido praticado um ato ilícito, nada além das arras mais outro tanto será pago à parte contrária.

3.6. As consequências decorrentes da aplicação das arras confirmatórias

Já foram analisadas algumas consequências decorrentes da aplicação das arras, tenham elas natureza confirmatória ou penitencial, e isso tanto na hipótese de adimplemento como de inadimplemento.

Outras questões, porém, ocorrem, e não podem ser deixadas de lado, havendo necessidade de se estudá-las. Também aqui, para melhor situar o leitor, se fará comparação entre o que acontecia na vigência do Código revogado e o que se torna possível à luz do novo Diploma Civil. Igualmente, é recomendável que seja feita a diferenciação entre as duas espécies de sinal, pois, a depender da situação, as soluções que podem ser dadas são distintas.

299 HIRONAKA, Giselda M. F. Novaes e MORAES, Renato Duarte Franco de. Direito das obrigações. In: HIRONAKA, Giselda M. F. Novaes. *Direito civil*. São Paulo: RT, 2008, v. 2, p. 220-221.

Anote-se que neste capítulo específico serão analisadas algumas questões que podem ser tidas como preliminares e outras que acabam por surgir em virtude de incidentes não esperados.

3.6.1. Princípio de pagamento

Inúmeras vezes se disse que uma das funções do sinal confirmatório é de princípio de pagamento. Tal regra constava do Código de 1916 e veio a ser reafirmada pelo Diploma de 2002. Há, inclusive, quem diga que, se antes era ela uma função secundária, hoje passou a ser a principal.

Realmente, segundo a doutrina de Judith Martins-Costa[300], na lei revogada somente de forma secundária o sinal servia como começo de adimplemento, sendo a função principal a de confirmar o negócio jurídico, tornando-o irretratável.

Isso porque, na visão da referida autora, seguindo a ordem topográfica das regras legais, somente no terceiro artigo que disciplinava as arras (art. 1.096) havia previsão de que, quando dadas em dinheiro, eram consideradas princípio de pagamento, o que apenas ocorreria se não houvessem as partes estipulado diferentemente.

Atualmente, porém, logo de início o Código apresenta a referida função, aduzindo no art. 417 que, se, por ocasião da conclusão do contrato, uma parte der à outra, a título de arras, dinheiro[301] ou outro bem móvel, deverá, no caso de execução, restitui-lo ou computá-lo no preço, se do mesmo gênero.

Ocorre que, já na vigência do Código de 1916, era possível sustentar que a função confirmatória do negócio não exercia posição de destaque em relação à outra. Isso porque não parece haver hierarquia entre elas, cumprindo cada qual o seu papel, em decorrência mesmo da lógica do próprio instituto.

Realmente, se o sinal serve para dar firmeza ao negócio jurídico, garantindo-lhe a execução e impossibilitando o exercício do recesso, é intuitivo

[300] MARTINS-COSTA, Judith. In: TEIXEIRA, Sálvio de Figueiredo (Coord.). *Comentários ao novo Código Civil*: v. 5, t. 2: do inadimplemento das obrigações (Arts. 389 a 420). 2. ed. Rio de Janeiro: Forense, 2009, p. 735-736.

[301] MIRANDA, Francisco Cavalcanti Pontes de (*Tratado de direito privado*: parte especial. 3. ed. Rio de Janeiro: Borsoi, 1971, v. 24, p. 174) observa que "se o pagamento não há de ser em dinheiro, mas em outro bem, e as arras foram em dinheiro, não se pode considerar começo de pagamento o dinheiro".

que o bem ou valor dado, caso corresponda ao da prestação devida, servirá de princípio de pagamento. Trata-se de uma regra intuitiva, que, como visto, já era aplicada no Direito romano.

Tanto assim que não faltou quem, comentando a lei revogada, assinalasse a inutilidade do art. 1.096 do CC/16, uma vez que o art. 1094 já era bastante para revelar que o sinal confirmatório servia como início de pagamento[302].

José Augusto Cesar[303], após afirmar se tratar de uma disposição infeliz em todas as suas partes, sustentava que o legislador pretendeu com o artigo dizer que, não sendo possível o desconto no pagamento, o sinal precisaria ser restituído, sinalizando para algo intuitivo e que serve para que não se entreveja hipótese de enriquecimento sem causa.

O mérito do Código de 2002 foi deixar mais clara a função mencionada e também evidenciar que, sendo de natureza diversa da prestação, o sinal, em caso de execução, deverá ser devolvido ao dador. O Diploma revogado era igualmente falho neste último aspecto, ao dispor que as arras deveriam ser restituídas quando o contrato fosse concluído.

Assim, aplicada a interpretação literal, o sinal seria devolvido imediatamente após ser entregue, certo que o contrato se aperfeiçoa, isto é, está concluído quando há o encontro de vontades. Portanto, para que a norma fizesse algum sentido, era necessário entender que o legislador pretendeu dar ao termo o sentido de execução[304].

É bem verdade que o Código de 2002 poderia ter empregado uma redação diferente ao art. 417, pois, conforme ficou salientado, as arras podem ser dadas não apenas em contratos e representadas não somente por dinheiro ou outro bem móvel.

Note-se, ainda, que o art. 417 emprega o termo "computar", e nisso se distancia da legislação portuguesa (art. 442, 1, do CC) e da italiana

302 RODRIGUES, Silvio. *Das arras*. São Paulo: [s.n.], 1954, p. 115-116.

303 CESAR, José Augusto. Notas ao Código Civil: sinal ou arras. Revista da Faculdade de Direito de São Paulo, v. 30, p. 452-453, jul.-set. 1934.

304 WALD, Arnoldo. *Curso de direito civil brasileiro*: obrigações e contratos. 8. ed. São Paulo: RT, 1989, v. 2, p. 104. GARCEZ NETO, Martinho (Arras. In: SANTOS, J. M. de Carvalho; DIAS, José de Aguiar. *Repertório enciclopédico do direito brasileiro*. Rio de Janeiro: Borsoi, 1947, v. 4, p. 164) prefere adotar os termos legais, entendendo que contrato concluído é o mesmo que executado.

(art. 1.385 do CC), que optaram por dizer que, quando há sinal, a coisa entregue deve ser imputada na prestação devida.

A técnica empregada pelo legislador pátrio é melhor, pois, como lembra Michele Trimarchi[305], não há que se falar propriamente em imputação, inexistindo uma variedade de débitos para que se escolha um específico. A doutrina, porém, costuma empregar os dois termos como sendo sinônimos[306].

De todo modo, seguindo ou não a corrente que defende a ideia de ser o princípio de pagamento a função primordial do sinal confirmatório, o que interessa deixar consignado é que tanto ela como a de reforço do vínculo caminham juntas, não tendo grande importância prática saber se há ou não uma de maior grau hierárquico. Da aplicação de tais regras, surgem diversos desdobramentos, os quais serão analisados na sequência.

3.6.2. Momento da restituição

O sinal, quando não pode ser imputado no pagamento por ter natureza diversa, precisa ser restituído. O Código revogado, já foi visto, não solucionava o problema a respeito do momento em que isso deveria ocorrer. O atual, embora apresente a matéria com maior propriedade técnica, também não esclarece esse ponto.

Com efeito, o art. 417 dispõe que, em caso de execução, as arras devem ser restituídas, deixando clara a obrigação, mas omitindo o momento em que ela precisa ser honrada. Há na doutrina quem diga que a devolução se verificará quando da execução[307], mas é certo que essa pode ser diferida no tempo, o que ocorre na hipótese de o pagamento ser feito de forma parcelada.

[305] TRIMARCHI, Michele. Caparra. Diritto civile. In: Enciclopedia del diritto. Milano: Giuffrè, 1960, v. 6, p. 198. No mesmo sentido se manifesta BELLANTE, Marco. *La caparra*. Milano: Giuffrè, 2008. p. 48.

[306] SILVA, João Calvão da (*Sinal e contrato-promessa*. 7. ed. Coimbra: Universidade de Coimbra, 1999. p. 94-95), ao comentar o art. 442, 1, do Código Civil português, emprega os dois termos.

[307] MARTINS-COSTA, Judith. In: TEIXEIRA, Sálvio de Figueiredo (Coord.). *Comentários ao novo Código Civil*: v. 5, t. 2: do inadimplemento das obrigações (Arts. 389 a 420). 2. ed. Rio de Janeiro: Forense, 2009, p. 743. No mesmo sentido, WALD, Arnoldo. *Curso de direito civil brasileiro*: obrigações e contratos. 8. ed. São Paulo: RT, 1989, v. 2, p. 104.

Deixando as partes de estabelecer o momento em que a restituição deva ocorrer, Jorge Cesa Ferreira da Silva entende que a providência somente será cabível quando houver a conclusão da execução[308].

Ocorrendo o desfecho, para que o dador não seja prejudicado, é necessário que o recebedor, quando da restituição, entregue, em caso de sinal em dinheiro, o valor corrigido monetariamente[309]. A correção serve para recompor a expressão econômica da moeda corroída pelo decurso do tempo.

3.6.3. Extinção sem culpa das partes

O negócio jurídico em que há entrega de sinal pode ser desfeito sem que se vislumbre hipótese de inadimplemento. Como o maior âmbito de aplicação do sinal é o contrato, em especial o de compra e venda, o art. 1.096 do CC/16 dispunha que, caso a situação se verificasse, deveria haver a devolução das arras[310].

O Diploma atual, diferentemente, não tratou dessa hipótese, e nem mesmo era preciso pois é intuitivo que, havendo distrato, retornando as partes ao estado anterior, precisa, aquele que recebeu as arras, restitui-las. A mesma solução deve ser empregada quando nenhum dos contratantes é culpado da impossibilidade de cumprimento[311].

É possível, também, que se vislumbre a presença de caso fortuito ou força maior, quando, então, haverá igualmente restituição do sinal. Adverte, porém, Martinho Garcez Neto[312] que a morte do contratante

[308] SILVA, Jorge Cesa Ferreira da. Inadimplemento das obrigações: comentários aos arts. 389 a 420 do Código Civil: mora; perdas e danos; juros legais; cláusula penal; arras ou sinal. In: REALE, Miguel; MARTINS-COSTA, Judith. *Biblioteca de direito civil. Estudos em homenagem ao professor Miguel Reale.* São Paulo: RT, 2007, v. 7, p. 300. No mesmo sentido, LOUREIRO, Francisco Eduardo. Arras. In: LOTUFO, Renan; NANNI, Giovanni Ettore (Coord.). *Obrigações.* São Paulo: Atlas, 2011, p. 764.

[309] RODRIGUES, Lia Palazzo. *Das arras.* Porto Alegre: Livraria do Advogado, 1998, p. 42.

[310] A mesma solução é encontrada na legislação alemã. LARENZ, Karl (*Derecho de obligaciones.* Tradução de Jaime Santos Briz. Madrid: Revista de Derecho Privado, 1958, t. 1, p. 91) afirma que as arras "no han de considerarse como suplemento, sino exclusivamente como antecipo (§ 337, I), y, por consiguiente, habrán de restituirse en caso de que el contrato se resuelva (§ 337, párr. II)".

[311] MIRANDA, Francisco Cavalcanti Pontes de. *Tratado de direito privado*: parte especial. 3. ed. Rio de Janeiro: Borsoi, 1971, v. 24, p. 175.

[312] GARCEZ NETO, Martinho. Arras. In: SANTOS, J. M. de Carvalho; DIAS, José de Aguiar. *Repertório enciclopédico do direito brasileiro.* Rio de Janeiro: Borsoi, 1947, v. 4, p. 164.

não pode ser enquadrada nestas hipóteses, pois, ainda que não fosse de se esperar o falecimento da parte, os herdeiros, numa compra e venda, poderiam cumprir a prestação, certo que a obrigação lhes foi transmitida.

Diversa seria a solução se a obrigação fosse personalíssima, e isso ocorre, por exemplo, quando alguém se propõe a adquirir um quadro de um artista, encomendando-o. Caso o pintor morresse, não teria como o herdeiro honrar a prestação, motivo pelo qual restituiria o sinal, sem sofrer qualquer sanção.

Se alguém se propõe a vender um bem específico que não lhe pertence, recebendo do comprador arras, caso não obtenha a propriedade da coisa para revendê-la, não há como se falar em descumprimento não culposo, decorrente de caso fortuito. Restará presente, na verdade, o inadimplemento intencional, e, sendo as arras confirmatórias, suportará o alienante as consequências do não cumprimento[313].

É possível que a inexecução decorra de perda do objeto da prestação. Caso não haja culpa, resolve-se a obrigação, devendo ocorrer a restituição das arras, por força do que estabelece o art. 234, primeira parte, do CC/02. Solução idêntica aplica-se à obrigação de restituição em que a coisa se perdeu sem culpa. Se houve deterioração, recebe o dador no estado em que se encontra, sem que nada mais seja devido (art. 240). Tratando-se de obrigação de fazer ou não fazer, aplica-se o disposto no art. 248[314].

Enfim, seguindo a orientação de Jorge Cesa Ferreira da Silva[315], é possível dizer que, sob a égide do Código de 2002, em se vislumbrando hipótese de resolução do contrato sem culpa da parte, tem ela direito à restituição do sinal. O art. 419, ao fazer alusão à parte inocente, trouxe a ideia de que, não sendo imputada a responsabilidade ao dador, necessária se faz a devolução das arras.

[313] MIRANDA, Francisco Cavalcanti Pontes de. *Tratado de direito privado*: parte especial. 3. ed. Rio de Janeiro: Borsoi, 1971, v. 24, p. 175.

[314] MARTINS-COSTA, Judith. In: TEIXEIRA, Sálvio de Figueiredo (Coord.). *Comentários ao novo Código Civil*: v. 5, t. 2: do inadimplemento das obrigações (Arts. 389 a 420). 2. ed. Rio de Janeiro: Forense, 2009, p. 757.

[315] SILVA, Jorge Cesa Ferreira da. Inadimplemento das obrigações: comentários aos arts. 389 a 420 do Código Civil: mora; perdas e danos; juros legais; cláusula penal; arras ou sinal. In: REALE, Miguel; MARTINS-COSTA, Judith. *Biblioteca de direito civil. Estudos em homenagem ao professor Miguel Reale*. São Paulo: RT, 2007, v. 7, p. 306.

3.6.4. Extinção por nulidade ou anulabilidade

Não se pode deixar de fazer alusão ao contrato nulo e ao anulável. Tanto o Diploma de 1916 como o atual não trataram do tema quando dispuseram sobre as arras, deixando, portanto, à doutrina e à jurisprudência a missão de solucionar a questão.

Assim, diante da omissão legislativa, não havendo um regime jurídico específico, é possível sustentar que as partes, por força do que dispõe o art. 182 do CC/02, devem retornar ao estado anterior. Com isso, e não se vislumbrando ter qualquer dos contratantes dado causa à nulidade, as arras dadas precisam ser restituídas[316].

É importante anotar, a respeito do tema aqui debatido, que a extinção do negócio jurídico pode ter origem em causa anterior ou contemporânea à sua formação, quando então se falará em anulação; ou em causa posterior, hipótese em que se dirá que houve dissolução[317].

A maior dificuldade surge quando se prenuncia a responsabilidade de uma das partes pela ocorrência da nulidade. O inocente, em um caso desses, faria jus à indenização, mas para parte da doutrina o sinal não poderia ser utilizado, retendo-o o recebedor inocente, pois, mesmo na hipótese aqui tratada, tanto a declaração de nulidade como o reconhecimento da anulabilidade fariam com que houvesse o retorno ao estado anterior.

Consequentemente, a parte inocente que recebeu as arras teria de as restituir para, depois, provando a existência do dano e a sua extensão, cobrar a indenização devida. Esta corrente é seguida por Ana Prata[318], quando diz que sendo as arras uma cláusula acessória, não teria como não seguir o destino da obrigação principal.

É de se ter em mente que as arras confirmatórias funcionam como indenização preestabelecida dos danos decorrentes do inadimplemento, ou seja, da inexecução da obrigação assumida. Se, na vigência do Código revogado, poderia surgir alguma dúvida quanto a isso em virtude da redação do art. 1.097, parece que, atualmente, não há mais espaço para questionamentos.

316 ENNECCERUS, Ludwig. Derecho de obligaciones. In: ENNECCERUS, Ludwig; KIPP, Theodor; WOLFF, Martin. *Tratado de derecho civil.* Tradução de Blas Pérez Gonzáles e José Alguer. Barcelona: Bosch, 1944, t. 2, v. 1, p. 183.

317 GOMES, Orlando. *Contratos.* 8. ed. Rio de Janeiro: Forense, 1981, p. 197.

318 PRATA, Ana Maria Correia Rodrigues. *O contrato-promessa e o seu regime civil.* Coimbra: Almedina, 2006, p. 806-807.

Realmente, o art. 418 do CC/02 estabelece que, na hipótese de não execução, a parte inocente ficará com o sinal ou terá o direito a recebê-lo em dobro, dando a ideia de que isso ocorrerá quando houver incumprimento. Em outras palavras, resta claro, pela letra da lei, que as arras ressarcem o inadimplemento[319], e só ele.

Caso, porém, seja proposta ação judicial, onde se discutirá a ocorrência de nulidade, o magistrado, reconhecendo o vício, não determinará que o recebedor inocente restitua o sinal ao dador culpado e, em outra demanda, pleiteie indenização por perdas e danos. Na verdade, nada impede que, aquele que deduz a pretensão, postule seja o valor recebido a título de arras utilizado para reparar o prejuízo ocasionado.

Em isso ocorrendo, o julgador, por economia processual, suprimirá uma etapa que não teria razão para ser colocada em prática. Realmente, seria até mesmo contraproducente estabelecer que o recebedor restituísse o sinal para posteriormente receber o que lhe é devido. Pode, portanto, o valor ou bem dado servir de garantia do pagamento da indenização.

Tenha-se presente, porém, que caso fique evidenciado, no curso do processo, que o valor do prejuízo é menor que o do sinal, não poderá o recebedor inocente, em sendo adotada a sistemática supra referida, reter o excedente. Isso porque, reconhecida a nulidade do contrato, com o consequente regresso das partes ao estado anterior, as arras não subsistem, e consequentemente não valem como taxa mínima.

3.6.5. Extinção por culpa recíproca

Também em relação à culpa recíproca, deixaram os Códigos de 1916 e 2002 de regulamentar a matéria. O Diploma mais antigo, aliás, não tratava sequer especificamente das consequências da inexecução causada por quem recebeu as arras.

A doutrina brasileira, porém, costuma sustentar que, sendo ambas as partes responsáveis pelo desfazimento do negócio jurídico, a solução a ser dada é idêntica àquela em que não houvesse culpa de qualquer dos contratantes. Ou seja, haveria restituição simples do sinal[320].

319 BELLANTE, Marco. *La caparra*. Milano: Giuffrè, 2008. p. 50.

320 TEPEDINO, Gustavo e SCHREIBER, Anderson. In: AZEVEDO, Álvaro Villaça de. *Código Civil comentado:* direito das obrigações: artigos 233 a 420. São Paulo: Atlas, 2008, v. 4, p. 408.

Uma questão, porém, precisa ser levantada e diz respeito ao grau de culpa. Se a culpa de ambas as partes é de igual intensidade, a solução mencionada continua aplicável, havendo compensação[321]. No entanto, se se verifica disparidade, seria possível cogitar uma resposta diversa.

Ana Prata, invocando o art. 570 do CC português, sustenta que, caso a gravidade da culpa tenha medida diferente, o valor do sinal a ser restituído pode ser reduzido[322]. A mesma sistemática poderia ser aplicada aqui. Isso porque o art. 944, parágrafo único, do CC/02 dispõe que, se houver excessiva desproporção entre a gravidade da culpa e o dano, poderá ser reduzida equitativamente a indenização[323].

É de se ter presente que não é qualquer desproporção que autoriza a redução. Para que a solução seja diversa da regra geral, necessário que reste evidenciada a manifesta disparidade entre as culpas, isto é, de um lado um caso de culpa leve e de outro de culpa grave. Na dúvida, consideram-se proporcionais.

3.6.6. Restituição simples e seus acréscimos

Na vigência do Código de 1916 inexistia previsão sobre como deveria ocorrer a devolução do sinal confirmatório. O silêncio da lei fazia com que dúvidas surgissem na interpretação, certo que, precisando regressar

[321] WALD, Arnoldo. *Curso de direito civil brasileiro*: obrigações e contratos. 8. ed. São Paulo: RT, 1989, v. 2, p. 106.

[322] PRATA, Ana Maria Correia Rodrigues. *O contrato-promessa e o seu regime civil.* Coimbra: Almedina, 2006, p. 802.

[323] Há entendimento de que culpas não se compensam, e com base nisso foi editado, na VIII Jornada de Direito Civil, o Enunciado 630, assim redigido: "Culpas não se compensam. Para os efeitos do art. 945 do Código Civil, cabe observar os seguintes critérios: (i) há diminuição do quantum da reparação do dano causado quando, ao lado da conduta do lesante, verifica-se ação ou omissão do próprio lesado da qual resulta o dano, ou o seu agravamento, desde que (ii) reportadas ambas as condutas a um mesmo fato, ou ao mesmo fundamento de imputação, conquanto possam ser simultâneas ou sucessivas, devendo-se considerar o percentual causal do agir de cada um". Percebe-se que o Enunciado, naquilo que não é supérfluo, acaba sendo contraditório. Realmente, caso não houvesse compensação, não teria sentido verificar a conduta (comissiva ou omissiva) do lesado, pois tendo ele concorrido ou não, nenhuma alteração se verificaria em relação ao montante devido. No entanto, como assim não é, há compensação, o que revela que a primeira parte do Enunciado contraria o restante. Excluindo-a, constata-se que o Enunciado nada mais faz do que, com outras palavras, repetir o texto legal.

ao estado primitivo, já era de se questionar se nada além da restituição era devido.

Na verdade, somente o art. 1.096 fazia alusão ao dever de restituição, e a hipótese ali tratada era a de impossibilidade de o sinal ser computado no preço. Dizia a lei que, quando o contrato fosse concluído (leia-se executado), competia ao recebedor providenciar a devolução.

Era de se entender que, cumprida a obrigação, na sequência nascia o dever de restituição. Não se entrevia a necessidade de constituição da parte em mora, pois de acordo com o art. 960 o inadimplemento de obrigação positiva e líquida no seu termo constituía de pleno direito em mora o devedor.

Logo, no instante em que o dador honrava a sua prestação, competia, em contrapartida, ao recebedor, a devolução. Caso isso não ocorresse, estaria a parte em mora, e por força do que dispunha o art. 956, que fazia expressa alusão ao art. 1.058, responderia o devedor inclusive pelos prejuízos resultantes de caso fortuito e força maior.

Caso competisse ao recebedor a devolução de dinheiro — na hipótese de o pagamento ter sido feito com a entrega de outro bem —, é natural que o valor devesse ser corrigido monetariamente para que não se vislumbrasse enriquecimento sem causa. Outrossim, a partir do surgimento da mora, incidiriam juros.

O Código de 2002, neste ponto, não alterou a regulamentação da matéria. Com efeito, o art. 417, a exemplo do antigo art. 1.096, dispõe que será restituído o sinal que não for computado no preço. A mesma solução, como visto, se aplica aos casos de desfazimento por nulidade ou anulabilidade sem culpa das partes ou de culpa recíproca de idêntico grau.

Caso ocorra, portanto, a execução normal da obrigação, perfaz-se a devolução logo após o término do cumprimento da última prestação, se existir. O valor precisará ser restituído monetariamente corrigido. Tratando-se de bem diverso, deverá ser devolvido, não incidindo qualquer acréscimo na ausência de mora.

A mesma solução incide nas outras hipóteses aqui mencionadas, devendo, no caso de ter ocorrido a entrega de dinheiro, ser restituído com correção monetária, que será contada a partir da entrega do numerário ao recebedor.

3.6.7. Mora

O Código revogado, ao disciplinar as arras confirmatórias, nada dispunha sobre a mora. Fazia, no art. 1.097, alusão somente ao inadimplemento causado por quem deu as arras, estabelecendo que o culpado perderia o sinal.

Com a mudança da lei, houve inovação. O art. 418 do CC/02 dispõe que, não executado o contrato, a parte inocente pode tê-lo por desfeito. Consequentemente, se quem der causa for o dador, perderá o sinal; se for quem recebeu, terá de devolver com outro tanto.

O art. 419 do CC/02 completa a previsão, estatuindo que o inocente poderá cobrar indenização suplementar, se provar prejuízo maior, servindo as arras como taxa mínima. O mesmo dispositivo prevê, em sua segunda parte, consequência semelhante para a hipótese de mora, pois estabelece que, além da possibilidade de exigir a execução, tem a parte o direito de reter o sinal (ou exigi-lo de forma duplicada).

Nota-se, então, que a respeito das arras confirmatórias o legislador, ao menos em princípio, previu consequências idênticas para situações que não são equiparadas, o que merece críticas. Desde tempos muito remotos, o sinal é utilizado somente para penalizar o contratante que se torna inadimplente, e não para punir aquele que incidiu em mora.

Segundo Jorge Cesa Ferreira da Silva, o legislador foi buscar inspiração no Código Civil italiano para elaborar o art. 418[324]. Porém, é de se notar que o art. 1.385 da lei da mencionada nação faz expressa alusão ao inadimplemento. No Brasil, preferiu-se falar em inexecução.

Além disso, o dispositivo legal italiano, quando trata da possibilidade de a parte postular a execução, o que evidencia a existência de mora, estabelece que o ressarcimento do dano será regulado pela norma geral, ou seja, não há que se falar em perda ou devolução dobrada do sinal.

A doutrina, de resto, afirma, ao comentar a referida regra, que, optando a parte inocente por essa solução, fica com o ônus de provar não só a existência do prejuízo como também a sua extensão. Isso porque a norma geral a respeito do ressarcimento dos prejuízos assim estabelece[325].

[324] SILVA, Jorge Cesa Ferreira da. Inadimplemento das obrigações: comentários aos arts. 389 a 420 do Código Civil: mora; perdas e danos; juros legais; cláusula penal; arras ou sinal. In: REALE, Miguel; MARTINS-COSTA, Judith. *Biblioteca de direito civil. Estudos em homenagem ao professor Miguel Reale.* São Paulo: RT, 2007, v. 7, p. 304.

[325] BELLANTE, Marco. *La caparra.* Milano: Giuffrè, 2008, p. 76.

Percebe-se, então, com maior clareza, pela lei italiana, a distinção das consequências quando há inadimplemento absoluto e quando se vislumbra apenas o descumprimento relativo (mora). Neste último caso, não incide a penalidade consubstanciada nas arras, as quais são reservadas à primeira hipótese. Francesco Messineo[326], a propósito, afirma não haver previsão de sinal para mero atraso, o que não lhe parece sequer admissível.

No direito pátrio, as arras passaram a integrar o título referente ao inadimplemento das obrigações. O art. 389 do CC/02, que integra o capítulo das disposições gerais, emprega a expressão "não cumprimento", e nisso se aproxima do Código Civil português (art. 790 e segs.), o qual, também na mesma subseção, trata da mora e outras espécies de não cumprimento.

Portanto, seguindo a orientação de Antunes Varela, é possível sustentar que a expressão "não cumprimento" tem um sentido amplo, de não realização da prestação, o que abrange a impossibilidade de cumprimento, a mora, a falta de cumprimento e o cumprimento defeituoso[327].

É sabido, porém, que as situações mencionadas não são equivalentes. Há mora quando, apesar de não cumprida a prestação no tempo, lugar ou forma devidos (art. 394 do CC/02), é ainda possível que o seja, pois é de interesse do credor.

O Código, ao disciplinar as arras, não se vale da expressão não cumprimento, preferindo falar em inexecução. E por conta desta discrepância, podem surgir dúvidas. As arras, como visto — é ponto praticamente pacífico[328]—, não deveriam ser aplicadas para a hipótese de mora. Mas, diante daquilo que ficou estabelecido por força do art. 419 do CC/02, não parece possível simplesmente afastar a possibilidade de incidência do sinal em havendo inadimplemento relativo.

[326] MESSINEO, Francesco. *Manual de derecho civil y comercial*: derecho de las obligaciones: parte general: v. 4. Buenos Aires: Ejea, 1955, p. 448.

[327] VARELA, João de Matos Antunes. *Das obrigações em geral*. 10. ed. Coimbra: Almedina, 2000, v. 1, p. 344-345.

[328] MAZZARESE, Silvio e TARDIA, Ignazio. Caparra. In: SCHLESINGER, Piero; BUSNELLI, Francesco Bonato. *Il Codice Civile commentario*. Milano: Giuffrè, 2016, p. 233. No mesmo sentido, CASTRO FILHO; ANDRADE, Marcos Vinicius; MESQUITA, Eduardo M. e SCAVONE JUNIOR, Luiz Antonio. In: ARRUDA ALVIM e ALVIM, Thereza. *Comentários ao Código Civil brasileiro*: do direito das obrigações. Rio de Janeiro: Forense, 2006, v. 4, p. 589. GONÇALVES, Luiz da Cunha (*Tratado de direito civil*: em comentário ao Código Civil português. Anotado por José Geraldo Rodrigues de Alckmin. São Paulo: Max Limonad, 1955, v. 8, t. 2, p. 535) parece ser um dos poucos que defende a tese de que as arras são aplicáveis também em caso de mora.

Citado dispositivo legal, diferentemente da legislação italiana, prevê uma solução esdrúxula, na medida em que estabelece as arras como indenização mínima. Se houver prejuízo excedente, o que ocorrerá apenas nas hipóteses de o valor dado ser baixo, aplica-se o disposto no art. 395 do CC/02.

Para que não ocorra abuso de direito[329], parece que uma solução seria a parte inocente, antes de ter por desfeito o negócio ou exigir o cumprimento forçado, já que as consequências legais são bastante rigorosas, notificar a contraparte para que se manifeste, esclarecendo a respeito de qual comportamento pretende adotar.

O art. 808 do Código Civil português trata daquilo que a doutrina chama de interpelação admonitória. Deixando a parte de honrar a prestação e superado o termo final, ao invés de o outro contratante ter por resolvido o negócio jurídico, concede um prazo razoável para que seja efetuado o pagamento, mantendo-se, com isso, íntegra a relação jurídica.

A regra foi criada especialmente para evitar o surgimento de situações injustas, em que o mero atraso configura inadimplemento absoluto. Sob a égide da legislação lusitana antiga, o credor conseguia criar embaraços para que houvesse mora, provocando o desfazimento do negócio jurídico, pois lhe era aberta a possibilidade de entender ter ocorrido inadimplemento[330].

No Diploma civil brasileiro não consta dispositivo com semelhante teor. Todavia, é com base no princípio da boa-fé objetiva que se saberá se houve ou não abuso por parte daquele que deu o contrato por desfeito. Para que se evite a ocorrência de uma situação como a mencionada, é recomendável que a parte, antes de considerar o negócio jurídico por encerrado, interpele o outro contratante.

É possível também vislumbrar a hipótese em que, apesar de decorrido o prazo da notificação, e continuando o devedor em mora, seja de interesse do credor a execução do contrato. Em tal caso, conforme visto, o moroso perderia ou restituiria em dobro o sinal, o que ocorreria sem prejuízo do

[329] ALVIM, Agostinho (*Da inexecução das obrigações e suas consequências*. São Paulo: Saraiva, 1949, p. 50-51) observa que a lei faculta ao credor enjeitar a prestação e postular as perdas e danos. Trata-se, pois, de uma faculdade. Mas, "a transformação da mora em inadimplemento absoluto não dependerá unicamente do seu arbítrio, porque o devedor pode insurgir-se contra a opção do credor, prontificando-se a purgar a mora, quando seja o caso, isto é, desde que a prestação não tenha se tornado inútil ao credor".

[330] VARELA, João de Matos Antunes. *Das obrigações em geral*. 10. ed. Coimbra: Almedina, 2000, v. 1, p. 345-346.

dever de honrar a prestação, podendo ainda ser compelido, caso fique provado prejuízo maior, a pagar indenização suplementar. Mas, por já ter sido interpelado, teria plena ciência das severas consequências decorrentes de sua inércia.

Não se pode, contudo, deixar de considerar as situações em que, apesar dos esforços, não tenha o devedor como cumprir, no prazo suplementar concedido, a sua prestação. Em isso ocorrendo, seria possível cogitar da redução equitativa do sinal[331], o que se faria com base no art. 413 do CC/02[332].

Perceba-se que o legislador, ao disciplinar as arras, adotou sistemática bastante diversa daquela empregada para a cláusula penal. O art. 409 do CC/02 prevê a possibilidade de estipulação desta última espécie de sanção para duas situações distintas, quais sejam, a inexecução completa do contrato (chamada cláusula penal indenizatória ou compensatória) e o descumprimento de cláusula especial ou ocorrência de mora (chamada cláusula penal moratória ou compulsória).

No primeiro caso, abre-se alternativa ao credor, que pode preferir cobrar o valor da cláusula penal (art. 410 do CC/02), deixando, então, de receber a prestação principal. No segundo, a parte está autorizada a exigir a satisfação da pena cominada, sem prejuízo do desempenho da obrigação principal, ou seja, há, aqui, hipótese de cumulação.

Em virtude de cada uma das espécies de cláusula penal funcionar como sanção decorrente de descumprimentos distintos (total e parcial), não pode o valor da pena moratória ser idêntico ao da cláusula penal indenizatória[333]. Aliás, caso fosse possível, as consequências decorrentes do mero atraso seriam mais severas do que as do total descumprimento. Isso porque, além do valor devido por força da cláusula penal moratória, teria o credor o direito, em tese, de exigir também a prestação devida.

Caso, então, se aplique o disposto no art. 419, segunda parte, do CC/02 sem qualquer possibilidade de mitigação, situação idêntica àquela que

[331] Vide também item 3.9.

[332] MARTINS-COSTA, Judith. In: TEIXEIRA, Sálvio de Figueiredo (Coord.). *Comentários ao novo Código Civil*: v. 5, t. 2: do inadimplemento das obrigações (Arts. 389 a 420). 2. ed. Rio de Janeiro: Forense, 2009, p. 757.

[333] COLMO, Alfredo (*De las obligaciones en general*. 3. ed. Buenos Aires: Guillermo Kraft, 1944, p. 138) afirma que "la pena por el retardo o la mora es siempre más limitada que la pena por el incumplimiento, por lo mismo que el prejuicio es mucho menor).

foi retratada no parágrafo anterior poderá ocorrer, o que evidencia um colapso na lógica seguida pelo Código. O moroso perderia o sinal e ficaria, ainda assim, obrigado a satisfazer a prestação.

É certo que, na maior parte dos casos, nenhum outro valor receberia o credor, pois dificilmente seria constatado prejuízo maior. Via de regra, quando são estipuladas as arras, as partes levam em conta o possível prejuízo que pode surgir com o inadimplemento absoluto, estipulando, por conseguinte, montante elevado.

Torna-se, portanto, imprescindível cogitar, quando se vislumbra apenas a ocorrência de mora, máxime nos casos em que se constata efetiva dificuldade no cumprimento, de redução do valor do sinal, para que não surja situação de considerável discrepância entre a falta cometida pela parte e a sanção correspondente.

3.6.8. Inadimplemento antecipado

Tanto o devedor como o credor precisam respeitar o prazo previsto em contrato, e, via de regra, enquanto não decorrido integralmente, não há que se falar em incumprimento. É possível, porém, que em algumas hipóteses se verifique aquilo que se convencionou chamar de inadimplemento antecipado[334].

Tal situação surge quando expressamente o devedor diz que não cumprirá a obrigação, sendo possível também, em alguns casos, verificar o incumprimento antes do termo final, quando o comportamento adotado por aquele que tem o dever de honrar determinada prestação é inequívoco de que isso não ocorrerá.

Em razão da ausência de previsão legal específica no ordenamento jurídico brasileiro, coube à jurisprudência e à doutrina a indicação dos requisitos necessários para que fique configurado o descumprimento antes do prazo. Em primeiro lugar, é imprescindível que se vislumbre grave violação aos termos do negócio jurídico. Além disso, é necessário que se constate que certamente não ocorrerá o adimplemento dentro do prazo previsto e que a omissão seja culposa[335].

[334] BECKER, Anelise. *Inadimplemento antecipado do contrato*. Revista de Direito do Consumidor, v. 12, p. 68, out.-dez. 1994

[335] Os três requisitos são apontados por MARTINS-COSTA, Judith (*A recepção do incumprimento antecipado no direito brasileiro*: configuração e limites. Revista dos Tribunais, v. 885, p. 34-35, jul. 2009).

Presentes esses três requisitos, tendo sido pactuadas as arras, caso o inadimplemento seja do dador, estará o recebedor autorizado a retê-las, podendo, ainda, caso demonstre prejuízo maior, cobrar indenização suplementar (art. 419 do CC/02). Por outro lado, se o incumprimento partir do recebedor, terá o outro contratante a faculdade de reaver de forma duplicada o sinal, sem prejuízo da cobrança de valor superior, caso prove a ocorrência de danos não cobertos.

Os autores costumam apresentar como exemplo de inadimplemento antecipado a situação em que, celebrado compromisso de compra e venda de imóvel, faltando menos de ano para que ocorra a entrega da unidade, a construtora não tenha ainda solicitado as licenças para iniciar as obras[336]. Em uma situação como a mencionada, não precisaria o promitente comprador aguardar o termo final, pois estaria autorizado a postular desde logo a extinção do contrato e a restituição dobrada do sinal.

É possível, também, que ocorra a situação inversa, em que o adquirente, antevendo que não terá condições de pagar o preço, mais especificamente as prestações nas datas de vencimento, declare expressamente que não cumprirá, o que configurará o inadimplemento antes do termo final. Numa situação dessa, a depender do momento em que foi manifestada a impossibilidade de cumprimento, seria possível cogitar da redução das arras, o que se faria com base na aplicação analógica do art. 413 do CC/02.

É certo que isso somente poderia ocorrer em casos excepcionais, sobretudo naqueles em que ficasse demonstrada a boa-fé do comprador, que, visando minimizar os prejuízos, se propusesse a comunicar, logo após constatada a incapacidade financeira em arcar com a compra, que não terá condições de adimplir, conduta que permitiria que o vendedor, em curto espaço de tempo, oferecesse o bem a outros interessados na aquisição.

Diante do que ficou exposto, percebe-se que o inadimplemento antecipado pode deixar transparecer tanto um comportamento probo como uma relutância injustificada em honrar a obrigação assumida. A solução a ser dada a cada caso não pode, por conseguinte, ser a mesma, e, havendo arras, será possível calibrar o valor da indenização devida. Ou seja, em algumas hipóteses se cogitará de perda integral (ou restituição dobrada) e em outras de redução parcial.

[336] TERRA, Aline de Miranda Valverde. *O chamado inadimplemento antecipado*. Revista de Direito Privado, v. 60, p. 141, out.- dez. 2014.

3.6.9. Retratação do desfazimento

A parte inocente, a teor do que estabelece o art. 418 do CC/02, pode, em caso de não cumprimento, postular a execução forçada ou optar pelo desfazimento do negócio jurídico. Apesar de a liberdade não ser absoluta, dispõe a princípio o contratante das mencionadas opções.

Diante disso, é de se questionar se o inocente está autorizado a escolher uma das soluções e, na sequência, se retratar com o propósito de seguir o outro caminho. Mais especificamente, a dúvida que surge diz respeito à possibilidade de a parte considerar, em um primeiro momento, o negócio desfeito e, depois, pretender a execução.

Não há dúvida de que, se houver acordo, inexistirá espaço para questionamento. Com efeito, se, após a resolução do negócio, as partes convencionarem que ocorrerá o adimplemento, a questão não se coloca, certo que, dentro da autonomia privada, estão autorizados a tanto.

Entretanto, se o inocente exerce o seu direito ao desfazimento e depois postula a execução, é necessário verificar se tal comportamento é lícito. Parte da doutrina responde afirmativamente. É o caso, por exemplo, de Jorge Cesa Ferreira da Silva[337], que diz que não há previsão legal que vede tal prática, devendo, porém, ser analisada a situação concreta e aplicado o princípio da boa-fé objetiva.

É de se ter presente que a vedação ao comportamento contraditório tem por fim não causar prejuízo à parte que sofre as consequências da mudança de posicionamento. Assim, caso fique evidenciado que a execução é mais benéfica para aquele que não honrou o compromisso assumido nos termos contratados, não há motivo para impedir a retratação.

Há de se ponderar, contudo, que, embora muitas vezes a execução seja mais benéfica ao próprio devedor, a solução mencionada gera uma situação jurídica inusitada. Isso porque o negócio jurídico, com o exercício da opção de desfazimento, se extingue. Assim, a partir do momento em que há a retratação de tal escolha, ele renasce.

[337] SILVA, Jorge Cesa Ferreira da. Inadimplemento das obrigações: comentários aos arts. 389 a 420 do Código Civil: mora; perdas e danos; juros legais; cláusula penal; arras ou sinal. In: REALE, Miguel; MARTINS-COSTA, Judith. *Biblioteca de direito civil. Estudos em homenagem ao professor Miguel Reale.* São Paulo: RT, 2007, v. 7, p. 305.

3.7. As consequências decorrentes da aplicação das arras penitenciais

3.7.1. Natureza do arrependimento

Para que as arras figurem como penitenciais, tanto na vigência do Diploma revogado como sob a égide do Código de 2002, era e é preciso que sejam assim acordadas[338]. Feito isso, o arrependimento torna-se um direito a ser exercido por qualquer das partes[339].

A natureza jurídica do sinal penitencial é controvertida. Para alguns, trata-se de direito potestativo[340], para outros de direito formativo extintivo[341], e há quem diga que o seu exercício, com a perda ou devolução dobrada, configura espécie de indenização por ato lícito[342].

Mas é de se questionar a função propriamente ressarcitória[343], na medida em que, sendo algo lícito[344], talvez fosse o caso de se

[338] Conforme já visto, para alguns autores há necessidade de previsão expressa. Outros, porém, entendem que não é imprescindível menção específica, sendo possível chegar à conclusão de que o sinal é penitencial com a interpretação do negócio jurídico.

[339] RODRIGUÉZ, María Elvira Afonso (*Las arras en la contratación*. Barcelona: Bosch, 1995. p. 162) afirma que "la doctrina en general se refiere a las arras penitenciales como un medio para el lícito desistimiento del contrato".

[340] TEPEDINO, Gustavo e SCHREIBER, Anderson. In: AZEVEDO, Álvaro Villaça de. *Código Civil comentado:* direito das obrigações: artigos 233 a 420. São Paulo: Atlas, 2008, v. 4, p. 413.

[341] MIRANDA, Francisco Cavalcanti Pontes de. *Tratado de direito privado*: parte especial. 3. ed. Rio de Janeiro: Borsoi, 1971, v. 24, p. 179. No mesmo sentido, MARTINS-COSTA, Judith (In: TEIXEIRA, Sálvio de Figueiredo (Coord.). *Comentários ao novo Código Civil*: v. 5, t. 2: do inadimplemento das obrigações (Arts. 389 a 420). 2. ed. Rio de Janeiro: Forense, 2009, p. 767), que diz que "como é próprio dos direitos (poderes) formativos, à contraparte não corresponde propriamente um dever jurídico, mas verdadeiro *estado de sujeição*, restando o sujeito inelutavelmente exposto à produção dos efeitos extintivos".

[342] SILVA, Jorge Cesa Ferreira da. Inadimplemento das obrigações: comentários aos arts. 389 a 420 do Código Civil: mora; perdas e danos; juros legais; cláusula penal; arras ou sinal. In: REALE, Miguel; MARTINS-COSTA, Judith. *Biblioteca de direito civil. Estudos em homenagem ao professor Miguel Reale.* São Paulo: RT, 2007, v. 7, p. 312.

[343] MIRANDA, Francisco Cavalcanti Pontes de (*Tratado de direito privado*: parte especial. 3. ed. Rio de Janeiro: Borsoi, 1971, v. 24, p. 180-181) diz que "quem exerce direito de arrependimento ou perde as arras, se é o dador, ou as restitui em dobro, se foi quem as recebeu. Não há pensar-se em indenização".

[344] OLIVEIRA, Nuno Manuel Pinto (*Ensaio sobre o sinal.* Coimbra: Coimbra editora, 2008, p. 46) anota que "o uso do termo 'indemnização' é inexacto: o conceito de indemnização pressupõe a existência de danos ou de prejuízos, o conceito de sinal (penitencial), não – o

entender o sinal penitencial como uma contraprestação ao exercício do recesso[345].

Igualmente, sendo ato conforme ao direito, parece errado dizer que se está diante de uma multa ou pena[346], algo que traz a ideia de ilicitude. Não soa estranho, porém, falar resumidamente que o sinal penitencial configura o dinheiro do arrependimento[347].

De todo modo, seguida qualquer uma das teorias, o que se verifica na prática é a possibilidade de a parte se libertar da obrigação principal assumida arcando com a perda daquilo que deu ou obtendo a restituição dobrada do que recebeu. É ato a ser exercido unilateralmente, independentemente de motivo a ser declarado, e que, para produzir efeitos, precisa chegar ao conhecimento da outra parte[348].

A expressão arras penitenciais talvez não seja a que melhor retrate o instituto. Quando se fala em penitência, logo surge a ideia de uma pena a quem se arrependeu dos seus pecados. Entretanto, mais uma vez se diga, não se está aqui diante de sanção. Aliás, é possível crer que alguns autores tenham sustentado a tese de que se trata de uma pena justamente porque o *nomen juris* leva ao equívoco[349].

devedor dispõe da faculdade de se desvincular, perdendo o sinal ou restituindo-o em dobro, independentemente da existência ou inexistência de danos".

345 RODRIGUÉZ, María Elvira Afonso. *Las arras en la contratación.* Barcelona: Bosch, 1995, p. 163.

346 MARTINS-COSTA, Judith (In: TEIXEIRA, Sálvio de Figueiredo (Coord.). *Comentários ao novo Código Civil*: v. 5, t. 2: do inadimplemento das obrigações (Arts. 389 a 420). 2. ed. Rio de Janeiro: Forense, 2009, p. 755) sustenta opinião contrária, na medida em que diz que "nas arras penitenciais, há também pena".

347 CÁNOVAS, Diego Espín. *Manual de derecho civil español*: v. 3: obligaciones y contratos. Madrid: Reus, 1954, p. 309.

348 GASTALDI, José María e CENTANARO, Esteban. *La seña.* Buenos Aires: Abeledo-Perrot, 1997, p. 110.

349 Nas palavras de VARELA, João de Matos Antunes (*Das obrigações em geral.* 10. ed. Coimbra: Almedina, 2000, v. 1, p. 312) "chama-se-lhe sinal *penitencial,* como para significar que o *sinal* representa neste caso a penitência ou o castigo do *arrependimento* do faltoso". E tanto a expressão leva a equívocos, que o mesmo autor, agora se manifestando de forma bastante precisa (VARELA, João de Matos Antunes. *Das obrigações em geral.* 7. ed. Coimbra: Almedina, 1997, v. 2, p. 141), diz que "se é *penitencial,* o sinal deve considerar-se perdido pelo autor, sempre que ele deixe de cumprir, não porque haja um facto *ilícito* da sua parte (uma violação da relação contratual), mas como um *custo* convencional do direito que ele exerceu".

Há de se convir, porém, que o termo penitencial se consolidou, não só aqui como em diversos outros países, e há séculos. Assim, e à míngua de outra expressão mais específica, resta aceitá-la. Ademais, ao menos ninguém dúvida que, quando se fala em penitência, se está a se referir ao arrependimento.

3.7.2. Forma do arrependimento

Não há uma forma específica para que seja exercido o arrependimento. Ou seja, a parte é livre para escolher como fará atuar o seu desejo de não prosseguir no contrato. Pode, então, se manifestar por escrito, inexistindo óbice para que a desistência se dê também pela prática de ato que revele a intenção.

Entretanto, a desistência deve ser manifestada de forma clara, pois os negócios são celebrados para que sejam cumpridos. O desfazimento, consequentemente, precisa ser visto sempre como exceção, mesmo quando tenha sido estipulado o sinal penitencial[350].

Não se tratando de distrato, não se aplica a regra inserta no art. 472 do CC/02 que dispõe que o distrato far-se-á pela forma exigida pelo contrato. De todo modo, nada impede que as partes, ao estipularem as arras, prevejam como será exercido o direito ao arrependimento.

É importante perceber que, a depender de quem utiliza a faculdade, a manifestação dar-se-á de maneira diferente. Com efeito, se quem desiste é o dador, basta que comunique ao recebedor o seu desejo. Este, porém, além do dever de informar, precisa adotar outra providência, qual seja, a de restituição dobrada do sinal.

Se o sinal é espécie de contrato real, formando-se apenas com a entrega da coisa ou do dinheiro, parece natural que a desistência por parte do recebedor somente se efetive no momento em que ele devolve aquilo que recebeu, mais o equivalente.

Em outras palavras, enquanto não for realizada a restituição dobrada, a desistência não pode ser tida como aperfeiçoada[351]. Não basta, portanto, deixar à disposição do dador a coisa e o seu equivalente. É preciso que

[350] GASTALDI, José María e CENTANARO, Esteban. *La seña*. Buenos Aires: Abeledo-Perrot, 1997, p. 112.

[351] OLIVEIRA, Nuno Manuel Pinto. *Ensaio sobre o sinal*. Coimbra: Coimbra editora, 2008, p. 47.

ocorra a efetiva entrega. Se há recusa no recebimento, tem cabimento a consignação[352].

O arrependimento, para alguns autores, é irrevogável[353]. Vale dizer, manifestado o interesse em não prosseguir, não pode a parte se retratar da desistência. Seria possível, porém, pretender a aplicação analógica da regra constante do art. 428, IV, do CC/02. Em outras palavras, ficaria sem efeito a renúncia se, antes ou simultaneamente, chegasse ao conhecimento da outra parte a retratação.

3.7.3. Arrependimento tácito

Não sendo exigida forma específica para exercício do direito de recesso, surge como decorrência lógica a ideia de que a desistência pode se manifestar de maneira tácita, ou seja, sem necessidade de a parte expressamente dizer que não tem interesse em prosseguir no negócio jurídico.

Esta questão, porém, precisa ser vista com cuidado. Realmente, celebrado um contrato e estipulado o sinal penitencial, nem sempre o não cumprimento da obrigação no prazo devido configura desistência.

Figurando o recesso como uma faculdade a ser exercida pela parte, não pode a outra, imediatamente após alcançado o termo final, ter por desfeito o negócio jurídico, tomando para si a coisa ou o dinheiro dado a título de arras. Na verdade, se isso ocorresse, uma parte estaria agindo em nome da outra, o que não pode ser aceito.

Há, portanto, que se distinguir o não cumprimento da desistência tácita. No primeiro caso, o devedor não cumpre e não desiste, ao passo que no segundo ele desiste, se bem que adotando comportamentos concludentes, que revelam qual a sua intenção.

A semelhança está no fato de que, em ambas as hipóteses, o credor não é comunicado expressamente. No entanto, no arrependimento, por se tratar de ato receptivo, a parte tem de ser cientificada. A diferença, por outro lado, está em que a desistência é lícita, e a inércia ilícita.

352 GASTALDI, José María e CENTANARO, Esteban (*La seña*. Buenos Aires: Abeledo-Perrot, 1997, p. 112-113) dizem que, embora a consignação judicial seja o meio mais conveniente, é possível que a restituição se dê de outra maneira, por exemplo, através de depósito em conta bancária ou com a entrega em mãos de terceiro que representa o dador.

353 OLIVEIRA, Nuno Manuel Pinto. *Ensaio sobre o sinal*. Coimbra: Coimbra editora, 2008, p. 47.

Apesar de as situações serem diferentes, há na doutrina quem prefira equipará-las dizendo que a rebeldia ao cumprimento configura opção pela desistência[354]. Adotada esta concepção, aquilo que é contrário ao direito deixa de sê-lo.

Outra corrente de pensamento entende por bem isolar as situações, conferindo a cada qual uma consequência específica. Com o arrependimento, a parte se desvincula, deixando de ter de cumprir a prestação outrora assumida. Por outro lado, aquele que simplesmente não cumpre continua vinculado[355] e se responsabiliza por conta de sua omissão.

Quem não atua e nada diz permanece inerte, e tal comportamento não pode ser visto como manifestação tácita de desistência. É, no que aqui interessa, uma conduta ilícita, pois cabe à parte adotar uma de duas opções: cumprir ou desistir. Se se interpreta a inércia como desistência tácita, torna-se legal algo ilegal[356].

Prosseguindo, anote-se que, se a parte recebeu o sinal e não exerceu qualquer das opções que estavam à sua disposição, passando então a se comportar como se fosse dono da coisa ou do dinheiro que lhe foi entregue, pratica, ao menos em tese, crime patrimonial.

Deveras, lhe compete, na hipótese de desistência, providenciar a restituição mais o equivalente, e caso cumpra, computar o numerário ou a coisa no preço ou devolver, em não sendo possível, por ser diverso o objeto da prestação.

Não seguida qualquer dessas orientações, a parte, ao inverter a natureza da posse que exercia sobre o bem, passando a se comportar como proprietário, incide na infração penal prevista no art. 168, *caput*, do Código Penal, vale dizer, comete o crime de apropriação indébita[357].

[354] RODRIGUÉZ, María Elvira Afonso (*Las arras en la contratación*. Barcelona: Bosch, 1995. p. 258) diz que "una voluntad manifiestamente rebelde al cumplimiento es precisamente la de hacer uso de la opción incumplimiento que se han reservado los contratantes con la mediación del pacto arral".

[355] OLIVEIRA, Nuno Manuel Pinto. *Ensaio sobre o sinal*. Coimbra: Coimbra editora, 2008, p. 50.

[356] OLIVEIRA, Nuno Manuel Pinto. *Ensaio sobre o sinal*. Coimbra: Coimbra editora, 2008, p. 50.

[357] GIL, Félix Hernández. *Las arras en el derecho de la contratación* (en torno al artículo 1454 del Código Civil). Salamanca: Universidad de Salamanca, 1958, p. 74.

Relevante, ainda neste tópico, fazer referência ao silêncio. O art. 111 do CC/02[358] dispõe que, quando as circunstâncias ou os usos autorizarem, não havendo necessidade de declaração expressa, o silêncio importa anuência.

Bem se vê, pela própria redação do dispositivo, que não há como o direito ao arrependimento ser exercitado pelo silêncio. Tendo sido estipulado o sinal penitencial, a parte pode desistir, e o fará expressa ou tacitamente, nunca porém pelo silêncio, pois este configura ato omissivo, e, conforme anotado, aquele que nada faz (ou nada diz) pratica ato ilícito.

Inexiste oposição entre expresso e tácito. Em ambos há manifestação, e por isso a desistência, por qualquer dos mencionados meios, é legal. O silêncio configura omissão. Logo, não há como se arrepender pelo silêncio.

3.7.4. Prazo para arrependimento

As arras penitenciais permitem que a parte desista de prosseguir no negócio jurídico, perdendo aquele que as deu ou restituindo em dobro aquele que as recebeu. É necessário, então, verificar em que momento pode ser exercido o direito ao recesso.

O art. 1.095 do CC/16 nada dispunha a respeito, e, surgida a nova legislação (art. 420 do CC/02), mais uma vez esta questão foi deixada de lado[359]. Assim, resta analisar se existe ou não um termo final para que ocorra a desistência, parecendo óbvio que, depois de ter sido a obrigação integralmente adimplida, não há mais espaço para tanto.

Também é evidente que, se as partes estipularam um prazo para que ocorra a desistência, alcançado o termo final, não há mais como cogitar de uma atuação lícita daquele que intempestivamente agiu no sentido de não cumprir a prestação pactuada[360].

[358] Art. 111. O silêncio importa anuência, quando as circunstâncias ou os usos o autorizarem, e não for necessária a declaração de vontade expressa.

[359] GASTALDI, José María e CENTANARO, Esteban (*La seña*. Buenos Aires: Abeledo-Perrot, 1997, p. 117) dizem que "en la legislación comparada, los códigos civiles de Colombia (art. 1868), Chile (1804) y Ecuador (1770), establecen, ante ausencia de convención, un plazo de caducidad del derecho de arrepentimiento de dos meses desde que se entregó la seña".

[360] MIRANDA, Francisco Cavalcanti Pontes de (*Tratado de direito privado*: parte especial. 3. ed. Rio de Janeiro: Borsoi, 1971, v. 24, p. 179) sustenta que, se não foi estabelecido prazo para arrependimento, compete ao juiz marcar um.

Prevalece na doutrina a tese de que, a partir do momento em que a parte dá início à execução da prestação, faz uma opção, qual seja, a de não desistir do negócio[361]. Consequentemente, não podendo adotar comportamentos antagônicos, fica vedada a possibilidade de exercício do direito de recesso[362].

Os autores que seguem essa corrente costumam fazer menção ao art. 1.373 do Código Civil italiano, que traça como regra geral para que ocorra a desistência o começo da execução da prestação[363]. É certo também que, a partir do momento em que a parte exige o cumprimento, não mais pode desistir, pois tal comportamento violaria a boa-fé[364].

Convém mencionar, ainda que de passagem, o posicionamento de José M. Gastaldi e Estaven Centanaro[365]. Tais autores afirmam que o arrependimento guarda ligação direta com a mora, ou seja, para que possa exercer a faculdade a parte não deve ter deixado transcorrer o prazo para cumprimento. A saber: constando do negócio jurídico o termo final para que a prestação seja cumprida, até lá pode ocorrer a desistência. Extinto o prazo, não mais é possível, devendo ser honrada a obrigação.

361 RODRIGUÉZ, María Elvira Afonso. *Las arras en la contratación*. Barcelona: Bosch, 1995, p. 264. No mesmo sentido, BAUDRY-LACANTINERIE, G. e SAIGNAT, Léo. *Traité théorique et pratique de droit civil*: de la vente et de l'échange. 2. ed. Paris: L. Larose & Forcel: 1900, p. 55 e GONÇALVES, Luiz da Cunha. *Tratado de direito civil*: em comentário ao Código Civil português. Anotado por José Geraldo Rodrigues de Alckmin. São Paulo: Max Limonad, 1955, v. 8, t. 2, p. 531.

362 GIL, Félix Hernández. *Las arras en el derecho de la contratación* (en torno al artículo 1454 del Código Civil). Salamanca: Universidad de Salamanca, 1958, p. 74.

363 SILVA, Jorge Cesa Ferreira da. Inadimplemento das obrigações: comentários aos arts. 389 a 420 do Código Civil: mora; perdas e danos; juros legais; cláusula penal; arras ou sinal. In: REALE, Miguel; MARTINS-COSTA, Judith. *Biblioteca de direito civil. Estudos em homenagem ao professor Miguel Reale*. São Paulo: RT, 2007, v. 7, p. 313-314.

364 MARTINS-COSTA, Judith. In: TEIXEIRA, Sálvio de Figueiredo (Coord.). *Comentários ao novo Código Civil*: v. 5, t. 2: do inadimplemento das obrigações (Arts. 389 a 420). 2. ed. Rio de Janeiro: Forense, 2009, p. 774. Igual posição é defendida por MIRANDA, Francisco Cavalcanti Pontes de (*Tratado de direito privado*: parte especial. 3. ed. Rio de Janeiro: Borsoi, 1971, v. 24, p. 180), que diz que "o direito de arrependimento do interessado que pediu o cumprimento já precluíra com o pedido mesmo. Também preclui o direito de arrependimento de quem iniciou o cumprimento (não bastam porém simples atos de aprontamento do cumprimento), ou exigiu do credor a prática de ato, positivo ou negativo, necessário ao adimplemento".

365 GASTALDI, José María e CENTANARO, Esteban. *La seña*. Buenos Aires: Abeledo-Perrot, 1997, p. 118-119.

Haveria, ainda, de se cogitar da renúncia ao direito de arrependimento. É lícito que a parte expressamente abra mão de tal faculdade. Pode também se vislumbrar caso de renúncia tácita, o que se dá quando é adotado comportamento incompatível com o exercício do recesso, por exemplo, dando a parte início ao cumprimento da prestação.

3.7.5. Mora

Já ficou consignado que a inércia da parte não configura desistência tática. Não fosse assim, praticamente não se cogitaria da possibilidade de ocorrência da mora, máxime se a não atuação partisse daquele que deu o sinal.

Afastada, portanto, a concepção de que o silêncio configura exercício do direito de recesso, cabe verificar as consequências da mora em negócio jurídico em que foram estabelecidas as arras penitenciais.

Tal como no sinal confirmatório, a legislação é silente. Veja-se que o art. 1.095 do CC/16 não tratava dessa hipótese. Igualmente, o art. 420 do CC/02 é omisso. Aplica-se, portanto, a regra prevista no art. 395 do CC/02, ou seja, responde aquele que não cumpriu nem manifestou interesse em desistir pelos prejuízos a que sua mora der causa.

Com efeito, o art. 420 do CC/02 trata apenas de situações que configuram comportamentos lícitos: o adimplemento e a desistência. Nos dois casos, a parte precisa agir, isto é, tem que praticar um ato comissivo.

Quando há silêncio, pode ocorrer mora ou inadimplemento. Ambas configuram ilícito. A parte não cumpre porque não quer cumprir ou não desiste porque não quer desistir. Sendo útil a prestação, há mora. Sendo inútil, há inadimplemento.

Em suma, se houve atraso, a parte responde pelos prejuízos que sua omissão causou, não abalando a figura das arras[366]. Deve, então, a outra parte instar o silente a dizer se desiste ou executa, concedendo-lhe prazo suplementar; adotado qualquer dos dois comportamentos, aplica-se a solução prevista legalmente.

[366] D'AVANZO, Walter (Caparra. In: AZARA, Antonio; EULA, Ernesto (Dir.). *Novissimo Digesto Italiano.* Torino: UTET, 1957, v. 2, p. 895) diz que "il solo ritardo nell'esecuzione della prestazione non rileva affatto sulla caparra".

3.7.6. Inadimplemento

A estipulação de arras penitenciais, como visto no item anterior, não impede a ocorrência de mora e, pela mesma razão, o inadimplemento. Simplesmente funciona para autorizar que qualquer das partes desista de prosseguir no negócio jurídico. Por conta disso, é possível que, mesmo dispondo de tal faculdade, o figurante viole qualquer das previsões estipuladas.

Em tais circunstâncias, a situação que mais chama a atenção é aquela em que o dador das arras é o responsável pela violação que configura o inadimplemento. Exemplificando, tal situação ocorreria quando, numa compra e venda, o adquirente entregasse o sinal e, após dar início à execução, deixaria, depois de algum tempo, de pagar as prestações devidas.

Não haveria desistência, pois o termo final teria sido alcançado quando do início da execução[367]. Como decorrência lógica, não estaria, em tese, o alienante autorizado a se apropriar do sinal, concluindo que o negócio jurídico foi resolvido por desistência.

Mais uma vez se diga que o art. 420 do CC/02, de forma semelhante ao que dispunha o art. 1.095 do CC/16, não tratou da prática de ato ilícito, como é o caso do inadimplemento. Limitou-se a prever a possibilidade de arrependimento.

As arras penitenciais, diferentemente das confirmatórias, não têm por finalidade ressarcir o dano decorrente do descumprimento do pacto celebrado, funcionando precipuamente como instrumento para permitir o exercício do recesso[368].

Portanto, soa estranho, ao menos em princípio, dizer que, inadimplido o negócio jurídico celebrado com sinal penitencial, tenha a parte inocente direito de não restitui-lo ou exigi-lo de forma duplicada, pois isso alteraria a natureza jurídico do instituto, que passaria a figurar como prévia estipulação das perdas e danos.

Por outro lado, não deixaria de surgir uma situação um tanto estranha, certo que, descumprindo a sua obrigação, o dador das arras teria direito à restituição, o que redundaria na necessidade de a contraparte, ao reclamar

[367] Vide item 3.6.4.

[368] RODRIGUÉZ, María Elvira Afonso. *Las arras en la contratación*. Barcelona: Bosch, 1995, p. 163.

o pagamento de indenização (o que ocorreria em momento posterior), ter de provar a existência do dano e sua extensão.

Em outros termos, primeiro o inocente devolveria o sinal e somente depois de demonstrar o prejuízo experimentado é que poderia receber a indenização por perdas e danos, não funcionando as arras como taxa mínima.

Aplicar-se-ia, nesta hipótese, tal como na ocorrência de mora, a regra contida no art. 389 do CC/02. Isto é, diante da ausência de previsão no negócio jurídico, a violação da obrigação assumida impossibilitaria o ressarcimento sem prévia demonstração da ocorrência do prejuízo.

Entendendo descabida a solução apresentada, María Elvira Afonso Rodríguez[369] sustenta que a partir do momento em que são estabelecidas as arras penitenciais, a ideia de descumprimento da obrigação perde vigor e significado, pois tanto em tal hipótese como na outra, qual seja, de exercício regular do recesso, a solução seria a mesma.

Ocorre que, adotado este posicionamento, duas situações distintas acabam sendo equiparadas. O que é ilícito torna-se lícito, e daí surge a dificuldade em se aceitar a tese defendida pela autora espanhola, muito embora não se possa negar que parece justa, ao menos do ponto de vista do recebedor inocente[370].

Como desdobramento da aplicação da teoria mencionada, sem que exista previsão legal (ou contratual), as arras, que incialmente eram penitenciais, passam a ser, simplesmente por conta do inadimplemento, confirmatórias.

Não parece haver óbice para que se consiga dar solução ao caso apresentado sem que se utilize da manobra jurídica mencionada. Basta que se aceite a cumulação de arras confirmatórias com arras penitenciais[371]. Havendo previsão neste sentido, caso ocorra inadimplemento, o valor ou bem dado a título de sinal servirá para indenizar a parte inocente.

[369] RODRIGUÉZ, María Elvira Afonso. *Las arras en la contratación*. Barcelona: Bosch, 1995, p. 164.

[370] Para que fosse aceita a teoria mencionada, uma solução seria entender, na esteira do que defende PEREIRA, Caio Mário da Silva (*Instituições de direito civil*: v. 3: fonte das obrigações. 9. ed. Rio de Janeiro: Forense, 1992, p. 69), que a retratação pudesse se dar "até a execução cabal da obrigação".

[371] Pelas mesmas razões apresentadas, nada impede que as partes prevejam num contrato arras penitenciais e cláusula penal.

Os contratantes estariam autorizados a se arrepender, e caso fosse essa a opção de qualquer deles, tendo sido observados os ditames do negócio jurídico, as arras funcionariam como o preço da desistência. Na hipótese, porém, de não se vislumbrar desistência lícita, o sinal, por conta da inexecução, ressarciria a parte prejudicada, a teor do que estabelece o art. 418 do CC/02.

Não havendo, porém, previsão em tal sentido, uma solução a ser dada seria permitir que o recebedor inocente retivesse o sinal dado até que fosse indenizado do prejuízo experimentado por conta do inadimplemento da contraparte. Tal solução encontra amparo no art. 644 do CC/02 e é aceita por parte da doutrina[372].

A outra solução, que parece mais simples, consiste em considerar que, desde o momento em que foram dadas as arras penitenciais, o recebedor, em razão da possibilidade de o dador se arrepender, delas desde logo se tornou dono. Portanto, mesmo que não seja exercida a faculdade, em se vislumbrando inexecução, não teria obrigação de as restituir. O prejuízo eventualmente excedente seria cobrado com base no art. 389 do CC/02.

3.7.6.1. Inadimplemento antecipado

Já foram vistas as consequências geradas pela incidência das arras confirmatórias quando ocorre inadimplemento antecipado[373]. Caso, porém, se trate de sinal penitencial, as soluções que precisam ser dadas são diversas, justamente porque referida ferramenta jurídica permite que, antes de alcançado o termo final, qualquer das partes se valha do direito ao recesso. Em outras palavras, fica autoriza a desistência, e por conta disso, vislumbrando que não terá condições de cumprir a prestação, o devedor pode se utilizar do sinal (perda ou restituição dobrada), de modo a impedir a ocorrência de inadimplemento.

No tópico anterior, ficou consignado que a dação de sinal penitencial não impede o incumprimento. Não há dúvida, porém, que por estar qualquer das partes autorizada a licitamente desistir, faculdade que pode ser exercida até o momento anterior ao da execução (ou até que ocorra

372 TRIMARCHI, Michele. Caparra. Diritto civile. In: Enciclopedia del diritto. Milano: Giuffrè, 1960, v. 6, p. 203.

373 Vide item 3.6.8.

o termo final), mais difícil ser torna a ocorrência do descumprimento antecipado.

Poderia, porém, ser questionada a faculdade irrestrita de o contratante se valer integralmente do prazo, pois, em algumas hipóteses, evidenciar-se-ia abuso de direito. É o que ocorre, por exemplo, no caso em que, dispondo de três anos para entregar um imóvel (e não havendo no contrato previsão do dever de concluir etapas ao longo do período), o vendedor se quede inerte até data próxima ao termo final, quando, então, opta pelo recesso.

Numa situação como essa, percebendo a demora na construção, talvez fosse possível cogitar da viabilidade de o outro contratante interpelá-lo, instando-o a se posicionar e cobrando também informações sobre os planos que teria para, em reduzido intervalo de tempo, conseguir concluir a obra. A depender da resposta (ou de sua ausência), se vislumbraria a ocorrência ou não de inadimplemento antecipado.

Não parece possível permitir que uma parte, em nome da outra, dê por extinto, com base na desistência, o negócio jurídico. A faculdade criada pelo sinal penitencial, apesar de ser via de mão dupla, permitindo que qualquer dos contratantes se retrate, não possibilita que um desista pelo outro, pois o exercício desse direito acarreta ônus (perda ou restituição dobrada).

Cabe relembrar que a desistência pode ser tácita[374], mas sempre pressuporá comportamento ativo. A omissão, por sua vez, não pode ser interpretada como exercício do direito ao recesso. Portanto, se a parte deixar transcorrer considerável lapso temporal, ainda que não tenha sido alcançado o termo final, poderá haver inadimplemento, que no caso se dará de forma antecipada.

3.7.7. Pluralidade de partes e arrependimento

Nada impede que, em um contrato, mais de uma pessoa figure num dos polos da relação jurídica. É o que ocorre, por exemplo, quando os dois coproprietários de um bem alienam-no a alguém. Estipulado o sinal penitencial, importa saber se a desistência pode ser manifestada por apenas um dos vendedores ou se há a necessidade de concordância de ambos com o recesso.

[374] Vide item 3.7.3.

Se há previsão contratual permitindo que o direito seja exercido por qualquer deles, a dúvida não se coloca. Tratando-se de matéria dispositiva, podem as partes acordar da forma que melhor lhes aprouver.

Entretanto, no silêncio do negócio jurídico, a questão se torna mais difícil. José M. Gastaldi e Esteban Centanaro[375] defendem a tese de que precisa haver unanimidade, e para justificar a posição adotada afirmam que o sinal tem a mesma natureza jurídica da cláusula de arrependimento e da retrovenda. Assim, seria aplicável por analogia o disposto no art. 1.387 do Código Civil argentino revogado, que dispunha que, se houvesse dois ou mais vendedores, a faculdade somente poderia ser exercida em havendo unanimidade.

Caso fosse adotada a mesma sistemática no direito brasileiro, aplicável seria a regra do art. 508 do CC/02, que estabelece que, se houver pluralidade de pessoas e só uma pretender exercer o direito, pode o comprador intimar as outras para nele acordarem, prevalecendo o pacto em favor de quem haja efetuado o depósito, contanto que seja integral.

Neste sentido, no regime jurídico hoje em vigor, prevalece a vontade daquele que demonstrou interesse em readquirir o bem. Consequentemente, fosse aplicada para a hipótese de sinal penitencial, prevaleceria a vontade daquele que quis desistir.

Contudo, não parece haver, na verdade, necessidade de recorrer a outros institutos, com regramento específico, para resolver a questão aqui exposta. A solução apresentada pelos autores argentinos citados parece certa, mas, para chegar a ela, não é necessário fazer toda a manobra apresentada.

Os negócios jurídicos são celebrados, via de regra, para que sejam cumpridos[376]. Ninguém contrata já com a clara intenção de desistir. Portanto, figurando o recesso como exceção, na hipótese de mais de uma pessoa integrar um dos polos da relação, para que haja desistência, torna-se necessária a comunhão de vontades. Vale dizer, precisa haver unanimidade.

375 GASTALDI, José María e CENTANARO, Esteban. *La seña*. Buenos Aires: Abeledo-Perrot, 1997, p. 121-122.

376 COLMO, Alfredo (*De las obligaciones en general*. 3. ed. Buenos Aires: Guillermo Kraft, 1944, p. 143) diz, a respeito do tema, defender dois principios, quais sejam, “de que los contratos se hacen para cumplirse y de que lo resolutorio es excepcional”.

3.7.8. Pormenores do direito de arrependimento

Exercido o direito ao arrependimento, não se vislumbra a ocorrência de distrato[377]. Não é raro, porém, encontrar quem sustente que as arras penitenciais são estipuladas para permitir que qualquer das partes se desfaça do negócio jurídico[378]. Haveria, então, para os que assim enxergam, um corte na eficácia do negócio jurídico[379].

Outra corrente, que segue rumo parecido, afirma que as partes disporiam de um poder formativo extintivo para revogar o acordo[380]. Ou seja, segundo os adeptos desta concepção, a faculdade criada pelas arras penitenciais, em sendo exercida, redundaria na extinção do negócio jurídico. Consequentemente, aquilo que seria cumprido, embora figurasse como obrigação, deixaria de sê-lo de maneira lícita, impedindo que a contraparte exija a prestação.

Na verdade, previsto o sinal penitencial, o credor pode reclamar o cumprimento – e só ele. O devedor, no entanto, dispõe de duas saídas, a saber, o cumprimento da prestação, tal como prevista no negócio jurídico, ou a desistência[381]. Optando por esta última, não tem mais como a contraparte pretender o recebimento da prestação (principal).

Vale dizer, o poder de exigência que o credor dispõe é limitado em comparação ao direito do devedor. Aquele pode apenas postular o cumprimento da obrigação assumida pelo outro figurante. Este, no entanto, não precisa obedecer exatamente aquilo que foi pedido, pois lhe é facultado desistir, e feito isso, arcando com a perda ou a devolução dobrada das arras, o outro contratante não tem do que se insurgir.

O vínculo, com o sinal penitencial, fica enfraquecido, e como consequência abre-se a via da substituição. A parte honra aquilo a que se comprometeu a título de obrigação principal, ou, se preferir, em razão

[377] Vide item 3.6.2.

[378] GOMES, Orlando. *Contratos.* 8. ed. Rio de Janeiro: Forense, 1981, p. 113.

[379] MIRANDA, Francisco Cavalcanti Pontes de (*Tratado de direito privado*: parte especial. 3. ed. Rio de Janeiro: Borsoi, 1971, v. 24, p. 169) faz menção a esta teoria, mas não parece possível concluir que ele a adote.

[380] MARTINS-COSTA, Judith (In: TEIXEIRA, Sálvio de Figueiredo (Coord.). *Comentários ao novo Código Civil*: v. 5, t. 2: do inadimplemento das obrigações (Arts. 389 a 420). 2. ed. Rio de Janeiro: Forense, 2009, p. 768) afirma que o sinal penitencial "atribui aos figurantes o poder formativo extintivo de revogar o acordo, se um dos contratantes o quiser".

[381] OLIVEIRA, Nuno Manuel Pinto. *Ensaio sobre o sinal.* Coimbra: Coimbra editora, 2008, p. 59.

de dispor de um poder discricionário, arca com a perda do sinal ou a sua restituição duplicada.

Não há, porém, alternativa lícita, o que equivale a dizer que não está o devedor autorizado a, por exemplo, numa compra e venda, entregar bem diverso daquele a que se comprometeu, ainda que mais valioso (art. 313 do CC/02).

Outra corrente de pensamento entende que, por haver alternativa entre cumprir a prestação ou suportar a perda ou restituição dobrada do sinal, não existiria exatamente direito de revogação, senão faculdade de substituição.

Consequentemente, adotada referida concepção, o negócio jurídico não deixaria de existir, de sorte que não se poderia falar em resolução. A substituição pressuporia justamente o contrário, ou seja, partiria da ideia de que o negócio vale[382].

O devedor, portanto, que escolhesse um ou outro caminho, já que disporia destas alternativas, não concorreria, em qualquer dos casos, para que o vínculo jurídico se extinguisse. Simplesmente optaria, e com base no próprio título teria a seu dispor a prestação ou a perda ou a restituição duplicada do sinal.

3.7.9. Não exercício do direito de arrependimento

Embora se trate de algo intuitivo, é importante deixar claro que, pactuado o sinal penitencial, qualquer das partes pode exercer o direito ao arrependimento. Em outros termos, não se cogita de um dever, senão apenas de uma faculdade. Logo, é necessário verificar o que ocorre quando não há desistência.

Se a parte dispõe de prazo para se arrepender[383], até que este seja superado, não há como considerar que as arras dadas pelo devedor sejam começo de pagamento da prestação pactuada. Mais do que isso, até que ocorra a completa execução, não se pode computar no preço o valor ou bem dado a título de sinal.

[382] OLIVEIRA, Nuno Manuel Pinto (*Ensaio sobre o sinal.* Coimbra: Coimbra editora, 2008, p. 61) diz que "o devedor exerce um direito de revogação ou resolução para fazer com que o contrato *deixe de valer*, tornando-se *ineficaz*; o devedor exerce um direito de substituição, *para fazer com que o contrato valha*, pressupondo-o *eficaz*".

[383] Vide item 3.6.4.

Neste ponto, a propósito, o tratamento a ser dado às duas espécies de arras é semelhante, embora o Código somente em relação às confirmatórias seja expresso. Realmente, no art. 417 consta que o bem ou valor entregue a título de sinal, se houver identidade quanto ao objeto da prestação, será computado no preço em caso de execução. Diga-se, execução completa.

Isso porque, em se verificando inadimplemento, algo que pode surgir a qualquer momento até a execução integral do negócio jurídico, o sinal confirmatório tem por função garantir indenização mínima em favor da parte inocente.

A propósito, é bom que se diga que, também nos casos em que se pactuou arras penitenciais, pode ocorrer inadimplemento, o que se dá, por exemplo, quando, superado o prazo para o exercício do recesso, o devedor cumpre apenas parcialmente a prestação devida, ou seja, culposamente não a executa de forma completa.

Caso, porém, não se insinue o inadimplemento, o sinal dado, confirmatório ou penitencial, será, ao final, computado no preço, ou restituído, o que se cogita na hipótese de ausência de semelhança com prestação devida[384].

Não se deve, porém, confundir arras com antecipação do preço — instrumentos jurídicos distintos. Realmente, não tendo sido pactuada a dação de sinal, o valor entregue antecipadamente não funciona como indenização mínima em caso de inadimplemento, tampouco permite que qualquer das partes se retrate, desistindo de prosseguir no negócio jurídico.

O fato de, ao final da execução, ser computado no preço, quando possível, aquilo que foi recebido como sinal não configura uma característica que diga respeito apenas ao mencionado instituto. A sua finalidade consiste em evitar a prática de atos inúteis e coibir o enriquecimento ilícito[385].

[384] MIRANDA, Francisco Cavalcanti Pontes de (*Tratado de direito privado*: parte especial. 3. ed. Rio de Janeiro: Borsoi, 1971, v. 24, p. 175), ao tratar do assunto, manifesta-se da seguinte forma: "Pergunta-se: ¿é possível pactar-se que as arras dão o direito de arrependimento, mas, se o titular de tal direito não o exercer e se tiver de adimplir o contrato, se imputarão no pagamento? A resposta seria negativa, se o problema fosse de verificação lógica de compatibilidade entre a penitencialidade e a imputação no pagamento; mas o problema é apenas de admissão de alternativa: *ou* função penitencial *ou* função de paga, - e a resposta é afirmativa".

[385] RODRIGUÉZ, María Elvira Afonso (*Las arras en la contratación*. Barcelona: Bosch, 1995. p. 272) discorda da tese segundo a qual uma das notas das arras é servir como princípio de

Numa compra e venda, por exemplo, tendo ocorrido a entrega de 10% do preço total a título de arras, ao efetuar o pagamento de 90%, isto é, do restante, terá o adquirente direito de ver imputado no pagamento o sinal dado.

Caso, porém, o bem dado não tenha como ser imputado no preço, compete ao recebedor providenciar a restituição, pois, do contrário, experimentará um acréscimo patrimonial indevido[386].

3.8. A boa-fé e as arras

O Código de 2002, na opinião de Miguel Reale[387], foi elaborado com base em três princípios, quais sejam, eticidade, socialidade e operabilidade. Assim, passou a ser fundamental tanto na celebração como na execução dos negócios jurídico a obediência à probidade e à boa-fé.

Se antes, na vigência do Diploma revogado, já não seria aceita a previsão de cláusula que contrariasse a ordem pública e os bons costumes (art. 17), com o surgimento da nova legislação a regra foi aprimorada, tornando-se mais clara e precisa.

O art. 187 do CC/02 estabelece, a propósito, que pratica ato ilícito o titular de um direito que, ao exercê-lo, excede manifestamente os limites impostos pelo seu fim econômico ou social, pela boa-fé e pelos bons costumes.

Como visto, nas arras confirmatórias, a não execução permite que a parte inocente escolha entre o desfazimento do negócio jurídico ou a sua execução forçada (art. 418). Fosse lido o referido dispositivo de forma isolada, seria possível concluir que é de livre opção uma ou outra saída, pouco importando se alguma delas não se mostrasse razoável.

pagamento. Segundo a autora, a imputação ao pagamento representa apenas uma consequência de ordem prática.

386 SILVA, João Calvão da. *Sinal e contrato-promessa*. 7. ed. Coimbra: Universidade de Coimbra, 1999, p. 95.

387 É curioso notar que, em obra mais antiga, REALE, Miguel (*Estudos preliminares do Código Civil*. São Paulo: RT, 2003, p. 36) faz menção somente aos dois primeiros princípios citados. Em outra (REALE, Miguel. História do Código Civil. In: REALE, Miguel; MARTINS-COSTA, Judith. *Biblioteca de direito civil*. Estudos em homenagem ao professor Miguel Reale. São Paulo: RT, 2005, v. 1, p. 37-42), editada posteriormente, inclui entre os princípios que regem o CC/02, o da operabilidade.

Linhas atrás, foi defendida a ideia de que o simples atraso no adimplemento não tem o condão de permitir que a parte não culpada tenha o negócio por desfeito. Realmente, parece certo que, caso o inocente pudesse, no dia seguinte ao não cumprimento, extinguir o contrato, haveria de incidir a regra constante do dispositivo a que se fez alusão, pois restaria evidenciado o abuso de direito.

É de se ter presente que a parte, por alguma eventualidade, pode não ter tido condições de honrar o seu compromisso. Assim, atua de boa-fé o outro contratante que, antes de adotar qualquer providência, interpela-o no intuito de verificar o que aconteceu, concedendo um prazo suplementar para que seja possível o cumprimento.

Portanto, ainda que não conste da lei brasileira dispositivo semelhante ao art. 808 do CC português, é recomendável que a parte, que pretende a extinção do negócio, dê ciência à outra a respeito de sua intenção, certo que as consequências decorrentes da aplicação das arras são gravosas.

Diante disso, é possível anotar que, à medida que os desdobramentos da conduta a ser levada a efeito se mostram severos, mais precaução precisa ter a parte inocente. Agir de forma cautelosa fará com que, futuramente, em sendo questionada a opção feita, a parte tenha condições de demonstrar que tentou evitar a saída mais radical.

Tratando-se de arras penitenciais, a questão que se coloca diz respeito à possibilidade de a parte desistir do negócio, mesmo que isso cause prejuízo significativo ao outro contratante, que não teria, em tese, como impedir.

O art. 420 do CC/02 não faz qualquer ressalva, de sorte que, em princípio, a parte tem total liberdade para dar o negócio por desfeito, arcando com a perda ou devolução dobrada do sinal. Com isso, exerceria um direito potestativo.

Ocorre que, muitas vezes, a conduta neste sentido pode configurar abuso. Já ficou consignado que a doutrina portuguesa costuma fazer alusão à reforma legislativa surgida na década de 1980 e que se fez necessária em decorrência dos exageros que estavam sendo cometidos por aqueles que vendiam imóveis.

A questão, no direito brasileiro, já havia sido posta por Silvio Rodrigues[388], na década de 1950. Com efeito, referido doutrinador,

[388] RODRIGUES, Silvio. *Das arras*. São Paulo: [s.n.], 1954, p. 102-115.

sustentando a possibilidade de o juiz examinar o caso de forma humana e social, defendia que, havendo alta extraordinária no preço dos imóveis, ou seja, algo inesperado quando da celebração, estava autorizado a impedir a desistência, comportamento este que, se adotado, causaria enriquecimento injustificado do vendedor.

Embora não conste do capítulo das arras previsão específica a respeito da impossibilidade de desistência, poderia também aqui ser utilizada a regra constante do art. 187 do CC/02, pois ficaria evidenciado que o recesso se deu com o nítido intuito de o vendedor obter lucro elevado, revendendo o imóvel para outra pessoa.

Por uma situação inesperada, a que nenhuma das partes deu causa, não poderia o alienante, aproveitando-se das circunstâncias surgidas durante a vigência do contrato, em prejuízo do comprador, que ficaria desalojado, sem moradia, obter vantagem pecuniária injustificada, contribuindo, assim, para o agravamento da crise imobiliária.

O contrato, embora não em termos exatamente precisos, tem de guardar, ao longo de sua existência, equilíbrio entre as prestações. Se, quando da celebração, as partes suportariam obrigações proporcionais, na medida do possível tal situação precisa perdurar até que ocorra a sua normal extinção.

Há, porém, que se aceitar variações, as quais decorrem das naturais mudanças ao longo do tempo. Tanto assim que o dispositivo legal citado faz expressa alusão ao termo manifestamente, passando a ideia de que não é qualquer alteração que dará ensejo à revisão do negócio jurídico ou mesmo a impossibilidade de extinção em razão da faculdade criada pelo emprego das arras penitenciais.

As partes, quando celebram um negócio jurídico e estipulam a dação de sinal penitencial, já sabem de antemão que a extinção do contrato é um risco que se assume. Igualmente estão cientes de que o desfazimento somente ocorrerá quando uma das partes perceber que esta é a saída mais vantajosa.

Realmente, não se pode pretender, dentro de uma sociedade capitalista, que as pessoas não atuem no intuito de obter vantagem econômica, ainda mais quando estão a celebrar contratos que evidenciam tal intenção, como é o caso da compra e venda. Seria demasiada inocência ou demonstração de um comportamento anômalo na vida cotidiana pretender que os contratantes, baseados em outros valores, visassem o mais pleno equilíbrio das prestações.

É por tal razão que a modificação de cláusula ou o impedimento do exercício de uma faculdade somente em casos excepcionais deve ser aceita. Não se pode tornar como regra aquilo que foi criado para ser utilizado com moderação e em raras hipóteses. Em outras palavras, quem celebra um negócio jurídico precisa, a princípio, cumpri-lo tal como estabelecido.

Parece violar a boa-fé aquele que, logo após a celebração, postula a revisão. Igualmente, não atua como era de se exigir quem, ocorrendo uma alta inesperada nos preços, se vale da faculdade de arrependimento, para assim pôr fim ao contrato.

3.9. A redução da indenização e arras

O Código Civil de 2002 inovou em comparação ao direito anterior ao disciplinar a cláusula penal. Uma das mudanças consiste na possibilidade de redução equitativa da penalidade. Nos termos do art. 413, tal providência se faz possível quando houver ocorrido adimplemento parcial ou se o montante da penalidade for manifestamente excessivo.

O Diploma revogado, ao disciplinar a cláusula penal, abria a possibilidade de o juiz, verificando hipótese de cumprimento parcial, reduzir de forma proporcional a pena (art. 924), com a diminuição sendo feita com base num cálculo. Assim, por exemplo, caso a parte tivesse efetuado, numa compra e venda, o pagamento de metade das prestações, a pena, por sua vez, na mesma proporção seria reduzida.

Hoje em dia, diferentemente, a redução se dá de forma equitativa, isto é, não precisa o magistrado necessariamente se ater a cálculos aritméticos, sendo-lhe lícito, em um caso específico, diante das peculiaridades, adotar outros critérios, baseados na justiça, para operar a diminuição da pena[389].

Além disso, a redução agora também pode ocorrer quando se verificar que a penalidade foi manifestamente excessiva. Em outras palavras, se a sanção for desproporcional ao ato praticado, está autorizada a diminuição. É preciso, porém, que a disparidade seja notória, tanto assim que o dispositivo legal se vale da expressão manifestamente excessiva.

Note-se que se, em relação ao adimplemento parcial, pode facilmente ser aplicada a redução proporcional, tal como ocorria no sistema anterior,

[389] KONDER, Carlos Nelson. Arras e cláusula penal nos contratos imobiliários. In: AZEVEDO, Fábio de Oliveira; MELO, Marco Aurélio Bezerra de (Coord.). *Direito imobiliário*: escritos em homenagem ao professor Ricardo Pereira Lira. São Paulo: Atlas, 2015, p. 154.

em se tratando especificamente de caso de penalidade de elevado valor, em razão da impossibilidade de incidência de um critério matemático, é que se cogita do emprego de critérios baseados na equidade.

Portanto, na maioria dos casos, se houver pagamento parcial, a redução dar-se-á na mesma proporção. Isso porque o critério de proporcionalidade não deixa de ser também equitativo. Somente quando se antevê uma peculiaridade, é que então, estando autorizado legalmente, o juiz irá se valer de outro critério.

Em relação à multa excessiva, porém, sempre precisará o julgador levar em conta a equidade. Deve, no entanto, ter em mente que a diminuição não pode ser traduzida em extinção. Isto é, não há previsão legal que permita que a penalidade seja afastada por completo. Igualmente, não é lícito fixar uma pena irrisória, pois isso assemelhar-se-ia ao afastamento.

Feitas essas observações, interessa saber se há a possibilidade de aplicação da regra constante do art. 413 do CC/02 às arras. Isso porque o legislador, ao disciplinar o sinal, silenciou sobre esse assunto, deixando de prever regra semelhante.

Pode-se dizer, para retratar melhor a situação, que houve um duplo silêncio. Isso porque no Código revogado existia, como visto, norma autorizando a redução no caso de adimplemento parcial. Em relação às arras, porém, nada se previa neste sentido. Surgido o novo Diploma, mais uma vez foi deixada de lado a matéria.

Diante disso, seria de se questionar se houve novo esquecimento ou se a intenção era justamente restringir a aplicação da aludida regra aos negócios jurídicos em que foi estabelecida a cláusula penal.

Fosse essa a pretensão, nenhum problema haveria, pois existindo duas ou mais possibilidades de disciplinar um tema não está o legislador obrigado a seguir aquele caminho que, para parte da doutrina, parece ser o mais justo ou o que revelaria maior bom senso por parte do elaborador da norma. Em outras palavras, é livre o legislador para escolher a via que, de certo modo, é menos apropriada.

Há quem sustente a tese de que o art. 413 do CC/02 não se aplica ao sinal[390]. Parece, entretanto, ser majoritária a corrente que defende

[390] SOMBRA, Thiago Luís Santos. *As arras e a cláusula penal no Código Civil de 2002*. Revista dos Tribunais, v. 917, p. 80, mar. 2012.

posicionamento contrário[391]. Para seus adeptos, além de os institutos (cláusula penal e arras) serem próximos, a referida regra visa impedir o surgimento de situações injustas.

As arras, quando confirmatórias, na visão dos defensores dessa ideia, funcionam, em caso de não execução, como indenização preestabelecida. Visa-se, aí, reparar o dano causado pelo comportamento daquele que foi culpado, inexistindo função punitiva, tampouco servindo como forma de coação. Por conseguinte, não pode o sinal exceder de forma manifesta o prejuízo[392].

Ocorre que, figurando o dispositivo no capítulo referente à cláusula penal, não se justifica, para aplicá-lo ao sinal, que este instituto tenha características diversas. A incidência se dá, na verdade, em razão da proximidade das duas figuras jurídicas, ambas exercendo coação e figurando como espécie de penalidade. É por conta do excesso da punição que se pode falar em necessidade de redução.

O art. 413 não dispõe que a penalidade será reduzida até que seja alcançado exatamente o valor do prejuízo ocasionado. Igualmente, não parece que o juiz, ao operar a diminuição, se equivoque ao reduzir um pouco. Pelo contrário, aparentemente estará agindo corretamente, pois fará com que não se possa mais falar em manifesto excesso.

Se as arras confirmatórias não tivessem também a função sancionatória, não se poderia cogitar da aplicação da citada norma legal para o caso de inexecução total. Isso porque há expressa menção ao termo penalidade. Ou seja, é pressuposto que, para a incidência do dispositivo, se esteja diante de uma sanção.

É por tal motivo que não tem cabimento a redução do sinal na hipótese de ter sido estipulada a sua natureza penitencial. De fato, não mais figurando as arras como sanção, não se pode pretender a redução equitativa. O valor dado, ou que deve ser restituído de forma duplicada, configura o

391 MARTINS-COSTA, Judith. In: TEIXEIRA, Sálvio de Figueiredo (Coord.). *Comentários ao novo Código Civil*: v. 5, t. 2: do inadimplemento das obrigações (Arts. 389 a 420). 2. ed. Rio de Janeiro: Forense, 2009, p. 762.

392 SILVA, Jorge Cesa Ferreira da. Inadimplemento das obrigações: comentários aos arts. 389 a 420 do Código Civil: mora; perdas e danos; juros legais; cláusula penal; arras ou sinal. In: REALE, Miguel; MARTINS-COSTA, Judith. *Biblioteca de direito civil. Estudos em homenagem ao professor Miguel Reale*. São Paulo: RT, 2007, v. 7, p. 309.

preço para que a parte desista[393]. Deve-se ter, porém, sempre presente o princípio da boa-fé objetiva.

Daí ser possível dizer que o art. 413 regula duas situações. Na primeira delas, a parte cumpre parcialmente a obrigação; as arras, então, são reduzidas. Via de regra, isso se fará de forma proporcional, mas não necessariamente, pois o sinal não tem por função apenas ressarcir o prejuízo, senão também punir aquele que deu a sua palavra e não a honrou. A própria origem das arras leva a esse entendimento. Antigamente era costume entregar a título de sinal um bem pessoal — um anel, por exemplo. Deixando de cumprir a prestação, o dador perdia o referido bem, que certamente possuía não apenas um valor econômico como também sentimental. A perda, portanto, representava punição.

A outra hipótese se fará presente quando houver inadimplemento total. Tal conduta é ainda mais grave, revelando ausência plena de esforço da parte. Neste caso, as arras serão devidas, a princípio, integralmente. Verificando-se manifesto excesso é que será, aí, possível a redução, o que se dará em percentual módico, apenas para afastar o exagero.

3.9.1. Adimplemento substancial

Tema próximo daquele que foi discutido no tópico anterior diz respeito ao adimplemento substancial e as arras. Mais especificamente, deve aqui ser analisada a solução que precisa ser dada aos casos em que a parte não executa por completo a obrigação, mas o faz em percentual elevado.

Caso fosse, numa situação como essa, permitida a aplicação irrestrita do art. 418, a parte inocente poderia ter o negócio por desfeito, retendo o sinal ou exigindo a devolução em dobro, o que daria ensejo ao surgimento de situação injusta, que não atende aos princípios orientadores do Código.

Neste ponto, vale lembrar que, tal como estabelece o art. 413, é necessário que se leve em conta natureza e a finalidade do negócio. Tratando-se, por exemplo, de contrato de compra e venda de bem essencial, maior razão existiria para que se afastasse o rigor da regra da perda ou restituição do sinal, mais o equivalente.

O art. 187 do CC/02, como visto, dispõe que pratica ato ilícito aquele que, ao exercer o direito, excede manifestamente os limites impostos pelo seu fim econômico ou social, pela boa-fé ou pelos bons costumes.

393 BELLANTE, Marco. *La caparra*. Milano: Giuffrè, 2008. p. 122.

Em outras palavras, a citada regra estabelece que a parte não goza de um direito absoluto, devendo, ao exercê-lo, ter em conta as mencionadas finalidades.

Mais do que isso. A concepção que antigamente prevalecia, no sentido de que o credor possuía apenas direitos, não pode mais ser aceita. O vínculo criado pelo negócio jurídico faz com que, em decorrência da aplicação do princípio da boa-fé objetiva, surjam deveres a todos aqueles que participam da relação[394].

Consequentemente, diante de inadimplemento mínimo, não está a parte inocente autorizada a dar por extinto o contrato. Tal como o outro contratante, tem ela o dever de atuar no sentido de que o vínculo jurídico permaneça, e isso ocorrerá em decorrência da obrigação acessória de cooperação.

Em outras palavras, deixando o devedor de cumprir a prestação, o credor precisa verificar o que acarretou o inadimplemento, e colaborar para que se faça possível a extinção normal do contrato. Se o não cumprimento deu-se em momento próximo ao final da execução, isso leva a crer que alguma circunstância inesperada se verificou.

A parte que, ao celebrar o contrato, em comunhão de vontade com a outra, estipulou a dação de arras tem ciência de que o inadimplemento acarreta uma solução drástica. Logo, é intuitivo que, se aproximando do completo cumprimento da obrigação, o devedor não se anime a se tornar inadimplente.

Caso isso ocorra, não deve o credor, abusando de um direito que lhe foi conferido, dar por extinto o negócio. Precisa colaborar para que seja mantido o contrato, não podendo, por conseguinte, reter o sinal ou o exigir forma duplicada. Caso haja resistência, terá de postular a execução forçada da obrigação.

3.10. As arras, a correção monetária e os juros

O Código de 2002 inovou ao prever, no art. 418, que, deixando o recebedor das arras de executar o contrato, poderá o dador exigir a devolução do sinal mais o equivalente, com correção monetária, juros e honorários advocatícios.

394 SILVA, Clovis do Couto e. *A obrigação como processo*. Rio de Janeiro: FGV, 2007, p. 33.

No tocante a esta última verba, consigne-se que o tema já foi anteriormente desenvolvido, dispensando maiores considerações. Resta, porém, analisar com maior profundidade quando serão devidos os juros, qual a sua espécie (moratório ou compensatório) e se sempre incidirá a correção monetária.

A primeira observação cabível diz respeito ao fato de o legislador ter levado em conta, ao traçar a referida previsão, que as arras são dadas em dinheiro. Não há, neste ponto, o que criticar. Raros são os casos em que é convencionada a entrega de coisa diversa. De todo modo, não se cogita da impossibilidade de dação de algum bem a título de sinal, pois o art. 417 do CC/02 prevê expressamente essa possibilidade.

De acordo com a regra em comento, dado certo valor em dinheiro e surgido o inadimplemento, caso o culpado seja o dador, o outro contratante reterá o sinal. Não teria sentido, para tal situação, cogitar-se de incidência de correção monetária, juros e honorários, pois, tratando-se de espécie de contrato real, o sinal se perfaz com a efetiva entrega.

O art. 419 do CC/02 estabelece que as arras figurarão como indenização mínima, podendo o inocente cobrar valor maior a título de perdas e danos. Neste caso, verificado o prejuízo, serão, a depender da situação, devidas as referidas verbas, mas não por força do que dispõe o art. 418 do CC/02, que regulamenta tão-só a hipótese de relutância na devolução do sinal, mais o equivalente por parte do recebedor.

Em outras palavras, figurando como inadimplente o dador ou o recebedor, sendo as arras confirmatórias, poderá a parte contrária postular indenização suplementar. Caso o recebedor não execute a obrigação, terá de devolver o sinal, mais o equivalente. Pode ser que o faça espontaneamente. Ainda assim, terá o dador direito de cobrar as perdas e danos. Relutando em arcar com os prejuízos demonstrados e não cobertos pelo sinal, incidirá o disposto no art. 404 do CC/02.

Se o recebedor se torna inadimplente, mas logo se propõe a devolver o sinal dobrado, não há de se falar em incidência de juros nem de honorários de advogado[395]. Esta última verba, como visto, somente é devida quando

[395] SILVA, Jorge Cesa Ferreira da. Inadimplemento das obrigações: comentários aos arts. 389 a 420 do Código Civil: mora; perdas e danos; juros legais; cláusula penal; arras ou sinal. In: REALE, Miguel; MARTINS-COSTA, Judith. *Biblioteca de direito civil. Estudos em homenagem ao professor Miguel Reale*. São Paulo: RT, 2007, v. 7, p. 308.

o inocente tem de contratar o referido profissional para que ele atue no sentido de obter a devolução das arras e outro tanto. Se a restituição é espontânea, nada é devido a tal título.

Caso, porém, ocorra a devolução simples ou qualquer outro valor diverso do efetivamente devido, fazendo com que o inocente tenha de contratar advogado, os honorários serão devidos integralmente. Isso porque a norma foi criada para ressarcir a parte das despesas que teve com a contratação do profissional.

Se, além de contratar advogado, a parte tiver de propor demanda judicial, terá direito a ser ressarcida das despesas processuais, inclusive as custas devidas ao Estado. Somente assim ocorrerá o ressarcimento integral.

A correção monetária será calculada sobre todo o montante a ser restituído, contando-se desde o momento da entrega até a efetiva devolução[396]. Tratando-se de fator de atualização, servirá para recompor o poder de compra da moeda corroído pela inflação ao longo do tempo. Na verdade, sequer precisaria constar do dispositivo em análise previsão expressa, pois é intuitivo que a parte tem direito a receber o equivalente daquilo que entregou[397].

Ainda que não tenha sido estabelecido no contrato a incidência de tal verba, ela será devida. Isso se dá por força de lei e como uma decorrência lógica da aplicação do instituto. É possível, porém, diante da autonomia privada, que as partes prevejam de forma diversa, afastando a aplicação. O mesmo pode ser dito em relação aos juros e aos honorários de advogado.

O dador das arras, diante do inadimplemento do recebedor, figura como titular de um direito pessoal que é regulado pelo direito das obrigações[398]. Logo, a contagem dos juros precisa ser feita de acordo com as

396 TEPEDINO, Gustavo; BARBOZA, Heloisa Helena; MORAES, Maria Celina Bodin de. *Código Civil interpretado conforme a Constituição da República*: v. 1: parte geral e obrigações (arts. 1º a 420). 2. ed. Rio de Janeiro: Renovar, 2007, p. 769.

397 HIRONAKA, Giselda M. F. Novaes e MORAES, Renato Duarte Franco de. Direito das obrigações. In: HIRONAKA, Giselda M. F. Novaes. *Direito civil*. São Paulo: RT, 2008, v. 2, p. 219.

398 MARTINS-COSTA, Judith. In: TEIXEIRA, Sálvio de Figueiredo (Coord.). *Comentários ao novo Código Civil*: v. 5, t. 2: do inadimplemento das obrigações (Arts. 389 a 420). 2. ed. Rio de Janeiro: Forense, 2009, p. 760.

regras que integram tal título. O art. 405 do CC/02 estabelece que os juros são devidos desde a citação inicial. Ou seja, pressupõe a existência de demanda judicial.

Para quem entende seja tal norma aplicável a todos os casos, a discussão em relação às arras não se impõe, de sorte que, enquanto não for proposta a demanda e ocorrer a citação, não serão devidos os juros[399]. Há, porém, quem sustente que o dispositivo legal não incide em algumas hipóteses, como, por exemplo, na mora *ex re*, caso em que haveria o cômputo desde o surgimento do inadimplemento[400].

Assim, sendo certo que o recebedor que não executa o contrato tem de cumprir uma obrigação positiva e líquida, os juros são calculados desde o momento em que surge o inadimplemento, não havendo necessidade de o credor adotar qualquer medida[401].

Há, ainda na doutrina, quem afirme que os juros serão contados a partir do momento em que o recebedor, que não cumpriu a obrigação principal, é constituído em mora, o que se faz por intermédio de cobrança extrajudicial, interpelação ou notificação[402].

Uma quarta corrente de pensamento defende a incidência dos juros a partir do momento em que a parte inocente entregou as arras. Com isso, o culpado sofreria uma pena e pagaria uma espécie de aluguel do dinheiro recebido e que esteve a seu dispor. Argumentam os defensores desta ideia que a aplicação das regras da mora seria insuficiente para compensar os prejuízos ocasionados[403].

399 CASTRO FILHO; ANDRADE, Marcos Vinicius; MESQUITA, Eduardo M. e SCAVONE JUNIOR, Luiz Antonio. In: ARRUDA ALVIM e ALVIM, Thereza. *Comentários ao Código Civil brasileiro*: do direito das obrigações. Rio de Janeiro: Forense, 2006, v. 4. p. 500-501 e 592.

400 NERY, Rosa Maria de Andrade e NERY JUNIOR, Nelson. *Instituições de direito civil*: direito das obrigações. São Paulo: RT, 2015, v. 2, p. 374.

401 HIRONAKA, Giselda M. F. Novaes e MORAES, Renato Duarte Franco de (Direito das obrigações. In: HIRONAKA, Giselda M. F. Novaes. *Direito civil*. São Paulo: RT, 2008, v. 2, p. 219) tratam dessa hipótese, embora não a adotem.

402 SILVA, Jorge Cesa Ferreira da. Inadimplemento das obrigações: comentários aos arts. 389 a 420 do Código Civil: mora; perdas e danos; juros legais; cláusula penal; arras ou sinal. In: REALE, Miguel; MARTINS-COSTA, Judith. *Biblioteca de direito civil. Estudos em homenagem ao professor Miguel Reale*. São Paulo: RT, 2007, v. 7, p. 309.

403 HIRONAKA, Giselda M. F. Novaes e MORAES, Renato Duarte Franco de. Direito das obrigações. In: HIRONAKA, Giselda M. F. Novaes. *Direito civil*. São Paulo: RT, 2008, v. 2, p. 219.

Caso seja seguida esta teoria, os juros serão compensatórios (ou remuneratórios), pois servirão para indenizar a parte do dinheiro que foi entregue e que ficou à disposição do recebedor inadimplente. Quando se dá dinheiro a título de sinal, há transferência da propriedade, tanto que, conforme anotado, o dador passa a ser titular de um direito obrigacional[404].

Ocorre que, ao ser convencionado o sinal, as partes não celebram concomitantemente um contrato de mútuo feneratício. Por conseguinte, não se aplica a regra inserta no art. 591 do CC/02. Em outras palavras, a entrega do dinheiro não se dá para fins econômicos.

Acrescente-se que não há necessidade de as arras, na hipótese em análise, figurarem como espécie de pena. Isso porque, na visão de alguns doutrinadores, além de não haver previsão considerando-as como tal, caso ocorra prejuízo maior, tem a parte inocente o direito de cobrar a reparação integral.

Prosseguindo, perceba-se que se em relação ao sinal confirmatório o Código foi expresso no sentido de que a devolução, a depender da situação concreta, será com correção monetária, juros e honorários. O legislador, diferentemente, ao tratar das arras penitenciais, disse apenas que, exercido o direito ao arrependimento, o recebedor fica obrigado a restitui-las, mais o equivalente.

Pressupôs, portanto, que, sobrevindo desistência, a parte logo se anime a devolver o sinal de forma duplicada. Ocorre que, também aqui, não há como afastar a incidência da correção monetária, caso tenha ocorrido inflação no período. Realmente, se fosse restituído o valor nominal e outro tanto, o dador sofreria prejuízo econômico, na medida em que receberia montante menos valioso do que foi entregue.

Logo, mesmo que não se verifique a prática de qualquer ilícito, terá o recebedor que exerce o direito ao recesso o dever de arcar com a correção monetária. Não incidirão, entretanto, os juros, pois estes pressupõem a ocorrência de mora, isto é, a ocorrência de algo contrário ao direito, mais especificamente, a demora.

Preferindo o recebedor não executar a prestação assumida, exercido o direito dentro do lapso temporal que lhe é concedido, tem de comunicar

[404] MIRANDA, Francisco Cavalcanti Pontes de (*Tratado de direito privado*: parte especial. 3. ed. Rio de Janeiro: Borsoi, 1971, v. 24, p. 162) diz que "a pretensão à restituição ou à prestação em dobro é só obrigacional".

sua escolha ao dador e, desde logo, providenciar a entrega daquilo que recebeu, devidamente atualizado, mais outro tanto.

A partir do momento em que o recebedor opta por não cumprir a prestação, mas deixa de devolver o numerário com todos os acréscimos, pratica ato ilícito, razão pela qual passam a ser devidos os juros. Caso se entenda haver necessidade de constituição do recebedor em mora, o termo inicial será a data de quando a parte for notificada, interpelada ou cobrada extrajudicialmente.

Na hipótese de o desistente não devolver o montante recebido, mais o equivalente, forçando o inocente a contratar advogado, serão devidos os honorários. Mas, tal como nos juros, a verba será devida não em decorrência da aplicação do disposto no art. 420, senão por força do art. 395 do CC/02.

Realmente, sendo o recebedor moroso, ou seja, deixando de restituir o valor recebido de forma duplicada, a sua omissão, que configura ato contrário ao direito, faz com que incidam as normas atinentes à mora, mais especificamente o último dispositivo mencionado, que é expresso no sentido de que são devidos juros e honorários advocatícios.

3.11. A expressão mais o equivalente

O Código Civil de 2002 inovou ao dispor tanto no art. 418 como no art. 420 que o recebedor, que não executar o contrato, estará obrigado a restituir o sinal recebido, mais o equivalente. A referida expressão não constava do Diploma revogado, que no art. 1.095 fazia alusão ao termo dobro, tampouco nas Ordenações, que se valia da expressão outro tanto.

Nas legislações estrangeiras também não é fácil encontrar previsão semelhante. No art. 442 do CC português consta dobro. O mesmo se verifica no art. 1.590 do CC francês e nos arts. 1.385 e 1.386 do Diploma italiano. O art. 1.454 do CC espanhol e o art. 1.059 da lei argentina atual falam em devolução duplicada e dobrada, respectivamente.

O legislador brasileiro, embora tenha empregado a expressão em dois dispositivos, no primeiro (art. 418) achou por bem acrescentar que a devolução, mais o equivalente, dar-se-á com correção monetária, juros e honorários de advogado. Assim agindo, deu a entender que, no caso em comento, a expressão é sinônimo de restituição dobrada.

Há quem diga que a expressão constante da lei atual é qualitativamente melhor que a existente no Diploma anterior (CC/16), pois não sendo o bem fungível não há como proceder à devolução em dobro, restando à parte efetuar a restituição simples, mais o equivalente[405].

A se imaginar que a intenção do legislador era essa, o objetivo não foi alcançado. Isso porque a inovação serviu apenas para gerar dúvidas na doutrina, sendo possível encontrar tanto quem sustente que equivalente significa exatamente o valor pago a título de sinal[406] como quem afirme que atualmente se faz possível que a devolução seja superior ao dobro[407].

Melhor teria sido, portanto, que o legislador não tivesse inovado. Desde o surgimento do instituto no direito grego fala-se em devolução dobrada. Não parece que, ao longo de tantos séculos, somente o legislador brasileiro tenha se dado conta de que tudo estava errado, e que o correto seria não mais falar em restituição duplicada, senão em devolução, mais o equivalente.

Não há dúvida de que a restituição do valor nominal pode causar prejuízo ao dador. Mas desde muito tempo se sustenta que, havendo inflação, o valor devolvido deverá ser monetariamente corrigido, pois, do contrário, o recebedor experimentaria enriquecimento sem causa.

Se o legislador tivesse concluído que isso não era evidente, poderia fazer constar que a restituição dobrada se daria com correção monetária, e eventualmente acrescida de juros e honorários advocatícios. Ocorre que, além de empregar expressão ambígua[408], no art. 420, diferentemente do art. 418, omitiu os referidos acréscimos, fazendo com que pudesse surgir a interpretação de que, tratando-se de arras penitenciais, a devolução se dará de forma nominal.

[405] SILVA, Jorge Cesa Ferreira da. Inadimplemento das obrigações: comentários aos arts. 389 a 420 do Código Civil: mora; perdas e danos; juros legais; cláusula penal; arras ou sinal. In: REALE, Miguel; MARTINS-COSTA, Judith. *Biblioteca de direito civil. Estudos em homenagem ao professor Miguel Reale*. São Paulo: RT, 2007, v. 7, p. 307. SANTOS, J. M. de Carvalho (*Código Civil brasileiro interpretado, principalmente do ponto de vista prático*. 6. ed. Rio de Janeiro: Freitas Bastos, 1954, v. 15, p. 275) já dizia, na vigência do CC/16, que, tendo sido dado a título de sinal algo diverso do dinheiro, "aquele que recebeu o sinal, se se arrepende, deve restituir o objeto recebido e mais o equivalente desse objeto em dinheiro".

[406] HIRONAKA, Giselda M. F. Novaes e MORAES, Renato Duarte Franco de. Direito das obrigações. In: HIRONAKA, Giselda M. F. Novaes. *Direito civil*. São Paulo: RT, 2008, v. 2, p. 219.

[407] FRANCISCO, Caramuru Afonso. *Código Civil de 2002: o que há de novo?* São Paulo: Juarez de Oliveira, 2002, p. 104.

[408] TEPEDINO, Gustavo e SCHREIBER, Anderson. In: AZEVEDO, Álvaro Villaça de. *Código Civil comentado:* direito das obrigações: artigos 233 a 420. São Paulo: Atlas, 2008, v. 4, p. 409.

CONCLUSÕES

Após a análise de diversos aspectos referentes às arras, alguns mais gerais e outros de caráter um tanto específico, é possível perceber a importância do instituto em comento, que precisa ser objeto de mais atenção por parte dos estudiosos do Direito, tal como ocorre, por exemplo, com a cláusula penal.

Foram aqui apontadas as origens do sinal e todo o seu desenvolvimento, desde os tempos mais remotos, na Grécia, passando pelo direito romano, até chegar aos dias que correm, com destaque para o regramento existente no ordenamento jurídico brasileiro. Não se deixou de lado a análise de legislações estrangeiras.

Diante da comparação feita, parece possível perceber quais são os pontos de encontro e de distanciamento. Em linhas gerais, o sistema brasileiro, a partir da entrada em vigor do Código Civil de 1916, aproximou-se do regramento existente na legislação alemã. Aliás, os doutrinadores costumam fazer menção ao fato de que o autor do anteprojeto se baseou no BGB.

A mudança ocorrida, na medida em que as Ordenações previam, como regra geral, as arras penitenciais, não pode ser criticada. Isso porque, apesar de se ter verificado uma alteração radical na regulamentação do assunto, não foi excluída a possibilidade de as partes de um negócio jurídico estipularem o sinal penitencial.

Os estudiosos do assunto são praticamente unânimes no sentido de que o Diploma de 1916 regulamentava também a mencionada espécie de arras. Surgiu, na verdade, principalmente nos primeiros anos de vigência do Código, debate a respeito sobre qual seria a natureza do sinal caso as partes não o previssem expressamente.

Doutrinadores conhecidos sustentaram que, no silêncio, principalmente em contrato preliminar, a dação de arras permitia o arrependimento lícito de qualquer das partes. Na época em que tais ideais despontaram, ainda não se cogitava da possibilidade de execução específica do negócio jurídico. Outrossim, havia resquícios da concepção outrora existente, de que o sinal, a princípio, era dado para permitir o direito ao recesso.

Com a evolução do pensamento, passou-se, porém, a aceitar a ideia de que não violava qualquer preceito legal a execução forçada de um contrato preliminar. Concomitantemente, os estudiosos, em sua maioria, se deram conta de que, a partir da edição da então nova legislação, houve uma mudança de paradigma.

Já na década de 1950 houve quem passasse a defender a tese de que, principalmente nas promessas de venda de imóvel, não estava autorizado o promitente alienante a se retratar e, restituindo em dobro o sinal recebido, retomar o bem para o vender, posteriormente, por preço bastante superior, obtendo, assim, lucro elevado.

Despontava, então, não apenas a concepção de que poderia o promitente comprador exigir fosse honrada a promessa inicialmente feita, como também a ideia de que as partes precisavam agir com lealdade, pois o contrato não mais era visto como o retrato da mais pura autonomia privada, senão como algo que devesse cumprir uma função social.

Aliás, ao longo do tempo, em razão dos abusos praticados por aqueles que tinham maior poder econômico, notou-se que, na prática, as partes não contratavam em pé de igualdade. Consequentemente, não havia que se falar em efetiva autonomia ou liberdade.

Portugal, que passou por uma grande crise em meados de 1980, teve que adaptar a sua legislação para que não fosse mais possível o promitente vendedor de um imóvel valer-se do instituto das arras para assim retomar o bem, colocando-o, em seguida, novamente à venda, agora com um preço significativamente superior.

Constatou-se que, em diversos casos, o contratante, valendo-se do sinal penitencial, obtinha vantagem excessiva e causava agravamento na crise imobiliária. A parte mais fraca na relação ficava à mercê da escolha a ser feita pelo adversário, que se valia de um suposto direito potestativo.

Para que fosse viabilizada a aplicação correta das arras, portanto, foi necessária a mudança de paradigma. O legislador brasileiro não se esqueceu disso. Tal como ocorrido em outras nações, houve adaptação às novas exigências sociais, que buscavam o encontro da equidade nas relações contratuais.

Surgiu, então, o Código Civil de 2002, que foi construído com base em três princípios gerais, quais sejam, o da eticidade, o da socialidade e o da operabilidade. Em razão da técnica legislativa adotada, não houve necessidade de, a cada instituto, o legislador prever um regramento específico, visando com isso alcançar o equilíbrio entre as partes de um negócio jurídico.

Isso, porém, não quer dizer que não seja possível encontrar ao longo do Diploma artigos contendo preceitos que tenham por objetivo justamente o encontro de tais diretrizes. Pelo contrário, há, sim, espalhadas pelo Código regras neste sentido, e uma delas consta do art. 413, que trata da possibilidade de redução equitativa da penalidade imposta por força da incidência da cláusula penal.

A doutrina, conforme foi possível observar, debate a aplicação de tal regra ao sinal. Prevalece o entendimento daqueles que respondem afirmativamente a esta questão. Mas, ainda que se cogitasse do contrário, solução parecida com a prevista no citado dispositivo legal poderia ser aplicada, na medida em que não haveria como deixar de fazer incidir os princípios norteadores do Código.

O sinal, portanto, instituto deveras antigo, teve de sofrer, ao longo dos séculos, diversas alterações, embora, em linhas gerais, nunca tenha perdido as suas principais características. Nos dias atuais, para que seja possível se valer de mencionada ferramenta jurídica, precisa o operador do Direito ter presente que as arras devem ser utilizadas de maneira equilibrada, não podendo servir para causar desestabilidade.

O regramento dado ao sinal pelo Código de 2002 é bastante específico e rigoroso com o inadimplente, de modo que, sendo aplicado em termos literais, situações que violam os objetivos buscados pelo legislador podem ocorrer. Portanto, considerável cautela precisa ter o aplicador da lei para que não torne injusta a incidência das normas.

Realmente, as consequências decorrentes da aplicação das regras que regulamentam o instituto das arras são mais severas do que aquelas previstas para a cláusula penal. Em relação a esta, por exemplo, não havendo previsão contratual específica, surgindo o inadimplemento, a parte inocente fica impedida de exigir indenização suplementar.

Caso, porém, tenha sido pactuada a entrega de sinal, este valerá como taxa mínima, podendo, de acordo com o texto legal, o contratante que não deu causa ao desfazimento do negócio postular o ressarcimento integral do dano. Mais do que isso, o Código Civil de 2002, ao inovar a respeito da matéria, estabeleceu que as arras, mesmo sendo pleiteada a execução forçada, valem como indenização mínima devida ao inocente.

Neste ponto, afastou-se inclusive do regramento dado pelo Código Civil italiano, o qual serviu de inspiração, e que prevê, para a hipótese em comento, a necessidade de demonstração da extensão de todo o prejuízo. Distanciou-se também da sistemática criada pelo Diploma de 1916, que não autorizava a utilização das arras como indenização mínima para a hipótese de execução forçada.

Na verdade, é importante perceber que, na vigência do Código revogado, não havia sequer a possibilidade de o dador inocente receber, caso pactuado o sinal confirmatório e verificado o inadimplemento, de forma dobrada aquilo que entregou. Tinha o ônus de provar o prejuízo que experimentou.

A inovação trazida neste aspecto pela nova legislação deve, por conseguinte, ser aplaudida, pois facilitou a reparação do prejuízo, dando às partes tratamento mais igualitário. Agora, independentemente de quem seja o causador da inexecução, a consequência será a mesma: o sinal funcionará como mínimo indenizatório.

Importante, ainda, mencionar que o Diploma de 2002 deixou de prever expressamente a função probatória das arras. Isso não quer dizer que o sinal não sirva mais para demonstrar a existência de vínculo entre as partes. Apenas se constata que, se antes era imprescindível, em decorrência da precariedade da legislação processual, estipular de forma clara a natureza probatória, agora não mais há necessidade, tendo se consolidado a ideia de que é possível, por diversos meios, provar o negócio jurídico.

Enfim, se em alguns aspectos o legislador se equivocou ao regulamentar a matéria no Código vigente, e talvez um exemplo seja a adoção da expressão "mais o equivalente", em tantos outros encontrou soluções felizes. Fazendo-se um balanço, a atual regulamentação é superior à revogada.

As arras se modernizaram, mas a sua essência continua a mesma. Trata-se de instituto antigo, e como quase tudo que já tem idade elevada, o sinal reclama cuidados.

O trabalho desenvolvido, além de trazer uma visão nova sobre o instituto, pretendeu também abordar temas que a doutrina a brasileira, em sua maioria, quase sempre deixou de lado. Foi possível, por exemplo, perceber que em outras nações é costume apresentar não apenas duas, senão três espécies de arras, quais sejam, as probatórias, as confirmatórias e as penitenciais.

A intenção foi, portanto, demonstrar que é possível defender uma classificação tripartida, não havendo obrigatória necessidade de falar somente em sinais confirmatório e penitencial. Ademais, ficou evidenciado que, mesmo seguindo a teoria bipartida, poderia uma espécie ser meramente probatória e a outra penitencial.

Além disso, questionou-se a denominação que os autores costumam empregar para se referir ao sinal que não permite a desistência lícita. De maneira praticamente unânime, a tal figura se dá o nome de confirmatório. Mas, em virtude de sua função, que é justamente indenizar a parte inocente em decorrência do descumprimento levado a efeito pela outra, talvez melhor fosse chamá-lo de sinal penal.

Outros questionamentos, de grande relevância prática, foram suscitados. Um deles diz respeito à possibilidade ou impossibilidade de dação de bem infungível, inclusive imóvel, a título de arras. Embora o art. 417 do CC/02 faça alusão somente a dinheiro ou outro bem móvel, concluiu-se que não existe razão para referida limitação.

Em complemento a tal ponto, não se deixou de analisar se a entrega da coisa ou do dinheiro transfere a propriedade ou somente a posse ao recebedor. Aliás, foi possível perceber que uma das características mais marcantes das arras é justamente o seu caráter real. Ou seja, somente é possível constitui-la com a entrega, ainda que simbólica, como ocorre no constituto possessório.

A constituição, concluiu-se também, pode ser feita por terceiro, a favor de terceiro e mesmo de forma recíproca, embora exista na doutrina quem não admita alguma dessas práticas. A entrega do bem certamente não consiste em ato personalíssimo, motivo pelo qual pode ser realizado por qualquer indivíduo. O problema maior surgiria quando alguém, que não participou da celebração do negócio jurídico, recebesse o sinal. Mas também para tal hipótese foi apresentada solução.

Um tema de bastante destaque no trabalho consiste na possibilidade de cumulação de arras com outros institutos, inclusive aqueles que se mostram muito próximos, como é o caso da cláusula penal. Foi defendida a ausência de óbice jurídico e lógico, ou seja, concluiu-se que estaria autorizada tanto a cumulação de sinal confirmatório com cláusula penal moratória como com a cláusula penal ressarcitória.

Para que fosse possível seguir o posicionamento mencionado, foi preciso enfrentar alguns dogmas, em especial a ideia de que, também no direito civil, estaria vedada cumulação de sanções (*non bis in idem*). Ou seja, houve necessidade de demonstrar que o escopo do Código Civil, em especial na parte das obrigações, não foi proibir a dupla penalidade, senão obstar a desproporcionalidade da consequência em relação à conduta.

Quanto aos honorários advocatícios, depois de apresentada a divergência surgida entre os estudiosos, preferiu-se seguir a concepção segundo a qual, havendo inadimplemento, a referida verba é devida, sejam as arras confirmatórias ou penitenciais. No primeiro caso, por força do que dispõe o art. 418 do CC/02; no segundo, por ter o citado Diploma, no art. 420, previsto somente a ocorrência de comportamento lícito, fazendo com que, na hipótese de incumprimento, incida a regra contida no art. 389 do CC/02.

No momento em que a atenção se voltou às consequências geradas pela aplicação das arras penais, foi possível perceber que, apesar de posicionamentos em sentido contrário, a função de princípio de pagamento não tem maior relevância do que aquela outra, a saber, de reforço do vínculo. Em outras palavras, entendeu-se que todas as funções gozam da mesma importância.

Na sequência, foram apreciadas algumas questões referentes às diversas formas de extinção anômala do negócio jurídico, tais como extinção sem culpa das partes, por nulidade ou anulabilidade e por culpa recíproca. Em todos esses casos, a princípio, extinta a relação obrigacional, ocorre a restituição simples do sinal. A diferença se daria quando, concorrendo ambas as partes para o desfazimento, o grau de culpa de uma fosse significativamente maior do que o da outra, pois, em isso ocorrendo, seria possível cogitar de redução equitativa.

Em suma, o objetivo do trabalho foi apresentar diversos desdobramentos sobre o uso das arras e as divergências surgidas principalmente no campo doutrinário, para, após analisar as diversas opiniões, apresentar, de forma justificada, aquelas que parecem ser a que melhor se adequam ao sistema criado pelo Código Civil de 2002. A missão foi árdua; o resultado, espera-se, seja proveitoso para aqueles que se interessarem pela matéria.

REFERÊNCIAS

ALBALADEJO, Manuel. *Derecho civil*: derecho de obligaciones: parte general. Barcelona: Bosch, 1970, v. 2

ALVES, João Luiz. *Código Civil da República dos Estados Unidos do Brasil anotado*. 2. ed. São Paulo: Saraiva, 1935

ALVES, José Carlos Moreira. *Direito romano*. 6. ed. Rio de Janeiro: Forense, 1987, v. 1

ALVIM, Agostinho. *Da inexecução das obrigações e suas consequências*. São Paulo: Saraiva, 1949

BAUDRY-LACANTINERIE, G. e SAIGNAT, Léo. *Traité théorique et pratique de droit civil*: de la vente et de l'échange. 2. ed. Paris: L. Larose & Forcel: 1900

BDINE JUNIOR, Hamid Charaf. In: PELUSO, Cezar. *Código Civil comentado*: doutrina e jurisprudência. 7. ed. Barueri: Manole, 2013

BEAUCHT, Ludovic. *Histoire du droit privé de la république athénienne*: le droit des obligations. Paris, Marescq Ainé, 1897, v. 4

BECKER, Anelise. *Inadimplemento antecipado do contrato*. Revista de Direito do Consumidor, v. 12, p. 68-78, out.-dez. 1994

BELLANTE, Marco. *La caparra*. Milano: Giuffrè, 2008

BESSONE, Darcy. *Do contrato*: teoria geral. 4. ed. São Paulo: Saraiva, 1997

BEVILAQUA, Clovis. *Código Civil dos Estados Unidos do Brasil comentado*. Edição histórica. Rio de Janeiro: Editora Rio, 1975, v. 4

BEVILAQUA, Clovis. *Direito das obrigações*. 2. ed. Salvador: Livraria Guimarães, 1910

BEVILAQUA, Clovis. *Direito das obrigações*. 8. ed. Rio de Janeiro: Francisco Alves, 1954

BIONDI, Biondo. *Istituzioni di diritto romano*. 2. ed. Milano: Giuffrè, 1952

BONFANTE, Pedro. *Instituciones de derecho romano*. Tradução de Luis Bacci e Andres Larrosa. 4. ed. Madrid: Reus, 1965

BOZZI, Aldo. Caparra. In: D'AMELIO, Mariano; AZARA, Antonio (Dir.). *Nuovo Digesto Italiano*. Torino: UTET, 1937, v. 2

BUTERA, Antonio. *Codice Civile italiano*: libro delle obbligazioni: parte prima. Torino: Tironese, 1943

CAMPOS, Francisco. *Parecer*. Revista forense, n. 99. p. 321-326, ago.-1944

CÁNOVAS, Diego Espín. *Manual de derecho civil español*: v. 3: obligaciones y contratos. Madrid: Reus, 1954

CASSETTARI, Christiano. *Multa contratual*: teoria e prática da cláusula penal. 3. ed. São Paulo: RT, 2011

CASTRO FILHO; ANDRADE, Marcos Vinicius; MESQUITA, Eduardo M. e SCAVONE JUNIOR, Luiz Antonio. In: ARRUDA ALVIM e ALVIM, Thereza. *Comentários ao Código Civil brasileiro*: do direito das obrigações. Rio de Janeiro: Forense, 2006, v. 4

CESAR, José Augusto. *Notas ao Código Civil*: sinal ou arras. Revista da Faculdade de Direito de São Paulo, v. 30, p. 449-459, jul.-set. 1934

CHARDON, Henri-Georges. *Des arrhes dans la vente romaine en droit romain*. Paris: Moquet, 1885

CHAVES, Antônio. *Lições de direito civil*: obrigações, v. 2: causas geradoras das obrigações: obrigações por declaração unilateral de vontade; contratos em geral. São Paulo: José Bushatsky, 1972

CIAN, Giorgio e TRABUCCHI, Alberto. *Commentario breve al Codice Civile*. 4. ed. Padova: Cedam, 1992

COLMO, Alfredo. *De las obligaciones en general*. 3. ed. Buenos Aires: Guillermo Kraft, 1944

CONTINENTINO, Mucio. *Da cláusula penal no direito brasileiro*. São Paulo: Saraiva, 1926

CORDEIRO, António Menezes. *Tratado de direito civil português*: direito das obrigações: contratos; negócios unilaterais. Coimbra: Almedina, 2010, v. 2, t. 2

COSTA, Mário Júlio de Almeida. *Direito das obrigações*. 12. ed. Coimbra: Almedina, 2016

CRETELLA JÚNIOR, José. *Curso de direito romano*. Rio de Janeiro: Forense, 1968

D'AVANZO, Walter. Caparra. In: AZARA, Antonio; EULA, Ernesto (Dir.). *Novissimo Digesto Italiano*. Torino: UTET, 1957, v. 2

DELSOL, J. J. *Explication élémentaire du Code Civil*. 3. ed. Paris: F. Pichon, 1885, v. 3

DEMANGEAT, Charles. *Cours élémentaire de droit romain*. 2. ed. Paris: Marescq Ainé, 1866, v. 2

DINIZ, Maria Helena. *Tratado teórico e prática dos contratos*. 7. ed. São Paulo: Saraiva, 2013, v. 1

ENCINAS, Emilio Eiranova. *Código Civil alemán comentado*: BGB. Madrid: Marcial Pons, 1998

ENNECCERUS, Ludwig. Derecho de obligaciones. In: ENNECCERUS, Ludwig; KIPP, Theodor; WOLFF, Martin. *Tratado de derecho civil*. Tradução de Blas Pérez Gonzáles e José Alguer. Barcelona: Bosch, 1944, t. 2, v. 1

FRANCISCO, Caramuru Afonso. *Código Civil de 2002*: o que há de novo? São Paulo: Juarez de Oliveira, 2002

GAGLIANO, Pablo Stolze e PAMPLONA FILHO, Rodolfo. *Novo curso de direito civil*: obrigações. 4. ed. São Paulo: Saraiva, 2004, v. 2

GARCEZ NETO, Martinho. Arras. In: SANTOS, J. M. de Carvalho; DIAS, José de Aguiar. *Repertório enciclopédico do direito brasileiro*. Rio de Janeiro: Borsoi, 1947, v. 4

GASCA, C. L. *La compraventa civil y comercial*. Tradução de J. Santacruz Teijeiro e J. Vicente Gella. Madrid: Victoriano Suárez: 1931, t. 1

GASTALDI, José María e CENTANARO, Esteban. *La seña*. Buenos Aires: Abeledo--Perrot, 1997

GIL, Félix Hernández. *Las arras en el derecho de la contratación* (en torno al artículo 1454 del Código Civil). Salamanca: Universidad de Salamanca, 1958

GIORGI, Jorge. *Teoria de las obligaciones en el derecho moderno*. Tradução de Eduardo Dato Iradier. 2. ed. Madrid: Reus, 1930, v. 4

GIRARD, Paul Frédéric. *Manuel Élémentaire de droit romain*. 5. ed. Paris: Arthur Rousseau, 1911

GODOY, Claudio Luiz Bueno de. *Função social do contrato*. 4. ed. São Paulo: Saraiva, 2012

GOMES, Orlando. *Contratos*. 8. ed. Rio de Janeiro: Forense, 1981

GOMES, Orlando. *Raízes históricas e sociológicas do Código Civil brasileiro*. São Paulo: Martins Fontes, 2003

GONÇALVES, Luiz da Cunha. *Tratado de direito civil*: em comentário ao Código Civil português. Anotado por José Geraldo Rodrigues de Alckmin. São Paulo: Max Limonad, 1955, v. 8, t. 2

JOSSERAND, Louis. *Derecho civil*: contratos. Tradução de Santiago Cunchillos y Manterola. Buenos Aires: Bosch, 1951, t. 2, v. 2

KASER, Max. *Direito privado romano*. Tradução de Samuel Rodrigues e Ferdinand Hämmerle. 2. ed. Lisboa: Fundação Calouste Gulbenkian, 2011

KONDER, Carlos Nelson. Arras e cláusula penal nos contratos imobiliários. In: AZEVEDO, Fábio de Oliveira; MELO, Marco Aurélio Bezerra de (Coord.). *Direito imobiliário*: escritos em homenagem ao professor Ricardo Pereira Lira. São Paulo: Atlas, 2015

LARENZ, Karl. *Derecho de obligaciones*. Tradução de Jaime Santos Briz. Madrid: Revista de Derecho Privado, 1958, t. 1

LIMA, Alvino. *Parecer. Arras*. Revista dos Tribunais, v. 165, p. 461-470, fev. 1947

LÔBO, Paulo. *Direito civil*: obrigações. 3. ed. São Paulo: Saraiva, 2013

LOPES, Miguel Maria de Serpa. *Curso de direito civil*: fontes das obrigações: contratos. 4. ed. Rio de Janeiro: Freitas Bastos, 1963, v. 3

LORENZETTI, Ricardo Luis. *Tratado de los contratos*. 2. ed. Buenos Aires: Rubinzal--Culzoni, 2007, t. 1

LOTUFO, Renan. *Código civil comentado*: obrigações: parte geral (arts. 233 a 420), v. 2. São Paulo: Saraiva, 2003

LOUREIRO, Francisco Eduardo. Arras. In: LOTUFO, Renan; NANNI, Giovanni Ettore (Coord.). *Obrigações*. São Paulo: Atlas, 2011

MARTINS-COSTA, Judith. *A recepção do incumprimento antecipado no direito brasileiro*: configuração e limites. Revista dos Tribunais, v. 885, p. 30-48, jul. 2009

MARTINS-COSTA, Judith. In: TEIXEIRA, Sálvio de Figueiredo (Coord.). *Comentários ao novo Código Civil*: v. 5, t. 2: do inadimplemento das obrigações (Arts. 389 a 420). 2. ed. Rio de Janeiro: Forense, 2009

MAY, Gaston. *Éléments de droit romain*. 10 ed. Paris: L. Larose et L. Tenin, 1909

MAYNZ, Charles. *Cours de droit romain*. 5. ed. Bruxelles: Bruylant-Christophe; Paris: A. Durand & Pedone-Lauriel, 1891, v. 2

MAYR, Robert von. *Historia del derecho romano*. Tradução de Wenceslao Roces. 2. ed. Barcelona: Labor, 1930, v. 1

MAZZARESE, Silvio e TARDIA, Ignazio. Caparra. In: SCHLESINGER, Piero; BUSNELLI, Francesco Bonato. *Il Codice Civile commentario*. Milano: Giuffrè, 2016

MENDONÇA, José Xavier Carvalho de. *Tratado de direito comercial brasileiro*. 3. ed. Rio de Janeiro: Freitas Bastos, 1939, v. 6, parte 1

MENDONÇA, Manoel Ignacio Carvalho de. *Doutrina e pratica das obrigações ou tratado geral dos direitos de credito*. 2. ed. Rio de Janeiro: Francisco Alves, 1911, v. 2

MESSINEO, Francesco. *Manual de derecho civil y comercial*: derecho de las obligaciones: parte general: v. 4. Buenos Aires: Ejea, 1955

MIRANDA, Francisco Cavalcanti Pontes de. *Tratado de direito privado*: parte especial. 3. ed. Rio de Janeiro: Borsoi, 1971, v. 24

MOLITOR, J. P. *Les obligations en droit romain*. Paris: Auguste Durand, 1851

MONTEIRO, Washington de Barros. *Curso de direito civil*: v. 5: direito das obrigações, 2ª parte: contratos, declarações unilaterais de vontade, obrigações por atos ilícitos. 29. ed. São Paulo: Saraiva, 1997

MORAIS, Fernando de Gravato. *Contrato-promessa em geral, contratos-promessa em especial*. Coimbra: Almedina, 2009

MOREIRA, Guilherme Alves. *Instituições do direito civil português*: parte geral. Coimbra: Universidade de Coimbra, 1907, v. 1

NERY, Rosa Maria de Andrade e NERY JUNIOR, Nelson. *Instituições de direito civil*: direito das obrigações. São Paulo: RT, 2015, v. 2

NÓBREGA, Vandick Londres da. *História e sistema do direito privado romano*. 2. ed. Rio de Janeiro: Freitas Bastos, 1959

OLIVEIRA, Nuno Manuel Pinto. *Ensaio sobre o sinal*. Coimbra: Coimbra editora, 2008

OURLIAC, Paul e MALAFOSSE, J. de. *Droit romain et ancien droit*: les obligations. Paris: Universitaires de France, 1957

PEREIRA, Caio Mário da Silva. *Instituições de direito civil*: v. 3: fonte das obrigações. 9. ed. Rio de Janeiro: Forense, 1992

PEREIRA, Lafayette Rodrigues. *Direitos de família*. Anotações e adaptações ao Código Civil por José Bonifácio de Andrade e Silva. 5. ed. Rio de Janeiro: Freitas Bastos, 1954

PETIT, Eugene. *Tratado elemental de derecho romano*. Tradução de Jose Ferrandez Gonlalez. Buenos Aires: Albatros, 1954

PEZZANA, Aldo. Caparra. Diritto romano. In: *Enciclopedia del diritto*. Milano: Giuffrè, 1960, v. 6

PLANIOL, Marcel e RIPERT, George. *Tratado elemental de derecho civil*: teoria general de los contratos: contratos especiales. Tradução de Jose M. Cajica Jr. México: Cardenas, 1983, v. 5

POTHIER, R. J. *Tratado de los contratos*: tratado del contrato de venta. Tradução de M. C. de las Cuevas. Buenos Aires: Atalaya, 1948, v. 1

PRATA, Ana Maria Correia Rodrigues. *O contrato-promessa e o seu regime civil*. Coimbra: Almedina, 2006

REALE, Miguel. *Estudos preliminares do Código Civil*. São Paulo: RT, 2003

REALE, Miguel. História do Código Civil. In: REALE, Miguel; MARTINS-COSTA, Judith. *Biblioteca de direito civil*. Estudos em homenagem ao professor Miguel Reale. São Paulo: RT, 2005, v. 1

ROCHA, M. A. Coelho da. *Instituições de direito civil português*. 8. ed. Lisboa: A. M. Teixeira, 1917, t. 1

RODRIGUES, Lia Palazzo. *Das arras*. Porto Alegre: Livraria do Advogado, 1998

RODRIGUES, Silvio. *Das arras*. São Paulo: [s.n.], 1954

RODRIGUÉZ, María Elvira Afonso. *Las arras en la contratación*. Barcelona: Bosch, 1995

ROSENVALD, Nelson. *Clausula penal*: a pena privada nas relações negociais. Rio de Janeiro: Lumen Juris, 2007

SALLES, Pedro Amaral. *A função coercitiva da cláusula penal e uma crítica ao art. 412 do Código Civil de 2002*. São Paulo: Almedina, 2014

SANTOS, J. M. de Carvalho. *Código Civil brasileiro interpretado, principalmente do ponto de vista prático*. 6. ed. Rio de Janeiro: Freitas Bastos, 1954, v. 15

SAVIGNY, M. de. *Le droit des obligations*. Tradução de C. Gérardin e Paul Jozon. 2. ed. Paris: Ernest Thorin, 1873, v. 2

SILVA, Clovis do Couto e. *A obrigação como processo*. Rio de Janeiro: FGV, 2007

SILVA, João Calvão da. *Sinal e contrato-promessa*. 7. ed. Coimbra: Universidade de Coimbra, 1999

SILVA, Jorge Cesa Ferreira da. Inadimplemento das obrigações: comentários aos arts. 389 a 420 do Código Civil: mora; perdas e danos; juros legais; cláusula penal; arras ou sinal. In: REALE, Miguel; MARTINS-COSTA, Judith. *Biblioteca de direito civil*. Estudos em homenagem ao professor Miguel Reale. São Paulo: RT, 2007, v. 7

SOMBRA, Thiago Luís Santos. As arras e a cláusula penal no Código Civil de 2002. Revista dos Tribunais, v. 917, p. 75-89, mar. 2012

TALAMANCA, Mario. *L'arra della compravendita in diritto greco e in diritto romano*. Milano: Giuffrè, 1953

TARDE, Gabriel. *Las transformaciones del derecho*. Tradução Adolfo Posada. Buenos Aires: Atalaya, 1947

TEPEDINO, Gustavo e SCHREIBER, Anderson. In: AZEVEDO, Álvaro Villaça de. Código Civil comentado: direito das obrigações: artigos 233 a 420. São Paulo: Atlas, 2008

TEPEDINO, Gustavo; BARBOZA, Heloisa Helena; MORAES, Maria Celina Bodin de. *Código Civil interpretado conforme a Constituição da República*: v. 1: parte geral e obrigações (arts. 1º a 420). 2. ed. Rio de Janeiro: Renovar, 2007

TERRA, Aline de Miranda Valverde. *O chamado inadimplemento antecipado*. Revista de Direito Privado, v. 60, p. 135-157, out.- dez. 2014

TRIMARCHI, Michele. Caparra. Diritto civile. In: *Enciclopedia del diritto*. Milano: Giuffrè, 1960, v. 6

TROPLONG, M. *Le droit civil expliqué*: de la vente. 5. ed. Paris: Charles Hingray. 1856, v. 1

VARELA, João de Matos Antunes. *Das obrigações em geral*. 10. ed. Coimbra: Almedina, 2000, v. 1

VARELA, João de Matos Antunes. *Das obrigações em geral*. 7. ed. Coimbra: Almedina, 1997, v. 2

VENOSA, Sílvio de Salvo. *Direito civil*: teoria geral das obrigações e teoria geral dos contratos. 3. ed. São Paulo: Atlas, 2003, v. 2

VON TUHR, A. *Tratado de las obligaciones*. Tradução de W. Roces. Madrid: Reus, 1934, v. 2

WALD, Arnoldo. *Curso de direito civil brasileiro*: obrigações e contratos. 8. ed. São Paulo: RT, 1989, v. 2

ZULUETA, F. de. *The roman law of sale*. Oxford: Oxford University Press, 1945